绝缘子高光谱检测技术与应用

张血琴　郭裕钧　吴广宁　著

科学出版社
北京

内 容 简 介

本书全面系统地介绍了高光谱检测技术在电力系统绝缘领域的研究与应用。全书共分为6章，分别介绍了电力系统绝缘的背景与现状、高光谱检测技术的原理和方法、绝缘子污秽高光谱检测、绝缘子老化高光谱检测、绝缘材料腐蚀的高光谱检测和输电线路树障的高光谱检测。本书取材新颖、重点突出，全书面向工程实际问题，涵盖理论架构、模型建立、数据分析、应用实践，全面阐述了使用高光谱技术检测电力系统绝缘问题的原理和应用，为保障电力系统和牵引供电系统的安全运行提出了高光谱检测技术这一新思路。

本书可作为电力系统检测、线路绝缘维护、高光谱检测技术应用等领域研究生与科研及工程人员的参考书。

图书在版编目（CIP）数据

绝缘子高光谱检测技术与应用 / 张血琴，郭裕钧，吴广宁著. -- 北京：科学出版社，2025. 2. -- ISBN 978-7-03-081240-7

Ⅰ. U292.91

中国国家版本馆 CIP 数据核字第 20250HW423 号

责任编辑：华宗琪　贺江艳 / 责任校对：彭　映
责任印制：罗　科 / 封面设计：义和文创

科 学 出 版 社 出版
北京东黄城根北街16号
邮政编码：100717
http://www.sciencep.com

四川煤田地质制图印务有限责任公司印刷
科学出版社发行　各地新华书店经销

*

2025年2月第 一 版　　开本：B5（720×1000）
2025年2月第一次印刷　　印张：13 3/4
字数：227 000
定价：159.00元
（如有印装质量问题，我社负责调换）

前　　言

促进我国电力系统的发展是面向世界科技前沿、面向经济主战场和面向国家重大需求的重大战略需求。我国幅员辽阔，资源分布不均，因此实施了南水北调、西电东送、青藏铁路、西气东输等一系列引人瞩目的重大工程，此举改善了我国自然环境中资源分配不均的问题。我国拥有世界上最大的输配电工程，在远距离送电过程中，线路与绝缘系统面临着各种复杂的环境，如污秽、老化、腐蚀、树障等，使得电力系统的绝缘性能时刻受到威胁，并且时常因为绝缘问题造成电力系统输电故障，威胁人民群众的用电安全，并产生巨大的经济损失。

我国电网多次发生复合绝缘子运行故障，其中绝缘子的污秽、老化引起的闪络是常见的问题，而定期的清理需要耗费大量的人力与物力，因此开展复合绝缘子在线检测及状态评估极为重要。杆塔处于复杂多变的自然环境中，金属关键部分的腐蚀与断裂会导致杆塔的支撑能力下降，乃至杆塔因腐蚀作用而受力不均发生断裂、倒塌，进而造成严重的安全事故和电网运行故障。目前，电网故障主要依靠检修人员定时检测，但该方式存在许多视野盲区与主观性；并且输电线路环境复杂恶劣，使用人工巡检的方式排查树木隐患劳动强度大、效率较低、准确率差。针对现有检测方法的局限性，急需一种新型的检测方式。基于面临的问题，本书作者率先提出线路绝缘的高光谱检测技术。

本书聚焦于输电线路中绝缘设备和走廊树障的新型非接触高光谱检测技术与应用的问题，立足于本书作者团队的工作，简要介绍了电力系统绝缘面临的问题、高光谱技术的一般原理和应用，着重介绍了高光谱检测技术在绝缘子污秽、绝缘子老化、杆塔腐蚀状态、输电线路走廊树障检测方面的应用，实现了对线路绝缘运行状态的在线检测、对线路环境的监测。相较于已存在的方式，高光谱检测技术能够实现快速准确的非接触检测，为我国电力系统的安全运行提供了技术支持，减轻了电网工作人员的工作量，提高了故障的检测精度，降低了经济损失。

刘洋、范益瀚、周俊博、纪涵、吕思、黄珂琦、朱鸿雨、肖浩然、石超群、邱彦、马欢、高润明、李光耀、谭蓓、张玉翠、李谦慧、殷成凤、周志鹏、杨坤等同学在本书编写过程中提供了支持和热情帮助，在此一并致以衷心感谢。

本书基于工程实际问题，结合作者团队的研究工作和国内外相关专家在该领域的最新研究成果，从基础理论、研究方法、工程设计与应用等方面深入探讨了线路绝缘面临的问题，通过分析问题，提出使用高光谱技术对线路绝缘进行检测，为电力系统的运维提供了可靠的方法。

限于时间和水平，书中难免有不足之处，敬请广大读者批评指正。

目　　录

第1章　输电线路防灾检测技术 ··· 1
1.1　输电线路 ··· 1
1.1.1　特高压输电概述 ·· 1
1.1.2　架空输电线路概述 ··· 4
1.1.3　我国输电线路现状 ··· 5
1.2　输电线路常见事故及检测 ··· 6
1.2.1　绝缘子污闪对输电线路影响 ································ 6
1.2.2　绝缘子老化对输电线路影响 ······························ 10
1.2.3　杆塔腐蚀对输电线路影响 ································· 14
1.2.4　输电线路走廊树障的影响 ································· 17
1.3　本章小结 ··· 21
参考文献 ··· 21

第2章　高光谱技术原理与应用 ·· 23
2.1　高光谱概述 ·· 23
2.1.1　起源与发展概述 ·· 23
2.1.2　高光谱的基本原理与图谱特征 ··························· 25
2.1.3　高光谱数据分析方法 ······································· 30
2.2　高光谱成像系统 ·· 32
2.2.1　光谱分光 ··· 32
2.2.2　成像光谱仪的空间成像方式 ······························ 34
2.2.3　成像光谱仪的发展 ··· 35
2.3　高光谱数据处理 ·· 36
2.3.1　高光谱数据校正方法 ······································· 36
2.3.2　高光谱数据降维方法 ······································· 38
2.3.3　基于机器学习的分类方法 ································· 42
2.4　高光谱技术的应用 ··· 49
2.4.1　农业监测 ··· 50
2.4.2　林业监测 ··· 51
2.4.3　环境监测 ··· 52

2.4.4 地质勘查 ·· 53
　　2.4.5 文物保护 ·· 53
2.5 高光谱在输电线路防护中的应用 ··· 54
2.6 本章小结 ·· 56
参考文献 ·· 57

第3章 绝缘子污秽高光谱检测 ··· 60
3.1 污秽等级的光谱识别方法与建模 ··· 60
　　3.1.1 污秽等级及试样制备 ··· 60
　　3.1.2 光谱成像及特性分析 ··· 61
　　3.1.3 污秽等级的建模 ·· 63
　　3.1.4 特征波段选择与特征波段建模 ·· 67
3.2 绝缘子积污信息高光谱提取 ·· 72
　　3.2.1 污秽盐密及试样的制备 ·· 72
　　3.2.2 光谱成像及特性分析 ··· 73
　　3.2.3 污秽盐密的建模 ·· 74
3.3 自然积污绝缘子污秽状态高光谱检测 ··· 84
　　3.3.1 自然积污绝缘子污秽等级检测 ·· 84
　　3.3.2 自然积污绝缘子污秽等值盐密的预测 ······································ 93
　　3.3.3 自然积污绝缘子污秽分布可视化 ·· 97
3.4 本章小结 ·· 99
参考文献 ·· 100

第4章 绝缘子老化高光谱检测 ··· 102
4.1 绝缘子老化背景及影响因素 ·· 102
　　4.1.1 紫外辐射 ·· 102
　　4.1.2 电老化 ··· 103
　　4.1.3 热老化 ··· 104
　　4.1.4 化学因素 ·· 104
4.2 绝缘子老化试验及特性分析 ·· 105
　　4.2.1 紫外老化试验 ··· 105
　　4.2.2 电晕老化试验 ··· 107
　　4.2.3 其他老化试验 ··· 109
　　4.2.4 特性分析 ·· 110
4.3 绝缘子老化信息高光谱提取 ·· 118
　　4.3.1 高光谱老化检测原理 ··· 118
　　4.3.2 绝缘子老化高光谱数据预处理 ·· 120

4.3.3 绝缘子老化高光谱特征参数提取 121
4.3.4 绝缘子老化高光谱特征参数分析 122
4.4 绝缘子老化程度评估 126
4.4.1 老化评定指标 126
4.4.2 深度学习原理 127
4.4.3 结果对比分析 128
4.5 本章小结 130
参考文献 132

第5章 杆塔腐蚀状态高光谱检测 134
5.1 杆塔腐蚀的背景与研究 134
5.1.1 杆塔大气腐蚀背景与机理 134
5.1.2 碳钢大气腐蚀试验 137
5.1.3 碳钢腐蚀试验分析方法 137
5.2 人工试验平台与样品 139
5.2.1 中性盐雾试验平台 140
5.2.2 试样制备与分析 140
5.3 碳钢腐蚀等级分类及区域分布可视化 143
5.3.1 试样图像特征分析 143
5.3.2 试样腐蚀等级分类 151
5.3.3 试样腐蚀区域可视化 152
5.4 碳钢腐蚀成分识别及含量反演 153
5.4.1 混合像元分解 154
5.4.2 腐蚀成分光谱响应特征分析 155
5.4.3 混合像元高光谱解混结果分析 158
5.5 某500kV直流输电线路杆塔高光谱遥测分析 162
5.5.1 输电杆塔遥测光谱数据采集 162
5.5.2 输电杆塔遥测光谱数据处理 162
5.5.3 输电杆塔腐蚀等级识别 167
5.6 本章小结 169
参考文献 169

第6章 高光谱输电线路走廊树障检测 171
6.1 输电走廊树障概述 171
6.1.1 高光谱树种识别 173
6.1.2 激光雷达树种分类 175
6.1.3 基于高光谱与激光雷达融合树种分类 176

6.2 输电走廊树障测量 …………………………………………………… 176
　　6.2.1 输电走廊树障识别检测 ………………………………………… 177
　　6.2.2 高光谱树障检测优势 …………………………………………… 179
6.3 高光谱树障种类识别 ………………………………………………… 179
　　6.3.1 高光谱-LiDAR 单木分割 ……………………………………… 179
　　6.3.2 高光谱-LiDAR 单木特征提取 ………………………………… 187
　　6.3.3 融合数据的单木种类识别方法 ………………………………… 197
6.4 SAR 树障高度检测 …………………………………………………… 200
　　6.4.1 植被高度模型 …………………………………………………… 200
　　6.4.2 植被高度反演 …………………………………………………… 204
　　6.4.3 模型验证与结果分析 …………………………………………… 206
6.5 本章小结 ……………………………………………………………… 209
参考文献 …………………………………………………………………… 209

第1章 输电线路防灾检测技术

1.1 输电线路

1.1.1 特高压输电概述

我国地域辽阔，物质资源种类十分丰富，其中蕴含的电力能源量大且种类繁多，但是在用电量大的负荷区域的能源分布却又极不均衡。在我国华东和华南等地区，由于濒临海域，生产制造企业集中，经济发达，人口稠密，电力市场空间大，75%以上的电力需求集中在我国的东部和华南地区，然而这些地区能源资源却最为匮乏。而西部地区经济发展相对落后，用电水平和需求相对较低，但蕴含的能源资源却很丰富。80%左右的煤炭资源主要储藏在北方，如晋南、晋西、陕甘宁以及新疆中部等部分地区；同时，80%左右的水力资源主要集中在我国的西部地区，其中长江流域占全国水力资源可开发量的47%，雅鲁藏布江流域占我国水力资源的13%，黄河流域占我国水力资源的7%。据统计，全国可开发的水力资源所能够生产的能源容量约为540GW，其中大量水资源集中在四川（30%）、云南（22%）和西藏（25%）地区。我国地域广阔，不同地区之间的发展差距较大，因此我国的能源分配问题亟须解决[1]。

如今，能源配置的跨距特征和传输技术等都发生了巨大变革，以及能源资源与负荷中心逆向分布的国情，都说明了我国电力需要进行跨区域、远距离、大范围的传输，因此长距离输电是我国电力行业所需要面临的重要挑战。传统电力系统的输电模式难以满足人们在生产生活中对用电量的需求，加上我国电力资源分布不平衡的情况，使用电资源越发紧张。所以，要想解决不同地区对用电量的需求，尤其是用电量大的负荷区域的用电需求，就需要借助电力传输技术。特高压输电技术相较于传统的输电技术有着很大的优势，特高压可以实现较远距离的电力传输，并且能有效解决成本问题。

特高压输电技术主要是指特高压交流输电技术和特高压直流输电技术两种类型。特高压交流输电技术的研究始于20世纪60年代后半期，苏联从80年代开始建设西伯利亚—哈萨克斯坦—乌拉尔1150kV输电工程，输送容量为1000MW，全长2500km，从1985年起已有900km线路按1150kV设计电压运行。1988年日本开始建设福岛和柏崎—东京1000kV的超过400km线路。美国电力公司

（American Electric Power，AEP）则在 765kV 的基础上研究 1500kV 特高压输电技术。特高压交流输电技术具有以下的优势：

（1）传输容量大，传输距离远。

（2）电能传输的经济性更好。输电电压越高，输送单位容量的价格越低。

（3）提高了输电走廊利用率和减小了变电站的占地面积。

（4）减少线路的功率损耗，就我国而言，电压每提高 1%，每年就相当于新增加 500 万 kW 的电力，500kV 输电比 1200kV 的线路损耗大 5 倍以上。

（5）有利于联网，简化网络结构，减少线路的故障率。

特高压交流输电技术存在的主要缺点是输电系统的稳定性和可靠性问题不易解决。1965~1984 年世界上共发生了 6 次交流大电网瓦解事故，其中 4 次发生在美国，2 次在欧洲。这些严重的大电网瓦解事故说明，采用交流互联的大电网存在着较大的安全隐患、事故连锁反应及大面积停电等难以解决的问题。另外，特高压交流输电对环境的影响较大。

因此，我国开始了对特高压直流输电的研究并逐渐意识到特高压直流输电的优势。我国"十二五"规划中将特高压直流输电技术纳入其中，该项目主要是针对输电工程的建设，目标是将特高压输电网络在全国范围内建立。该项目的实施刷新了特高压直流输电技术在电压等级、输送电量及距离等方面的世界纪录。

特高压直流输电的主要特点如下：

（1）特高压直流输电可点对点、大功率、远距离直接将电力送往负荷中心。采用特高压直流输电，实现交直流并联输电或非同步联网，电网结构比较松散、清晰。

（2）特高压直流输电可以减少和避免大量过网潮流。特高压直流输电系统的潮流方向和大小均能方便地进行控制。

（3）特高压直流输电的输送电压高、输送容量大、线路走廊窄，适合大功率、远距离输电。

（4）在交直流并联输电的情况下，利用直流有功功率调制，可以有效抑制与其并列的交流线路的功率振荡，包括区域性低频振荡，明显提高交流的暂态、动态稳定性能。

特高压直流输电具有传输功率大、传输跨距长、线损小、占地少、可控性强等突出优点，是实现大容量、远距离输送电力的最优选择。据试验分析，直流特高压±800kV 输电线路的传输功率是常规直流超高压±500kV 输电线路的两倍多。同时，在输电线路传输相同功率的情况下，特高压直流线路的线路损耗只是常规直流超高压线路损耗的 25%~40%，因此其传输的最远距离可延长 3 倍。同时，在传送同样功率的情况下，常规直流超高压±500kV 输电线路的土地资源相比直流特高压±800kV 输电线路浪费了 1.5 倍。所以特高压直流输电可多用于远距离、大范围的电能传输[2]。

为了解决我国能源分布与负荷分布严重不均衡的情况，国家提出了"西电东送""南北互供"与全国联网的能源布局，并且在 2004 年，国家开始进行±800kV 特高压直流输电技术的研究。2008 年，南方电网公司开工建设世界上第一个±800kV 直流输电工程（云南—广东±800kV 特高压直流输电示范工程）；2010 年 6 月 18 日，云—广特高压直流输电线路的双极投产运行，标志着世界特高压直流输电技术从理论研究到实践工程的成功应用；同年 7 月，国家电网公司建成投运向家坝—上海±800kV 特高压直流输电示范工程，其四次跨越长江，线路全长 1907km，额定传输功率 640 万 kW。在随后的 10 年中，我国的特高压直流输电工程建设进入高速发展期，截至 2019 年底，我国一共建成并投入运行了 15 条特高压直流输电工程，其中 12 条由国家电网公司负责运营，3 条由南方电网公司负责运营，输电线路运营总长 25594km，额定传输功率高达 11060 万 kW。图 1.1 为我国特高压直流输电示意图。其中，2019 年建成投运的昌吉—古泉±1100kV 特高压直流输电工程的最远输送距离为 3324km，是世界上电压等级最高、输送容量最大、输送距离最远、技术水平最先进的特高压输电工程。2020 年，国家电网公司有 4 条特高压直流线路处在核准建设期。到 2021 年底，我国建成投运特高压直流输电线路 19 条，特高压直流换流站 38 座，线路输送距离累计达到 34156km，额定输送功率累计达到 15060 万 kW。图 1.2 为我国特高压直流输电的发展柱状图。

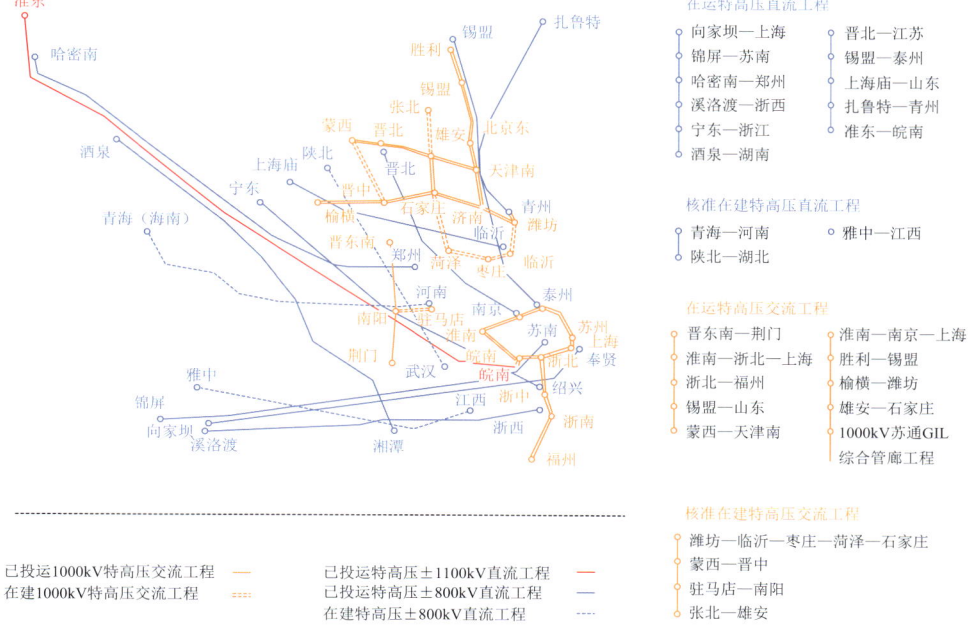

图 1.1　我国特高压直流输电示意图

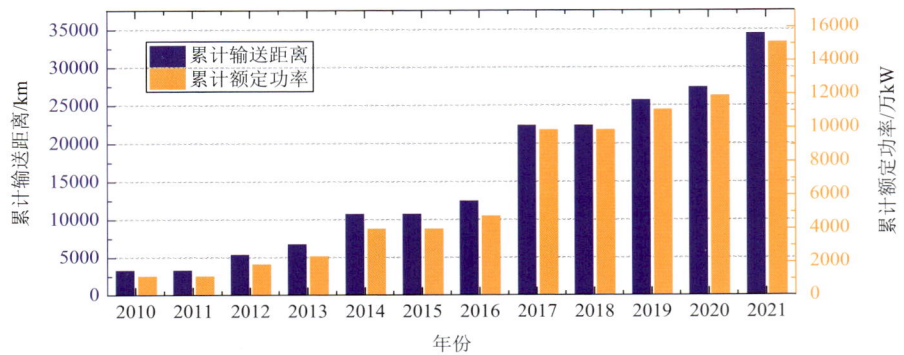

图 1.2 我国特高压直流输电工程发展

1.1.2 架空输电线路概述

输电线路从常规意义上讲，代表了电网最基础也是最重要的组成部分，电网能否安全、可靠、经济地运行都依赖于输电线路设备的状态。现代大型电厂大部分都建在能源资源集中地，而电力负荷中心则多集中在工业区和大城市，发电厂和负荷中心往往相距较远，需要用输电线路进行电能的输送。架空线作为我国目前十分重要的电力网架主动脉，是地面广域分布的超大规模系统，担负全国各地电能输送和分配电能的任务。

架空输电线路主要由杆塔、基础、导线、绝缘子串及金具、接地装置及防雷设备等组成，如图 1.3 所示。

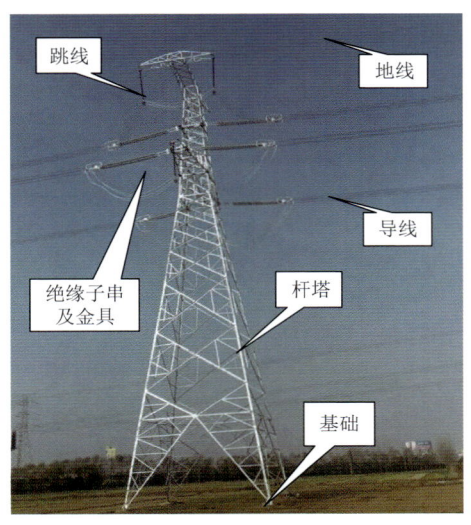

图 1.3 架空输电线路图

输电线路按电能性质分类有交流输电线路和直流输电线路，国内常见输电线路主要的是交流输电线路。与交流输电线路相比，在输送相同功率的情况下，直流输电线路主要材料消耗低，线路走廊宽度也较小，所以投资较少；作为两个电力系统的联络线，改变传送方向迅速方便，可以实现相同频率交流系统间的不同步联系，能降低主干线及电力系统间的短路电流。直流输电无感抗、电抗、相位移和电压波动问题，其输电线路的电压调节优于交流输电，对通信线路的干扰也较小，因此在一些大功率远距离输电工程中得到应用。

输电线路的输送容量是在综合考虑技术、经济等各项因素后所确定的最大输送功率，输送容量大体与输电电压的平方成正比，提高输电电压，可以增大输送容量、降低损耗、减少金属材料消耗，提高输电线路走廊利用率。特高压输电是实现大容量或远距离输电的主要手段，也是目前输电技术发展的主要方向。

1.1.3 我国输电线路现状

"十一五"和"十二五"时期，提出加强城乡电网建设和改造，深化电力体制改革；"十三五"和"十四五"时期，重点提到加快智能电网建设，提高电网与发电侧、需求侧交互响应能力，提高特高压输电利用率。按照国家电网的规划，2020年建成以华北、华东、华中特高压同步电网为中心，以东北特高压电网、西北750kV电网为送端，联结各大煤电基地（西部、北部）、大水电基地（西南）、大核电基地、大可再生能源基地（酒泉、蒙西、张北等），各级电网协调发展的坚强智能电网，形成"五纵六横"主网架结构。我国已然建成并投入使用的110kV及以上架空输电线路的总里程数已超过655000km，500kV以上的超高压以及特高压输电线路里程也已超过60000km。

构建以新能源为主体的新型电力系统行动方案，提出以新能源为供给主体，以确保能源电力安全为基本前提，以满足经济社会发展电力需求为首要目标，以坚强智能电网为枢纽平台，以源网荷储互动与多能互补为支撑，加快建设具有清洁低碳、安全可控、灵活高效、智能友好、开放互动基本特征的新型电力系统，并明确了自2021年起，未来10年需要重点推进的9个方面28项任务。南方电网提出了新型电力系统"数字赋能、柔性开放、绿色高效"三大显著特征，以及依托数字电网加快构建新型电力系统的五大实践与举措，到2030年新能源装机达到2.5亿kW以上。

1.2 输电线路常见事故及检测

1.2.1 绝缘子污闪对输电线路影响

1.2.1.1 污闪的危害

电力系统安全稳定运行是国家经济发展和国民生活生产的前提保障。绝缘子用量大、种类多，广泛应用于输电线路、发电所、变电所，是电力系统的重要组成部分，保障电力系统的安全稳定运行。

污闪故障：当输电线路绝缘子的表面附着有各种污秽物质（如灰尘、烟尘、化工粉尘、盐类等）时，在一定的湿度条件下（如有雾、凝露或毛毛雨），污秽物质溶解于水中，形成电解质的覆盖膜；或有导电性质的化学气体包围着绝缘子时，会大大降低绝缘子的绝缘性能，致使绝缘子表面泄漏电流大大增加，绝缘子发生闪络，这种故障称为污闪故障。据统计，雷击是概率最高的电网事故，其次是污闪事故。但污闪事故通常具有同时、多点等特点，易引发系统振荡，甚至造成大面积停电事故，其造成的经济损失是雷击事故的 10 倍，外绝缘污闪防治是电力系统面临的巨大挑战之一[3, 4]。图 1.4 为复合绝缘子污秽放电。

图 1.4 复合绝缘子污秽放电

2011 年初，新疆电网发生了一场重大污闪事故，造成多个变电站失压，致使南疆地区大范围停电。在 2017~2018 年，因绝缘子污闪导致 500kV 及以上架空线路发生了 89 次跳闸事故。近年来我国的经济稳健增长，工、农业迅速发展，但伴随着环境和大气污染加剧的问题，绝缘子由于直接暴露在空气中工作，表面不可避免地会沉积一层污秽物。随着绝缘子表面污秽程度加重，当遇到空气湿度大的不利天气，如雾霾、凝露时，湿污绝缘子绝缘性能大大降低，即使在正常运行电压下也容易发生闪络事故。另一方面，经济的快速增长意味着对电力的需求猛增，居民和商业用电量增加，输电线路电压等级升高，污闪的概率随之增大[5]。

1.2.1.2 污闪的原因

绝缘子的污闪由两个因素决定，一是大气污染造成的绝缘子表面积污；二是能使积聚的污秽物质充分受潮的气象条件。在干燥气象条件下，表面脏污的绝缘子仍有很高的绝缘强度，但在大雾、凝露、毛毛雨等气象条件下，正常运行电压就会导致绝缘子沿面闪络，即污闪。我国几次大范围的污闪事故都发生在连续数天大雾等极其恶劣的气候条件下。

污闪放电是一个涉及电、热和化学现象的错综复杂的变化过程。污闪发生过程主要分为以下 4 步。

（1）积污：自然和工业污秽物在重力等作用下积聚在表面。

（2）污秽受潮湿润：在雾霾、凝露等情况下表面污秽物润湿，绝缘子表面覆盖形成一层水膜，可溶性盐溶解并导电，此时污层电导率增大，绝缘子绝缘性能大大降低。

（3）干燥带形成：绝缘子表面水膜电导率增大，泄漏电流升高，产生焦耳热使水分蒸发，湿润的污秽层出现干燥带。

（4）产生局部电弧并发展为闪络：干燥带绝缘电阻大且承受着大电压，导致附近产生强电场，在强电场作用下空气电离，在大电压下产生局部电弧，同时干燥带扩大，电弧继续发展，最终发展为闪络[6, 7]。

1.2.1.3 污闪的预防措施

目前提高绝缘子抗污闪能力的措施主要有以下 5 种。

（1）人工清扫绝缘子。工作人员通过定期检查绝缘子污秽程度，扫除表面污秽层，如图 1.5 所示。可分为带电与不带电清扫，带电清扫又包含毛刷、喷气、喷水冲刷等。人工巡检清扫存在任务量大，过程烦琐，且易遗漏等缺点。

（2）喷涂防水抗污涂层。在洁净绝缘子盘面喷涂防水抗污涂层，如室温硫化硅橡胶等材料，减缓积污。但某些涂料会影响绝缘子材料表面，涂层有效时间较短,且气温的剧变(例如冰冻与高温)也会影响涂层效果。

(3)采用新型复合绝缘子。高温硫化硅橡胶复合绝缘子具有优秀的抗污特性和机械强度,目前广泛应用于电力系统。但它寿命较短,有效时间不如传统玻璃与陶瓷绝缘子,且在冰冻情况下绝缘性能下降。

(4)直接增加绝缘子或增大爬距。通过改变绝缘子尺寸、形状来改变绝缘子表面放电距离或者在原绝缘子串增加单元数。绝缘子爬电距离适当增加可提升其闪络电压,减小发生污闪事故的概率。但实际运用中由于对地距离限制,爬距增加有限。

(5)直接更换绝缘子。在断电情况下直接取下脏污绝缘子,安装新的洁净绝缘子。此法直接有效,但需在断电情况下操作,并且操作烦琐、耗时长。

图 1.5　人工清扫绝缘子

及时检测并处置污秽绝缘子是防治污闪的重要手段,目前电力公司都采用定期巡查绝缘子污秽程度并对其维护的方式,但工作任务量大,且实际工作中存在遗漏情况。研究学者也越来越关注绝缘子污秽程度的检测方面的研究,快速、精准地测量绝缘子污秽程度可以减少人员资源的浪费,为污闪防治工作提供重要的指导,为电网的安全稳定运行提供保障,为智能电网的建设奠定基础。

1.2.1.4　传统的污秽检测方法

1. 等值附盐密度法

等值附盐密度法是指工作人员在断电情况下,取下线路的绝缘子并用去离子水清洗,用电导率测试仪测量水溶液的电导率,再在等量水溶液中溶解一定量氯化钠,计算两份水溶液电导率相等时溶解的氯化钠含量。此法原理操作简单,结果直观，可为后续污区划分提供参考。缺点是无法实现在线检测，也不能反映表面污秽的分布情况。研究学者在此基础上，提出测量绝缘子表面局部等值盐密，并设计了对应的检测装置，可用于研究绝缘子污秽分布情况及积污规律。

2. 污层电导率法

此法是在染污绝缘子受潮的情况下，施加一定的工频电压 U，测出污层电导值 G，得到泄漏电流 I，见公式（1.1）。

$$G = \frac{I}{U} \tag{1.1}$$

在无污层间断的情况下，引入绝缘子形状参数计算出污层电导率，见公式（1.2）。

$$\gamma = fG = \frac{f}{U} \tag{1.2}$$

式中，γ 为电导率；f 为污秽层的某种特性（如污秽度、等效盐沉积密度等）。

相比静态参数表征，此法关联了污秽程度与电压，可为污闪电压的预测提供重要的参考。但测量过程复杂，测量数据受污层间断等因素影响，分散性大。有研究学者提出局部表面电导率，即计算若干点的局部电导率平均值作为表面电导率。局部表面电导率测试仪器易携带、适用于现场测量，可用于研究同一绝缘子污秽度随时间的变化规律与污秽的分布情况。

3. 泄漏电流法

泄漏电流法是指受潮条件下，施加电压并测量通过绝缘子表面的电流。该电流与污秽等级、环境温湿度、电压等因素有关，因而能更好地反映闪络过程，可用于在线检测。有研究学者探究了泄漏电流与温度、湿度的关系，得出随着盐灰密增加，温度和相对湿度增加，泄漏电流增加，并拟合了对应的定量关系式。此外有研究表明，污层中不可溶物质的吸水性同样影响泄漏电流，吸水性强的物质由于吸收更多水分，可促进电解质的溶解，导致泄漏电流增大。但泄漏电流信号易幅值大、受电磁干扰大，在现场应用也有诸多不便。

4. 污闪电压梯度法

此法直接抽取输电线路的污秽绝缘子进行闪络试验，以最大污闪电位梯度或绝缘子最短的耐受串长度反映绝缘子污秽程度。其结果能直观展现绝缘水平，可直接用于比较绝缘子性能，但试验设备贵、耗时长，一般只用于抽查或分析污闪事故。

5. 紫外成像法

紫外成像技术是一种在线非接触式检测手段。绝缘子在污秽程度较重或劣化时会发生局部放电。放电伴随能量释放，发出光信号，产生光斑，且波长主要集中在 280~400nm 的紫外波段。相同试验条件下污秽程度越高，放电强度越大。有研究学者以放电绝缘子紫外图像的光斑平均面积反映污秽等级，但紫外成像仪在拍摄过程中受背景噪声影响，除了放电区域本身，周围也会出现光斑，拍摄的图像不能反映真实的放电情况。有研究学者提出，直接利用图像处理技术提取其他表征放电的特征量，如光斑边界周长、长短轴等描述放电情况。

上述研究在绝缘子污闪防治领域作出了重要贡献，但仍存在一些不足之处，因此有必要研究一种高效、非接触式、在线检测手段实现绝缘子污秽程度的检测。

1.2.2 绝缘子老化对输电线路影响

1.2.2.1 老化的危害

我国幅员辽阔、地形复杂，为解决能源分布供求不均问题需大力建设远距离输电工程。作为输电线路非常重要的支撑设备，硅橡胶复合绝缘子因憎水性优良、耐污闪能力强、质量轻、易运输等优势，近几十年来，被大规模应用于输电线路中[8]。

硅橡胶复合绝缘子主要成分为硅氧烷，为以共价键结合的高分子有机聚合物，由于输电线路跨越地区地形复杂、环境多变，绝缘子在实际运行中面临各种严酷外界条件。例如，高海拔强紫外辐射、重度污染、酸雨（雾）等，使得材料中化学键发生断裂、物质改变，从而导致材料老化、劣化，如图 1.6 所示。老化主要表现为表面憎水性减弱或丧失、粉化、裂化、抗污闪性能变差等，绝缘子绝缘性能降低，闪络电压也随之降低，容易引发电网故障，造成极大的经济损失。

(a) 绝缘子老化变形

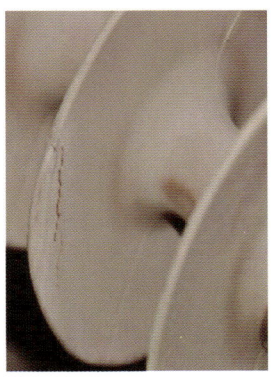
(b) 绝缘子腐蚀

(c) 绝缘子伞裙裂纹

图 1.6　绝缘子老化现象

1.2.2.2 老化的原因

促使介质老化的因素有很多,大致有:热、氧化、湿度、电压、机械作用力、风、光、电晕、臭氧、微生物、放射线以及周围物质的触媒作用等。各种绝缘材料、绝缘结构及绝缘本身所处工作条件的不同,促使介质老化的原因也各不相同。本书主要介绍复合绝缘子老化原因[9]。

复合绝缘子长期在室外运行,随着使用年限的增加,在多种外界因素的共同作用下会发生老化。由于复合绝缘子的主要成分是有机高分子聚合物,老化会破坏其结构。随着挂网时间的推移,复合绝缘子的老化程度逐渐加深,导致表面龟裂、粉化及电气性能下降。国内外学者对绝缘子老化进行了大量研究和试验,结果表明,复合绝缘子的老化通常由空气中的化学污染物、电晕放电以及高能量紫外辐射等因素引起[10, 12]。

1. 紫外老化

研究表明,紫外辐射是复合绝缘子老化的关键因素之一。太阳光线中大约有5%的能量会对复合绝缘子产生破坏作用,主要集中在紫外波长段,其他波长的光对绝缘子的破坏作用很小。而紫外辐射对绝缘子的破坏作用的强度,主要取决于紫外线的强度和波长。在太阳光线中紫外线的波长较短、能量较强,能够对绝缘子内部的主侧链、化学键造成破坏,使绝缘子表面发生氧化、降解、交联等化学反应。此外,季节、纬度、日照时间的不同,都会影响紫外辐射对绝缘子的破坏作用。并且,多种老化因素共同作用的效果,会超过单独某一种因素的作用效果。这些因素综合导致复合绝缘子憎水性降低、电气性能被破坏,对输电线路的正常运行产生极大的危害。

2. 电老化

复合绝缘子在带电的线路上工作时,当绝缘子周围空气的电场强度达到一定值时就会产生电晕放电。这使绝缘子的结构和功能遭到破坏,缩短其使用寿命。电晕放电包括绝缘子表面湿度增加引起的电晕放电、绝缘子的支撑结构发生的尖端放电等。电晕放电对绝缘子的老化作用,包括对绝缘子材料的内外层结构的破坏,其中绝缘子材料的分子主链的硅氧键、硅碳键断裂,使憎水性降低,老化程度逐渐加深,电气性能下降[13]。电晕放电主要通过以下四种方式作用于复合绝缘子:①电晕放电伴随着光电离的发生,对绝缘子造成辐射;②电晕放电会产生大量的电子、离子等高速带电粒子,这些粒子会不断地碰撞绝缘子的分子,破坏分子主链的结构；③电晕放电会使得绝缘子表面温度攀升形成局部高温，导致绝缘子结构遭受破坏；④电晕放电会产生强氧化性的物质作用于复合绝缘子，例如 O_3、NO_2 等。

输电线路的放电是非常常见的现象，空气中的湿度越大，放电现象越明显。电晕放电发生后，绝缘子表面憎水性降低，表面电阻率下降，侧链被破坏，形成硅醇。刚开始，电晕老化发展得比较快，然而随着时间的推移，老化影响逐渐向纵深方向发展。

3. 热老化

电力设备在运行过程中因周围环境温度过高，或因电力设备本身发热而导致绝缘子温度升高，在高温作用下，绝缘子的机械强度下降，结构变形，材料因氧化、聚合而丧失弹性，或因材料裂解而造成绝缘击穿，电压下降。当复合绝缘子表面或内部发生放电和温升时，材料受到热应力的作用，会使复合绝缘子的伞裙及芯棒承受高温老化，缩短绝缘子安全寿命，甚至直接导致其芯棒断裂。

4. 化学老化

生产生活中会产生大量的污染物，包括氮氧化物、二氧化硫等，极易形成酸雨；而某些工厂大量排放碱性物质，或者在盐碱地区，绝缘子表面易附着碱性污秽。因此，绝缘子可能长期受到酸或碱的腐蚀。此外，复合绝缘子运行时，电晕放电也会产生强氧化性的化学物质，如二氧化氮、臭氧等。二氧化氮遇水会发生反应生成硝酸，腐蚀复合绝缘子，使绝缘子的结构被破坏，降低其电气性能。臭氧也会破坏绝缘子主链和侧链的结构，导致硅氧键断裂等，降低复合绝缘子的憎水性和使用寿命。有研究发现，随着复合绝缘子在酸或碱溶液中浸泡时间的增加，绝缘子表面的憎水性随之降低，并且相对于酸溶液，碱溶液对绝缘子的结构破坏性更强，对绝缘子憎水性的影响更显著。另外，酸的种类不同，对绝缘子的老化程度影响不同。其中，硝酸对绝缘子的老化作用比硫酸和盐酸更显著，推测造成这种结果的原因是硝酸本身具有较强的氧化性。

1.2.2.3 传统老化检测方法

1. 泄漏电流法

绝缘子在正常工作条件下，其绝缘电阻值非常大；但存在缺陷时，其绝缘电阻值将会大大降低，从而流过一定的泄漏电流。泄漏电流法就是通过用电流传感器测得此电流的大小，得到绝缘子的绝缘电阻值，从而判定其是否完好。

现有的泄漏电流检测系统大都是将一个集流环固定在绝缘子串的一端而获

得流过该绝缘子串的泄漏电流，然后通过双层屏蔽电缆将其送往电流传感器进行放大，再将此信号连同各种干扰信号一起经数据采集卡输往专业软件系统进行诊断处理。

泄漏电流法可以用于在线检测绝缘子，实时反映绝缘子的状况。在实际运行过程中，由于受线路表面污秽、电压变化、杆塔结构、绝缘子形状、老化程度及天气状况（如温度、湿度、风速、风向）等因素的影响，每次采集的泄漏电流大小都需要重新确立判断标准，且要对每一串绝缘子进行在线检测，因此该方法成本很高。

2. 电场测量法

运行中的绝缘子在正常状态下，电场强度和电势沿绝缘子轴向的变化曲线是光滑的。当绝缘子存在导通性缺陷时，势必影响绝缘子周围的电场分布（包括绝缘子沿芯棒方向的纵向电场和沿横截面半径方向的径向电场），使该处电位变为常数，故其电场强度将突然降低，在相应的位置上有畸变。故对比所测绝缘子与良好绝缘子的纵向电场，找出电场畸变位置，即可找到内绝缘缺陷的位置。

电场测量法利用电场来检测绝缘子，能直接反映绝缘子的绝缘状况，因此受干扰的影响较小，但该法需登杆操作且不能检测一些不影响电场分布的外绝缘缺陷，如伞裙破损等。

3. 脉冲电流法

脉冲电流法通过测量绝缘子电晕脉冲电流来判断绝缘子的绝缘状况。其原理是劣质绝缘子的绝缘电阻很低，使其他正常绝缘子在绝缘子串上承受电压明显大于正常时的承受电压，因而回路阻抗变小，而绝缘子电晕现象加剧，电晕脉冲电流必将变大。根据线路上存在劣质绝缘子时电晕脉冲个数增多、幅值增大的现象，即可检出不良绝缘子。

4. 红外热成像法

复合绝缘子老化后，伞套绝缘电阻下降，内部气隙导致局部放电，以及水分入侵引起反复极化等原因都可能造成复合绝缘子发热。因此，复合绝缘子是否发热及发热程度也将作为其老化评估的指标，如图 1.7 所示。

红外热成像法的原理是检测缺陷绝缘子与正常绝缘子表面温度的差异。由于这种温度差很小，对于瓷质绝缘子只有 1℃左右，因而灵敏度较低。红外热成像法可在线检测局部放电、泄漏电流流过绝缘物质时的介电损耗或电阻损耗等引起的绝缘子局部温度升高。该法的缺点是仪器造价高，且测量易受阳光、大风、潮气、环境温度及一些能引起绝缘子表面温度急剧变化因素的影响。

图 1.7 复合绝缘子发热红外热成像图

红外热成像测温谱发现：凡有明显局部过热点的绝缘子，其过热点至绝缘子高压端硅橡胶表面均显著发黑、粉化、变脆变硬，憎水性基本丧失，部分有许多细小裂纹甚至出现严重破损；发热点至高压端的一段不能承受工频耐压试验或陡波冲击试验可知，发热点为内绝缘界面局部放电进展的位置。

红外热成像法由于具有方便、快捷、可远距离在线检测等优点，在电力部门已得到普遍应用。然而，由于对流和辐射的不断进行，只有发热速率大于散热速率时，热量累积才能表现为温升。因此，红外热成像法对于导通性电阻致热缺陷，或者显著局部放电等严重缺陷具有较好的检测效果，对于老化前期的复合绝缘子检测效果不佳。

5. 紫外成像法

紫外电晕检测属正在研究的新型技术，湖南省电力试验研究院对紫外电晕检测技术进行了电力系统应用研究，认为对于发生部位在金属带电体的电晕放电，其检测效果良好；对于绝大多数发生部位在外绝缘的电晕放电缺陷，需要雨、雾等气象条件的补充帮助才能进行有效检测。

1.2.3 杆塔腐蚀对输电线路影响

1.2.3.1 杆塔腐蚀的危害

输电线路杆塔作为承载导线、地线和金具的主体，其安全可靠运行是电网能量传输的基础。由于塔身处于室外环境，容易因风雨或大气腐蚀而生锈，塔身的运行强度将大大降低，运行寿命将严重缩短，给电力系统的安全运行带来重大隐患。

塔脚作为铁塔塔架的承力部件，一旦发生严重腐蚀，钢材截面面积减小，会引起铁塔受力分布的改变及承载能力的下降，在强风、覆冰等工况下极易发生倒塌事故，造成输电线路全线故障。

1.2.3.2 杆塔腐蚀的原因

输电线路杆塔构件腐蚀主要有大气腐蚀、水腐蚀和土壤腐蚀。根据杆塔自上而下的结构，其腐蚀分为三类。

（1）导线、地线腐蚀。输电线路使用的导线、地线通常为钢芯铝绞线和钢绞线，导线、地线腐蚀是由于其中的金属元素与大气中的水分、腐蚀性气体以及盐类接触构成电解质溶液，在导线、地线表面构成原电池，通过氧化还原反应使其腐蚀。

（2）杆塔本体腐蚀。常用的角钢塔和钢管杆主要由碳钢所制，钢材中的杂质与大气、水分接触同样构成原电池。在腐蚀微电池长久作用下，杆塔本体逐渐腐蚀，风吹日晒、绝缘层老化则加速了杆塔本体腐蚀。

（3）杆塔基础腐蚀。杆塔基础长埋于地下，与土壤直接接触，其腐蚀主要受土壤土质、土壤 pH 值以及地下水等影响。基础部分属于地下隐蔽工程，一旦发生腐蚀，在日常运维工作中很难被发现。

本书主要研究杆塔本体腐蚀对输电线路的影响以及治理措施。

杆塔腐蚀原因主要有以下两点。

（1）杆塔涂层不当。由于工艺和经济原因，一些杆塔制造商使用了不合格的涂料，如醇酸红丹。虽然不合格的涂层也可以隔离和保护杆塔金属部件，但它们通常绝缘性和导电性较差，导致电子在腐蚀部件中流动，难以保持电化学反应的稳定性。不合格涂层附着力差，在空气中的盐和水的共同作用下易老化脱落，对杆塔金属构件失去保护作用，导致杆塔金属构件耐腐蚀性差，新塔两三年内就腐蚀严重。

（2）塔架金属构件外表保护层厚度缺乏。塔架金属构件的防腐处理，无论是镀锌还是喷涂，都有必要保证保护层具有满足要求的厚度。只有当保护层具有满足的厚度时，才能隔离和保护塔金属构件。当镀锌保护层厚度缺乏、锌用量缺乏时，腐蚀过程中会发生电化学腐蚀，牺牲阳极的方法不能满足杆塔长期防腐的需求。

1.2.3.3 杆塔腐蚀的预防措施

传统输电线路杆塔防腐蚀普遍采取两种措施：一是在杆塔出厂前对全部构件采取热镀锌处理，利用镀锌氧化层使钢铁与大气、水源隔离，从而起到防腐蚀作用；二是结合运行实际对运行杆塔采取除锈、涂刷防腐蚀漆处理。两种传统防腐蚀措施均有不足之处，很难满足线路高标准运行要求。

（1）热镀锌处理。热镀锌处理是输电线路杆塔防腐蚀普遍采用的高效防腐蚀手段，其过程是将钢材浸入高温熔化的锌液中，锌液与钢材表面金属发生扩散反应，在钢材表面浸蚀形成一层牢固的合金层，由合金层隔绝钢材与腐蚀物，起到防腐蚀作用。当表面锌层局部破损时，合金整体能够通过电化学反应，以牺牲阳极锌的方式阻止破损部位生锈。经过热镀锌处理的杆塔一般具有良好的防腐蚀性能，使用寿命在 10 年左右，但此方法仅适用于杆塔出厂、组装前，属于一次性防腐蚀，无法对运行杆塔开展。

（2）涂刷涂料处理。涂刷防腐蚀涂料能够使金属与水、大气隔离，同时涂料中的阳极金属也可以在构件表面形成覆盖层，起到阳极保护作用。涂刷涂料前首先要对腐蚀部位进行除锈，常用的除锈方法有人工除锈和酸洗除锈。人工除锈由作业人员手持钢刷在杆塔上对锈蚀部位进行打磨处理；酸洗除锈则是在锈蚀部位擦拭或者喷涂酸性溶剂，利用强酸腐蚀性溶解锈渍。除锈后在腐蚀构件上刷底漆、中间漆和面漆 3 层防腐蚀漆。底漆常用具有较强附着力的富锌涂料，起到将漆面与杆塔隔离的作用；中间漆是过渡层，起到抗渗透、缓腐蚀的作用；面漆常用环氧树脂、聚氨脂类化合物，能够长时间抵抗各类腐蚀。涂刷防腐蚀漆受检修、技改时间节点限制，且容易出现过防、漏防，不具有针对性[13, 14]。

1.2.3.4 杆塔腐蚀传统检测方法

1. 腐蚀动力学分析

不同腐蚀周期试样单位面积的失重量，能够真实地反映金属在大气腐蚀下的腐蚀动力学规律。通过分析失重量的大小、失重量增长速率的大小能够粗略地判断金属所处腐蚀状态，以及在简化失重量变化规律下金属的剩余使用寿命。王帅星等[15]通过测量 X80 钢不同时间阶段的腐蚀失重量，对失重量和时间进行函数拟合建立了腐蚀寿命预测模型，实现了对室外暴露试验结果的预测。失重量检测一般适用于均匀腐蚀类型的金属材料，使用细毛刷刷去金属材料表面的腐蚀产物，然后使用酒精对金属材料二次清洗后吹干，再将其放入干燥器干燥 24h 后取出，使用电子天平称重。失重量通常要选取标准未腐蚀试样进行计算。为避免清洗过程中部分金属基体因溶解造成误差，选择多个平行试样失重量的平均值作为失重数据。

2. 电化学分析

（1）电化学阻抗谱法。电化学阻抗谱法的原理是通过对电极施加小振幅的正弦波电位或电流作为扰动信号,测量电极在输入信号下的响应,研究腐蚀过程中电极电化学参数的变化过程。通过阻抗谱可以获得电极的电荷转移电阻、界面电容等。通过解析电极反应动力学,推算电层参数,研究扩散过程,反演电极腐蚀行为和腐蚀机理[16]。采用电化学阻抗法得到腐蚀过程的电化学参数后,使用电阻、电容等进行等效电路拟合,量化腐蚀的信息。但是等效电路中各元件的使用并没有合理的物理意义解释,仅是为了拟合试验得到的电化学参数,如果使用不同的电极,即便反应原理相同也可能拟合出完全不同的等效电路。并且电化学阻抗法分析仪器昂贵,测量费时,数据处理复杂。

(2)电化学噪声法。电化学噪声是指电化学系统自身产生的一种噪声,由Iverson[17]在1968年首次发现并记录。腐蚀环境温度的变化、腐蚀产物的生成与改变、锈层的加厚和脱落等都会产生可记录的电化学噪声。目前电化学噪声的主要测量方法有两种,一种是控制电极的电流,测量此过程中电极的电势变化,称为恒电流测量法;另一种是控制电极电位,测量不同电位下的电流密度,称为恒电位方法。通常使用电化学噪声法对局部腐蚀的腐蚀速率以及腐蚀种类进行分析。但电化学噪声的出现是一种随机现象,目前尚没有对于测量噪声数据的标准分析方法,且易受外界扰动而影响分析结果。

(3)腐蚀产物分析。X射线通过晶体时会产生衍射效应,空间内会形成由不同晶面的衍射线构成的图谱,可用于表征物质的晶体结构,通常被用来检测固体成分的物质及含量。但X射线衍射分析价格昂贵且耗时较长,对腐蚀产物的采样也会对分析目标造成破坏。

1.2.4 输电线路走廊树障的影响

1.2.4.1 植被树障的危害

在我国的电网中,长距离高电压架空输电线路占了很大比例,此类架空线路由于特殊性,常常架设在山区,而山区地势起伏复杂,植被种类丰富,一些植被在一定时间内能够快速生长,超过输电线路和周围地物的安全距离,威胁线路的安全运行,严重时造成线路对树木放电,发生树闪、火灾、人身触电、电力系统停运等并造成经济损失[18]。

树障是架设在山区的输电线路的主要威胁之一,而高杆树木是引发树障灾害的主体,高杆树木生长会对线路产生横向入侵威胁和纵向入侵威胁。横向入侵是指树木生长到了一定高度,水平生长的树冠部分进入线路的安全距离内,而纵向入侵是指线路下方的树木向上垂直生长进入线路的安全距离内。一般来说,输电线路架设的高度在建设初期经过工程计算,不容易受到树木生长的影响,但随着时间的推移，山区地势、树木种类变得复杂，树木高度增加。特别是在春夏季节，树木生长速度极快，原本不该受到树障影响的线路受到了影响[19]。

巡线的不及时可能使输电线路周围树木生长进入线路安全距离，对输电线路安全运行产生危害，如图 1.8 所示。由于高压线路直接暴露在空气当中，当树木距离输电线路过近时，空气作为导体，存在闪络的风险。此时，树木变为良导体，使输电线路与大地连通，造成单相接地故障，引发停电甚至造成火灾[16]。

图 1.8　输电线路树障情况

1.2.4.2　树障的防治措施

目前，树障灾害防治分为两个部分。一是对植被和线路的安全距离进行即时测量，可尽早发现线路灾害，并及时排除。已有的方式包括人工测量，即派出巡线工人携带便携式测距仪对线路进行测量，或者是采用无人机测距仪器从空中完成测距工作[20, 21]。二是建立输电走廊的树障灾害动态监测预警系统，获取植被的生长信息，如生长高度、树木种类、生长环境等，实现区域树障隐患长期跟踪监测，并且在可能发生事故时发出预警，给定发生预警的地理位置及其他信息，方便及时运维。这些方法在一定程度上减轻了树障威胁，对整个电力部门运维起到了促进作用，但庞大的工作量和较高的经济成本也是制约树障灾害防治工作的根本原因。对于线路安全距离的即时测量采用人工巡检的方式已经难以实施，现在多采用雷达测距检测线路和植被的距离，能够获取树冠层和线路的三维结构信息，但不能获取树木的种类信息[22]。在建立输电走廊树障灾害监测预警系统时，对于树木的种类信息更是十分依赖，因此如何利用已有的手段在完成输电线路安全距离测量的同时完成树木种类信息的快速、广域获取，是现今电网建设运维十分关注的问题。

综上所述，输电线路的树障问题一直是困扰电力系统运行的主要难题，必须得到有效解决。通过对传统技术进行改造，采取科学合理的管控对策，能对各种不同的树障进行有效清理，从而保障输电线路的安全运行。

1.2.4.3 输电走廊树障的传统检测方法

1. 激光测距

激光测距主要是使用激光对目标距离进行精准的测定。激光测距试验则是利用激光来测量线路与树木的距离。

激光测距的原理：把高度同向性脉冲激光束射向摆放的角反射镜中，然后根据接收到光的时间来确定距离。在使用激光测距仪的过程中，要往目标位置发射细微的激光测距仪光，然后用光电元件收集目标反射的激光束，计时装置在测定激光束从发射到接收的整个过程中，能够掌握观测人员和目标间的距离。激光测距原理图如图 1.9 所示。

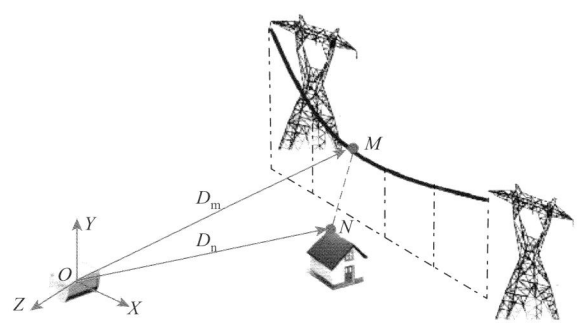

图 1.9 激光测距原理图

2. 超声波测距

超声波测距的主要原理：在超声波发射装置发射超声波，依靠接收器获取超声波过程中所形成的时间差来测距，即超声波发射器在发射的一刹那进行计时，此时空气作为超声波传送的载体，如果遇到障碍物超声波就能马上返回，接收器在接收反射波后马上结束计时。在监测树障的过程中，可以在无人机中搭设超声波测距装置，这样就能够达到理想的测量效果。超声波测距属于非接触测量中比较重要的一种方式，在诸多的领域中都得到了普遍应用。

3. 机载激光雷达智能测距

机载激光雷达（图 1.10）是利用三维建模，通过扫描的方式精准地对电网线路导线进行定位，并创建设备与设备附近的模型，同时也要检测线路和树木的间距。目前利用激光雷达扫描的方法，可以以立体的形式展现出树障附近的情况，并且还可以利用三维建模的方式来让系统确定最高的树和导线之间的距离，从而能够确保测量的准确性，而且还可以将误差控制在厘米范围。此外，多旋翼无人机搭设激光雷达能够展现出线路附近的三维环境，这等于是创建了有关线路的高精度电子沙盘，能够为工作者创建隐患防治方案提供合理的参考依据。机载激光雷达智能测距输电线路树障一共要经历以下阶段：数据收集、数据整理，以及对结论进行研究。

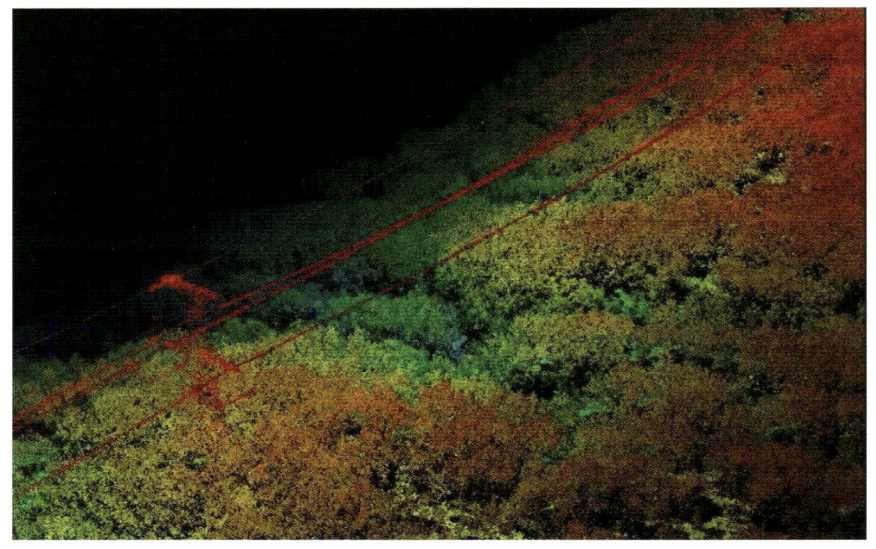

图 1.10 机载激光雷达测距

4. 倾斜摄影测距

倾斜摄影技术在这些年得到了广泛地使用，并且属于摄影测量领域的全新技术，其不但可以全面地体现出地面物体的实际状况，准确地获得地物纹理信息，而且还能够利用全新的定位、建模等技术来制作成三维模型。在相同的飞行平台中搭设两台以上的传感器，并在各种角度下收集影像，以得到与地面物体有关的信息。如果以垂直角度来进行拍摄，所得到的影像被称为正片；如果镜头位于上方并和地面构成适度夹角拍摄，那么所得到的影像就属于斜片。把倾斜摄影技术使用到无人机当中，其实就是一次制作三维模型的过程，不过效果会更加逼真，能够满足实际要求。只需要进行一次飞行，就可以得到各种视角的影像，还可以使用电脑软件来进行纹理自动贴图。整体来讲，对比过去所使用的技术能够发现，倾斜摄影技术测距精准性较高，性价比合理，所以得到了普遍的使用，其原理如图 1.11 所示。

 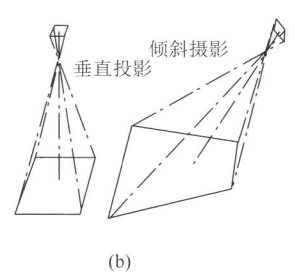

图 1.11　倾斜摄影技术测距原理图

1.3　本 章 小 结

本章简要地介绍了输电线路，以及我国输电线路的现状及特高压直流输电的发展。提出了输电线路上常见的四种灾害：绝缘子污闪、绝缘子老化、输电线路杆塔腐蚀和输电走廊树障，并介绍了这些灾害的一些传统检测方法。但这些传统的检测方式都存在很多的弊端，于是需要一种全新的检测方法。本书将提出新的检测方法——高光谱技术检测，后续介绍高光谱的发展、原理以及在检测方面的优势，并将其应用到线路绝缘检测。本书的其他章节将着重介绍高光谱技术在输电线路绝缘检测方面的应用，包括高光谱技术原理与应用、绝缘子污秽高光谱检测、绝缘子老化高光谱检测、杆塔腐蚀状态高光谱检测以及输电线路走廊树障检测。

参 考 文 献

[1]　于腾. 智能电网中的输变电技术应用[J]. 集成电路应用, 2022, 39(7): 295-297.

[2]　刘振亚. 中国电力与能源[M]. 北京: 中国电力出版社, 2012.

[3]　宿志一, 李庆峰. 我国电网防污闪措施的回顾和总结[J]. 电网技术, 2010, 34(12): 124-130.

[4]　Li L, Jiang Y P, Lu M, et al. Study on the difference of chemical composition of insulator contamination on UHV-AC and-DC transmission lines[J]. IET Science, Measurement & Technology, 2018, 12(1): 17-24.

[5]　关志成, 王绍武, 梁曦东, 等. 我国电力系统绝缘子污闪事故及其对策[J]. 高电压技术, 2000, 26(6): 37-39.

[6]　Jiang X L, Yuan J H, Zhang Z J, et al. Study on pollution flashover performance of short samples of composite insulators intended for ±800 kV UHV DC[J]. IEEE Transactions on Dielectrics and Electrical Insulation, 2007, 14(5): 1192-1200.

[7]　王凯琳, 王黎明, 赵晨龙, 等. 温差对绝缘子污层受潮过程的影响[J]. 高电压技术, 2019, 45(1): 136-143.

[8]　夏云峰, 宋新明, 何建宗, 等. 复合绝缘子用硅橡胶老化状态评估方法[J]. 电工技术学报, 2019, 34(S1): 440-448.

[9]　薛杨. 导热绝缘硅橡胶复合材料的结构设计及性能研究[D]. 北京: 中国科学院大学(中国科学院过程工程研究所), 2019.

[10]　张妮. 人工加速老化对硅橡胶微结构及憎水恢复性影响研究[D]. 武汉: 武汉大学, 2018.

[11] 赵林杰. 硅橡胶复合绝缘子憎水性与污闪特性研究[D]. 北京: 华北电力大学, 2008.
[12] 高岩峰, 王家福, 梁曦东, 等. 交直流电晕对高温硫化硅橡胶性能的影响[J]. 中国电机工程学报, 2016, 36(1): 274-284.
[13] 吴聂斌. 关于输电线路杆塔防腐防锈问题的探讨[J]. 民营科技, 2007(7): 10.
[14] 饶卫申, 滕海军, 白晓昆, 等. 架空输电线路杆塔防汛问题分析[J]. 机电技术, 2017, 40(1): 49-50, 70.
[15] 王帅星, 杜楠, 刘道新, 等. 模拟酸雨作用下红壤含水量对 X80 钢腐蚀行为的影响[J]. 中国腐蚀与防护学报, 2018, 38(2): 147-157.
[16] 林力辉, 闫航瑞, 岳鑫桂, 等. 输电线路树闪故障的行波信号分析[J]. 南方电网技术, 2014, 8(3): 47-51, 99.
[17] Iverson W P. Transient voltage changes produced in corroding metals and alloys[J]. Journal of the Electrochemical Society, 1968, 115(6): 617-618.
[18] 蓝健肯. 影响超高压输电线路通道保护区相关因素探析[J]. 中国高新技术企业, 2017(7): 202-203.
[19] 樊莹, 黄应年, 高举, 等. 输电线路走廊树障存在问题及对策[J]. 科技创新与应用, 2020, 10(2): 129-130.
[20] 陈适, 金泉. 探究输电巡检中无人机技术的应用[J]. 建材与装饰, 2020(3): 236-237.
[21] 郑晓光, 左志权, 彭向阳, 等. 机载激光点云与影像联合测图的技术进展和趋势[J]. 地理信息世界, 2017, 24(5): 56-61.
[22] 彭向阳, 陈驰, 徐晓刚, 等. 基于无人机激光扫描的输电通道安全距离诊断技术[J]. 电网技术, 2014, 38(11): 3254-3259.

第 2 章 高光谱技术原理与应用

2.1 高光谱概述

2.1.1 起源与发展概述

在 20 世纪 60 年代发展起了对地物的综合性观测技术[1]，将光谱成像利用于环地卫星获取地球图像资料。黑白图像的灰度级代表光学特性差异，以此来挖掘分辨不同材料的信息。在此基础上，卫星对地球成像时，可以加入带色滤波片以提高特殊目标的辨别能力，这对提高特殊农作物、大气、海洋、土壤等地物的辨别能力大有裨益。美国国家航空航天局（National Aeronautics and Space Administration，NASA）从 1972 年开始发射的 LandSat（陆地卫星）和法国 1986 年开始发射的 SPOT（satellite pour l'observation de la terre）卫星上携带的具有多光谱成像能力的相机，在地表的资源勘探、森林火灾监视等方面发挥了重要的作用。多光谱成像技术在几个或几十个离散的光谱波段处成像，在遥感监测能力等方面有了重要提升，人们开始进一步拓展光谱分辨率。

1983 年，世界第一台机载高光谱成像仪（airborne imaging spectrometer-1，AIS-1）在美国研制成功[2]，光学遥感进入高光谱遥感阶段。高光谱遥感是基于非常多的窄波段的技术，利用很多很窄的电磁波波段（通常波段宽度<10nm）从感兴趣的物体中获取有关数据，通过成像光谱仪为每个像元提供数十至数百个连续的波段光谱信息，这些数据组成了一条完整而连续的光谱。由于该时期出现的高光谱遥感在光谱分辨率上具有巨大的优势，在岩石、矿物、植被等物体的物理化学特征的研究方面取得了成功，被称为遥感发展的里程碑[3]。至此，遥感技术的发展经历了黑白成像、彩色摄影、多光谱扫描成像、高光谱遥感等多个阶段。图 2.1 所示为遥感影像发展历程。

但是，这一时期成像光谱仪的代表 AIS-1 和 AIS-2 采用的是 64 像素×64 像素的推扫二维面阵列成像，获取的高光谱影像宽度非常有限，限制了该类光谱仪的商用。1987 年 NASA 喷气推进实验室（Jet Propulsion Laboratory，JPL）成功研制出第二代机载可见光/红外光谱成像仪（airborne visible/infrared imaging spectrometer，AVIRIS），采用了与第一代不同的扫描式线阵列成像方式，共有 224 个成像波段，其低空成像影片如图 2.2 所示。1996 年，美国研制的高光谱数字图像收集试验仪（hyperspectral digital imagery collection experiment，HYDICE）投入使用，采用电荷耦合器件（charge coupled device，CCD）推扫式技术成像，共有 210 个波段。与此同时，许多国家先后研制了多种类型的航空高光谱成像仪，如加拿大的荧光线光谱成像仪（fluorescence line imaging spectrometer，FLI）、在可见光到近红外成像的机载高光谱成像仪（compact airborne spectrographic imager，CASI）系列，德国的反射式光谱成像仪（reflective optics system imaging spectrometer，ROSIS），20 世纪 90 年代末高光谱成像仪开始被应用于航天领域。

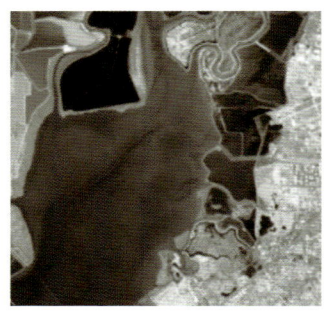  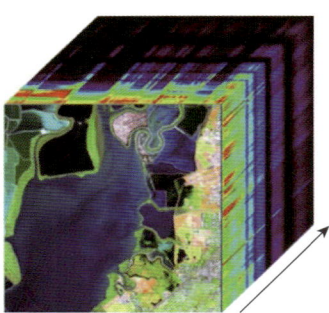

(a) 灰度图（单一波段）　　　　(b) 多光谱（多个波段）　　　　(c) 高光谱（大量连续波段）

图 2.1　遥感影像发展历程

图 2.2　AVIRIS 低空成像影片

目前，国际上星载光谱成像仪正向着大面阵、超高空间、超高光谱分辨率的方向发展，高光谱遥感产品的商业化、民用化也将更加深入。时至今日，高光谱遥感技术已经被广泛地应用于环境监测、大气探测、地球资源普查、自然灾害监测、天文观测等诸多领域，对人类社会的发展起到了难以估量的作用，并且该技术还将继续发展，在国家安全、国民经济建设的各个方面发挥至今我们还认识不到的重要作用。

2.1.2 高光谱的基本原理与图谱特征

1. 基本的物理概念

1）电磁波谱

电磁波是指同相振荡且互相垂直的电场与磁场，在空间中以波的形式传递能量和动量，其传播方向垂直于电场与磁场的振荡方向。由于频率的不同会展现出不同的性质，将不同频率的电磁波按照频率递增排列就形成了电磁波谱[4]，如图 2.3 所示，电磁波谱主要包括无线电波、红外线、可见光、紫外线、X 射线、γ 射线等。

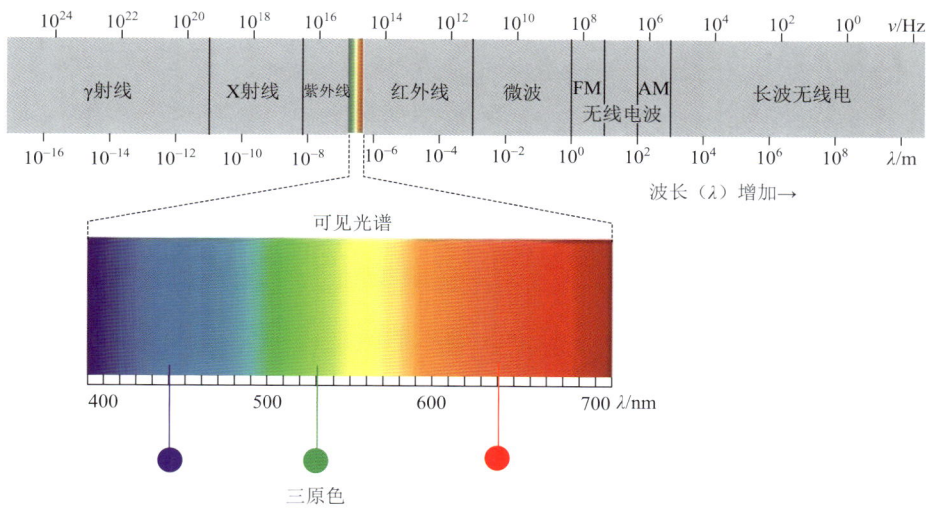

图 2.3 电磁波谱图

电磁波长和频率有如下关系：

$$\lambda = \frac{c}{f} \tag{2.1}$$

式中，c 为真空光速；λ 为波长；f 为频率。对于红外辐射特性，习惯用波数 v 来表达，一般定义为

$$v = \frac{f}{c} \tag{2.2}$$

2）黑体辐射定律

自然界中的物质都在不断地辐射、吸收、反射电磁波，而黑体是一个假设的

理想辐射体，它既能够完全地吸收能量而没有反射，又是一个完全的反射体，辐射情况会随着温度的变化而变化，自然界中不存在这样的物体。目前，电磁波的辐射主要遵循以下的物理定律。

（1）基尔霍夫定律。在辐射平衡时，所有物体的辐射通量密度与吸收系数成正比，并且该比值与波长和温度有关，与物体性质无关。

$$M_B(\lambda,T)=\frac{M_\lambda(T)}{\alpha(\lambda,T)} \qquad (2.3)$$

物体表面的辐射出射度 M 与温度 T 及波长 λ 有关，记为 $M_\lambda(T)$；$\alpha(\lambda,T)$ 为半球谱吸收率。从式（2.3）中可以看出，$\alpha(\lambda,T)$ 越大，$M_\lambda(T)$ 也越大。

（2）普朗克定律。对于基尔霍夫定律中的 $M_\lambda(T)$，普朗克于1900年研究出了出射度 M 与温度 T 和波长 λ 间的关系，即

$$M_\lambda(T)=2\pi hc^2\lambda^{-5}[\exp(hc/\lambda kT)-1]^{-1} \qquad (2.4)$$

式中，h 为普朗克常量，取值为 6.626×10^{-34}J·s；k 为玻尔兹曼常量，取值为 1.3806×10^{-23}J·K^{-1}；c 为光速。

（3）斯蒂芬-玻尔兹曼定律。物体辐射的能量是物体表面温度的函数，遵循斯蒂芬-玻尔兹曼定律，即

$$M(T)=aT^4 \qquad (2.5)$$

式中，a 为斯蒂芬-玻尔兹曼常量，取值为 5.6697×10^{-8}W·m^{-2}·K^{-4}，这说明在面积相同时温度高的物体辐射的能量比冷的物体辐射的能量多。

（4）维恩位移定理。维恩位移定理表明了物体辐射出射度的峰值波长与温度间的关系，即

$$\lambda_{\max}=\frac{B}{T} \qquad (2.6)$$

式中，$\lambda_{\max}$ 为辐射出射度最大处的波长；B 为常数，值为 2.8978μm·K。

2. 电磁辐射与物质的相互作用

电磁辐射在传输过程中会与介质发生相互作用，这些相互作用主要是指电磁波与大气、电磁波与地表等。

1）太阳辐射

太阳辐射是地球上的电磁辐射主要来源，其光谱范围从 X 射线一直延伸到无线电波，不过大部分能量还是集中在近紫外-中红外（0.31～5.6μm）范围，其中可见光占44%，近红外占37%。当太阳辐射穿过大气层到达地面时，部分被大气层反射回太空（约30%），部分被大气吸收（约17%），部分被散射成为漫辐射到达地表（约22%）；只有约31%的太阳辐射作为直射太阳辐射到达地球表面，这部分电磁辐射有一部分被地表反射，剩余的部分被地物吸收[5]。

2）电磁辐射与大气的相互作用

大气自下而上分为对流层、平流层、中间层、热层和逸散层，对高光谱遥感而言，对其接收电磁辐射影响最大的是对流层和平流层。在"太阳—大气—目标—大气—遥感器"的辐射信息传递过程中，会受到诸多因素的影响，造成最后接收到的高光谱数据不能准确反映地表物理特征。这些因素主要分为三个方面：一是大气分子与气溶胶的吸收、散射等影响，二是地表反射特性以及邻近像元的交叉辐射，三是目标高度与坡向等地形几何因素对辐射的影响，其中大气因素是首先考虑的问题。将大气对辐射的作用分为两个部分：一部分是太阳辐射到达地表的过程中，通过地球大气层下行的太阳辐射与大气微粒相互作用而发生吸收与散射；另一部分是上行辐射效应产生的影响，这种影响会引起遥感数据的辐射变化、几何畸变、图像模糊，干扰的严重程度远超下行辐射。

3）电磁辐射与地表的相互作用

电磁波到达地表也会发生散射、吸收和透射三种基本物理过程，三者关系保持能量守恒，即

$$E_V(\lambda) = E_B(\lambda) + E_I(\lambda) + E_T(\lambda) \tag{2.7}$$

式中，$E_V(\lambda)$ 为入射能；$E_B(\lambda)$ 为反射能；$E_I(\lambda)$ 为吸收能；$E_T(\lambda)$ 为透射能，它们都是波长的函数。反射辐射穿过大气被遥感器接收，反射光谱是了解地物信息的重要部分。反射光谱（0.4～2.5μm）是指物体表面反射率随波长变化的曲线，反映了地物的发射特性。影响反射率的因素包括物体的类别、组成、结构、电化学性质以及其表面状态，这些地物自有的本身属性是高光谱成像技术区分它们的关键。

3. 光谱识别的基本原理

所有的物体在 0K 以上时都会发射、吸收和反射电磁波。高光谱成像技术则是通过接收、记录电磁波与不同物体相互反应以后的辐射信号，来区分具有不同物理、化学性质的物体，这些特征主要体现在光谱图信息上，如图 2.4 所示。

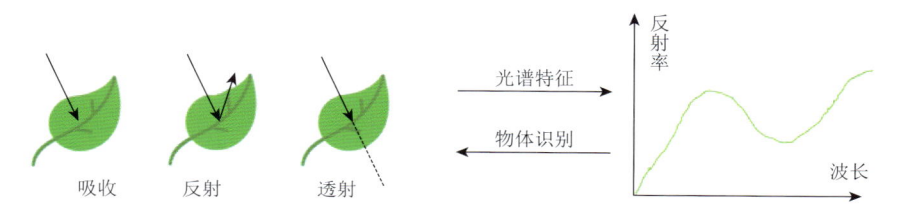

图 2.4 光谱学对不同物体的识别原理

这种光谱特征可以与人的指纹特征进行类比，如图 2.5 所示，相同的或同类材料会表现出相同或相近的光谱图，不同的物质材料则有不一样的图谱特征，地

球表面的大多数天然材料在反射光谱 0.4~2.5μm 内具有诊断吸收特征,这些诊断特征为物质识别提供了重要基础。

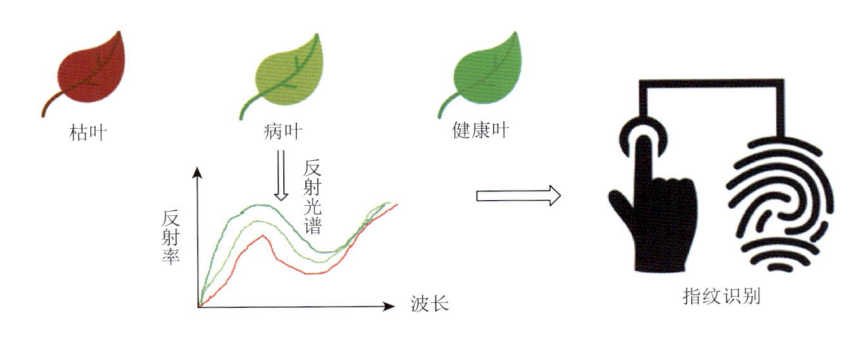

图 2.5 光谱图与指纹识别的对应关系

4. 高光谱的数据表达形式

高光谱图像实际上是特殊的三维图像,由二维的图像维与第三维的光谱数据维构成,其中第三维为光谱反射率值,以波长为单位,高光谱图像在某个波段下是二维灰度图像;以二维图像为单元,则可以提取不同像素点在不同波长下的光谱数据[6],如图 2.6 所示。

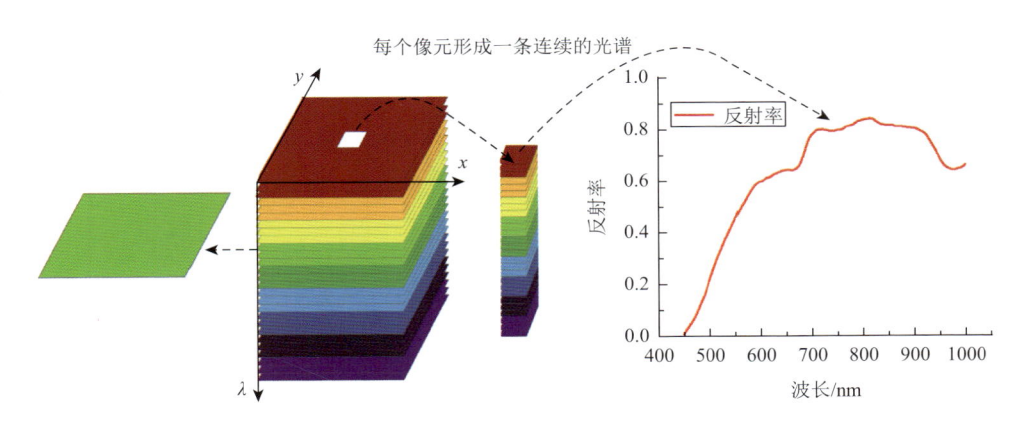

图 2.6 高光谱数据示意图

高光谱图像与其他类型的遥感图像相比最大的优势在于,它除了可以得到二维图像信息以外,还拥有每个像元第三维的光谱图,蕴含了丰富的图像与光谱信息,做到了图谱合一。高光谱数据中涉及空间分辨率、光谱分辨率与光谱反射率等基本概念。

（1）空间分辨率。空间分辨率指的是传感器图像所能分辨的最小目标的测量值，也可以理解成每个像元所表示成的地面直线尺寸。

（2）光谱分辨率。光谱分辨率指的是传感器系统中的光谱波段数量与带宽。高光谱系统通常有数百个窄波段，虽然高光谱的波段数较多但实际上仍然是在波长轴上的一些离散的点。

（3）光谱反射率。光谱反射率是指在某波段被物体反射的光通量与入射到物体上的光通量之比，是物体表面的本质属性。光谱反射率是物体本身对颜色的表征，不仅全面地记录了物体的颜色信息，而且是物体表面材质的表示方式。

二维光谱图只能反映出一个像元的光谱信息，如果我们想知道整个成像光谱的整体情况，可以用光谱曲面的思想，对一簇光谱信息的特征进行全面的表达。光谱曲面可以用函数式（2.8）来表示：

$$n = f(x, \lambda) \tag{2.8}$$

式中，n 为反射率；x 为该簇光谱或是扫描线的方向；λ 为波长轴，代表图像的波段。这样可以在二维显示设备上表达三维光谱曲面图。

5. 高光谱的数据特点

高光谱与多光谱成像的主要区别是波段数量和应用时的精度。

（1）波段数量。高光谱传感器可以在一定光谱区间获取几十到几百个狭窄的、连续的光谱波段的图像数据，而多光谱传感器测量的是一定光谱区间内的几个宽的、离散的光谱波段的图像数据。图2.7所示为二者的数据信息区别。

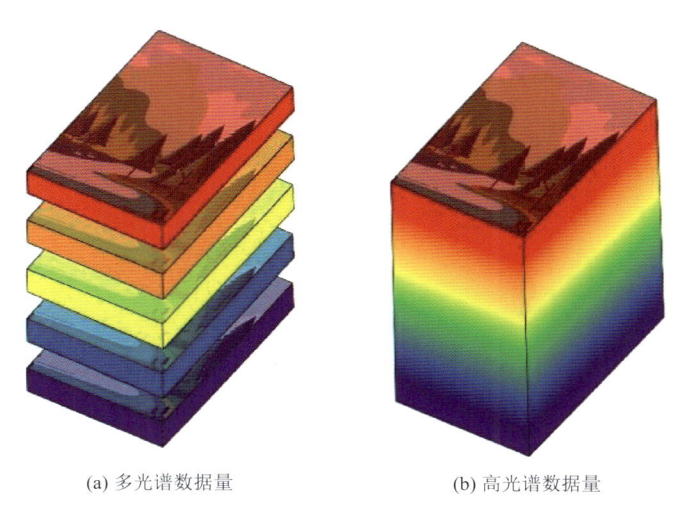

(a) 多光谱数据量　　(b) 高光谱数据量

图2.7　多光谱与高光谱的光谱数据量对比

（2）应用时的精度。由于在光谱分辨率上的优势，高光谱传感器的数据可用于提取诊断光谱特征，例如有一些物质在某一小段光谱范围会存在波峰、波谷等光谱特征（大多数在 20~40nm），而多光谱的精度则无法提取到这种吸收特征（图 2.8）[7]。

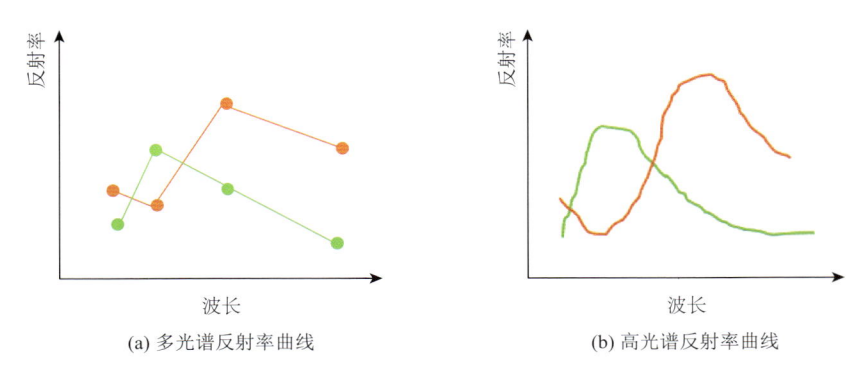

(a) 多光谱反射率曲线　　　　　(b) 高光谱反射率曲线

图 2.8　多光谱与高光谱在光谱分辨率上的区别

高光谱技术除了带来丰富的图谱信息以外，也存在如下方面的一些问题。

（1）非线性特征。高光谱影像具有非线性，其非线性表现在两个方面：一方面是地物反射太阳光的过程，是一个典型的非线性过程；另一方面是太阳入射光和地物反射光在空气中的传播，也是一个非线性的过程。

（2）信噪比低。由于成像光谱仪波段通道很密而造成光成像能量不足，故相对全色图而言，高光谱图像的信噪比提高比较困难。在图像数据的获取过程中，地物光谱特征在噪声的影响下容易产生"失真"。高光谱数据较低的信噪比给其处理也增加了很大难度。

（3）冗余信息多。因为高光谱数据是由很多狭窄的波段构成的，所含数据数量巨大，同时相邻波段之间存在空间相关、谱间相关，以及波段相关，这些都导致高光谱数据中冗余信息增多。

（4）混合像元问题。由于空间分辨率的限制及复杂地物的影响，一个像元会同时包含几个地物的光谱信息，被称作混合像元。随着高光谱技术的发展，混合像元分解技术得到了广泛关注。

2.1.3　高光谱数据分析方法

1. 光谱微分技术

微分技术是处理光谱数据的常用方法，光谱微分技术主要是计算光谱不同阶数的微分值来迅速地确定弯曲点以及最大、最小反射率的波长位置。从数学的角度来看，光谱一阶微分表示的是光谱的变化率，二阶微分突出光谱的弯曲点；从实际效果来看，光谱的一阶、二阶和高阶微分可以消除背景噪声、分辨重叠光谱。这种方法主要是用来消除大气的影响，如大气程辐射（路径辐射）、大气透过率和太阳辐照度随波长的变化量等。通过对初始光谱微分，使这些量的影响趋于零，从而可以消除或抑制它们对光谱带来的影响。

2. 基于光谱数据库的光谱匹配技术

人们对地球上的各种物质已经做了很多的研究，获得了大量的试验光谱数据，已经可以建立物质对应光谱的标准光谱数据库，这样可以帮助我们将物体的光谱归类为一种与光谱库最为相似的谱线。这是一个查找、匹配的过程，匹配的方法包括二值编码匹配、光谱角度匹配、光谱相似度测定、光谱吸收指数方法、聚类分析技术[8]。

3. 光谱特征提取技术

因为高光谱数据具有波段多、波段间相关性高及数据余度高等特点，需要对光谱的特征进行提取，来寻找我们感兴趣的特征子集。当需要的特征维数 m 给定时，需要从 n 个原始特征中选出 m 个特征，使目标识别性能判据 P 的值满足下式：

$$P(x_1, x_2, \cdots, x_m) = \max\{P(x_{i1}, x_{i2}, \cdots, x_{im})\} \tag{2.9}$$

式中，$x_{i1}, x_{i2}, \cdots, x_{im}$ 为 n 个原始特征中的任意 m 个特征。特征选择的方法已经有很多，后面会进行介绍。

4. 混合光谱分解技术

实际世界中，遥感器在像素中记录的反射辐射无法与只由单一均匀材料组成的体积相互作用，因为自然界中不存在由单一均匀材料组成的自然表面，因此遥感器以像素反射率值形式观测到的电磁辐射通常是由具有不同光谱性质的若干表面材料的光谱混合而成的。为了从遥感数据中识别各种"纯物质"并确定其空间比例或丰度，必须了解光谱混合过程，并适当建模。混合建模是从纯端元光谱中推导混合信号的正向过程，而光谱解混则专注于反向操作，从混合像素信号中推导纯端元的分量（或丰度）。主要包括两种光谱解混类型，即线性光谱混合和非线性光谱混合。

5. 光谱分类技术

光谱分类技术是光谱识别的重要方法，常用的手段有最大似然分类（maximum likelihood classification，MLC）、人工神经网络（artificial neural network，ANN）、支持向量机（support vector machine，SVM）等。

2.2 高光谱成像系统

如图 2.9 所示，成像光谱仪将扫描成像与精细分光两种功能有机结合，可以获得由一定波段范围组成的数据立方体。其基本原理是将成像辐射的波段划分成更加狭窄的多个波段同时成像，可以得到每个像元的一条光谱曲线；当细分的光谱数达到上百个时，就认为其是高光谱成像仪了。成像光谱仪的发展奠定了遥感理论的技术基础，在多个行业中发挥着越来越重要的作用。

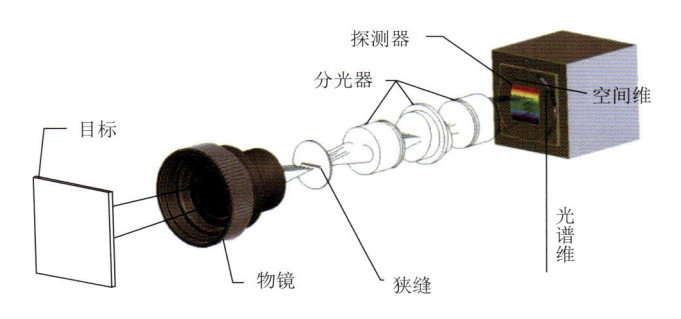

图 2.9 成像光谱仪的基本原理框图

高光谱成像仪的光学系统一般由光谱分光和成像光学两部分组成，前者是完成对物体的光谱分割，后者完成对目标的空间几何成像。比如一个像素为 $A\times B$ 的成像光谱仪，指的是空间维有 A 元探测器，光谱维有 B 元探测器。

2.2.1 光谱分光

光谱分光方法有很多种，从原理上可以分为色散型、干涉型、滤光片型、计算机层析型、二元光学元件型、三维成像型，下面主要介绍色散型、干涉型、滤光片型分光原理。

1）色散型

色散型分光主要是依靠色散棱镜或者衍射光栅，这种原理应用的时间很早，技术较为成熟，其光学原理如图 2.10 所示。

入瞳辐射通过位于准直系统前焦面上入射狭缝后，经准直光学系统准直后，再经棱镜或光栅色散，由成像系统将狭缝按波长成像在探测器的不同位置上，其中探测器分为线列和面阵两种。这种分光方式简单可靠，被广泛地应用于航空航天领域中，在此基础上还设计出了基于计算机层析型光谱成像仪、二元光学元件型光谱成像仪、三维成像型光谱成像仪。

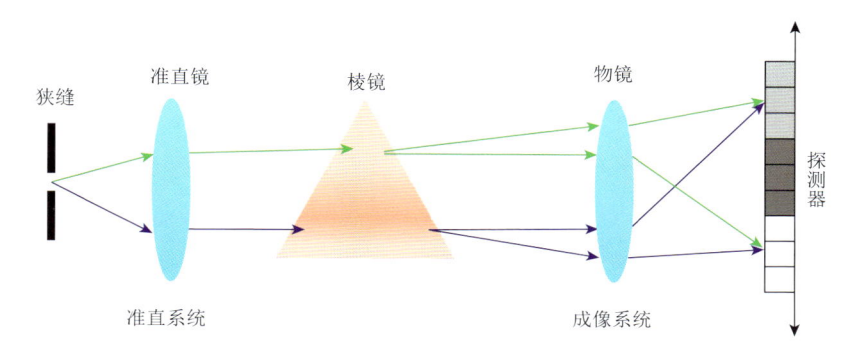

图 2.10 色散型光谱成像仪原理

2）干涉型

干涉型光谱成像仪并不直接分光，而是生成各种光程差条件下的干涉图，再根据干涉图与光谱图之间的傅里叶变换关系得到光谱图，其光学原理如图 2.11 所示。

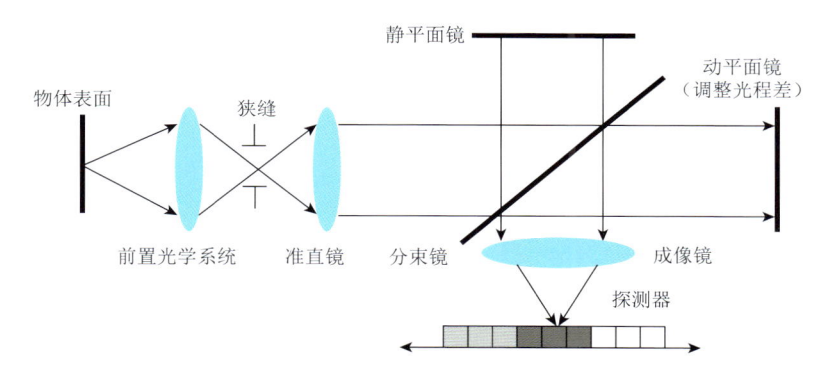

图 2.11 干涉型光谱成像仪光学原理

系统组成部分包括前置光学系统、准直镜、分束镜、静平面镜、动平面镜、成像镜与探测器。像元光谱辐射经准直镜变成平行光束后，再经半透半反分束镜分成两束，分别照在静平面镜与动平面镜上，经静平面镜与动平面镜反射后，两束光通过分束面和聚焦透镜在焦平面干涉成像，通过动平面镜的机械扫描改变两束光之间的光程差。根据光程差的原理，可以将干涉型光谱仪分为时间调制型和空间调制型，比如迈克尔逊型干涉光谱仪属于时间调制型，三角共路型干涉光谱成像仪属于空间调制型。

3）滤光片型

滤光片型光谱成像仪采用的是相机加滤光片的组合，每次只测量目标像元的一个波段的光谱信息，它可以分为调谐滤光片型和光楔滤光片型。

2.2.2　成像光谱仪的空间成像方式

成像光谱仪的工作模式常用的是摆扫型和推扫型。

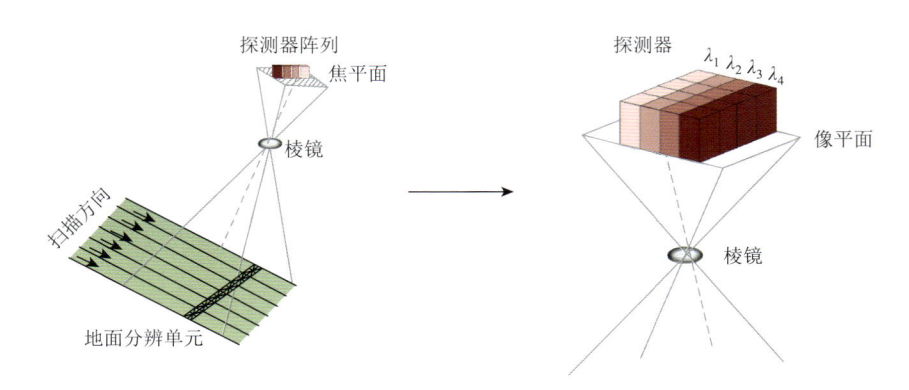

1）摆扫式光谱成像仪

摆扫式光谱成像仪如图 2.12 所示。摆扫式光谱成像仪在平台沿轨的运行过程中，通过摆扫的机械结构实现沿轨运行方向的扫描。这种方式的好处是扫描的总视场很大，但是由于像元凝视时间较短，光谱分辨率和时间分辨率的提升受到限制，且机械部分的精度很难控制[9]。

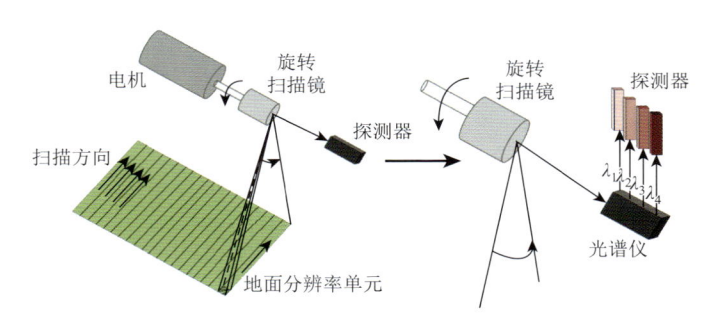

图 2.12　摆扫式光谱成像仪

2）推扫式光谱成像仪

推扫式光谱成像仪没有采用摆扫结构，直接通过面阵探测器扫描物体图像信息，如图 2.13 所示。它直接获取目标的一维空间信息，通过沿轨的推扫获取对应列的空间信息。这样做的好处是可以大大延长对行空间像元的凝视时间，提高了空间分辨率以及信噪比，体积也相对较小，但是很难做到宽范围地扫描成像。

图 2.13　推扫式光谱成像仪

2.2.3 成像光谱仪的发展

在机载光谱成像仪领域，1983 年，美国喷气推进实验室成功研制了第一台成像光谱仪 AIS-1，得到了各领域的广泛应用。此后美国研制出第二代机载可见光/红外光谱成像仪 AVIRIS，相比于 AIS，AVIRIS 具有更大的空间范围与光谱范围，其光谱范围为 0.4~2.5μm，光谱分辨率大约为 10nm，图像分辨率为 1mrad，有 224 个光谱通道。1987 年，AVIRIS 在 ER-2（earth resources-2）飞机上首次使用，AVIRIS 在机载高光谱成像技术的研究及应用方面具有开创性意义，且该系列已经逐步商业化；此外美国研制的成像光谱仪还有地球搜索科学（Earth Search Sciences）公司研制的 Probe 系列，光谱范围为 0.4~2.5μm，有 128 个波段，光谱分辨率为 11~18nm；汤普森-拉莫-伍尔德里奇汽车（Thompson-Ramo-Wooldridge，TRW）公司研制的 Trwis2，覆盖了 0.4~2.5μm 的波长范围，具有 384 个光谱通道，信噪比达到 300∶1。加拿大与澳大利亚也十分重视机载光谱成像仪的发展，加拿大 ITRES 公司针对可见-近红外、短波红外、中红外、热红外波段分别对应研制了紧凑型红外光谱成像仪（compact infrared airborne spectrographic imager，CASI）、短波红外机载光谱成像仪（shortwave infrared airborne spectrographic imager，SASI）、中红外机载光谱成像仪（medium infrared airborne spectrographic imager，MASI）、热红外机载光谱成像仪（thermal infrared airborne spectrographic imager，TASI）四个机载系列。澳大利亚公司 Integrated Spectronics 研制的 HyMap（hyperspectral mapper）在 0.45~2.5μm 范围内有 126 个波段，并且在 3~5μm 以及 8~10μm 波段共有 128 个波段，其信噪比在短波红外波段高于 500∶1。

在航空航天领域，美国对星载光谱成像仪的研究始于 20 世纪 90 年代，于 1997 年发射的 Lewis 卫星装有高光谱成像仪（hyperspectral imager，HSI）和线性成像光谱阵列（linear etalon imaging spectral array，LEISA）两台高光谱成像仪，其中 HSI 由美国 TRW 公司研制，在 0.4~2.5μm 的光谱范围内有 384 个通道；美国研制的成像仪还有搭载于地球观测 1 号上的 Hyperion，是一台色散型推扫式高光谱成像仪，美国空军实验室的 MightySat-II 卫星上搭载的傅里叶变换高光谱成像仪（Fourier transform hyperspectra imager，FTHSI），是世界上第一台干涉型高光谱成像仪。除此之外，欧洲航天局还研制出了中分辨率光谱成像仪（medium resolution imaging spectrometer，MERIS），光谱范围为 0.39~1.04μm，最高可以达到 576 个光谱通道，光谱分辨率高达 1.8nm。

在国内，中国科学院上海技术物理研究所于 1997 年研制出机载推扫式光谱成像仪（push-broom hyperspectral imager，PHI），波谱范围为 0.45~1μm，共 128 个波段，多年来一直应用于水质、海洋、农林业等方面的监测；在 PHI1 的基础上于 1999 年研制出光机扫描式机载光谱成像仪（operational modular imaging spectrometer，OMIS），探测光谱范围为 0.46~1.25μm，总波段数为 128。2013 年，中国科学院长春光学精密机械与物理研究所研制了机载推扫式高光谱成像仪（WPHI），该光谱成像系统在 0.45~2.5μm 波长范围内拥有 270 个光谱波段，0.45~1μm 范围内光谱分辨率为 5nm，1~2.5μm 范围内光谱分辨率为 10nm。在航空航天方面，2002 年"神舟三号"中搭载了我国自行研制的中分辨率光谱成像仪，在 0.4~12.5μm 范围内具有 34 个波段；2007 年在嫦娥 1 号探月卫星上搭载第一台干涉高光谱成像仪；2008 年在减灾小卫星 HJ-1 上搭载了光谱范围为 0.45~0.95μm，具有 128 个波段的高光谱成像仪[10,12]。

2.3 高光谱数据处理

高光谱数据的处理主要包括数据的预处理、分类器设计、评价分类性能三个环节，其中预处理包括影像校正与高光谱数据的降维，流程框架如图 2.14 所示。

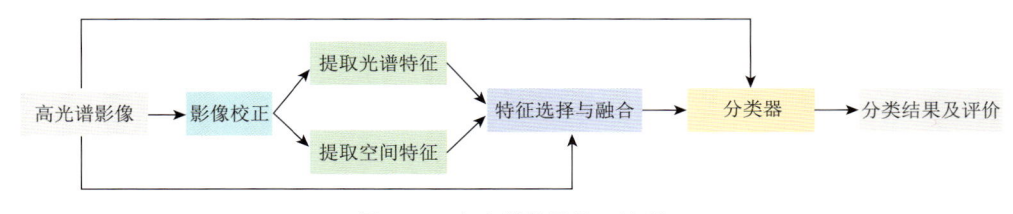

图 2.14 高光谱数据处理流程

经过高光谱的影像校正可以消除高光谱数据的干扰，得到更接近真实情况与更利于分类的高光谱数据。如 2.1 小节所述，高光谱这种高维数据类型，其中可能包含了大量的与分类任务无关的冗余特征。特征选择与融合是维数约简的重要手段之一，对原始数据进行降维处理有助于提高分类模型的性能[13]。分类器的设计是高光谱数据处理的关键环节，现在的分类器设计主要是基于机器学习的观点，通过学习可以形成表达数据样本与类标签间对应的过程。分类器的性能评价可以通过测试集的分类结果来检验。

2.3.1 高光谱数据校正方法

在对高光谱数据进行预处理时，需要根据测量环境以及对数据的需求，选择合适的校正方法。高光谱遥感影像需要进行大气校正与几何校正，目的是消除大气、光照、地物的几何位置与形状等因素对地物反射的影响。到目前为止，遥感图像的大气校正方法有很多，按照校正后的结果可以分为两种：绝对大气校正方法和相对大气校正方法[14]。但是，如果不需要对比不同传感器的数据，或者大气对我们所测量的指标影响较小时，可以选择不做大气校正。而对于便携式的高光谱成像仪，我们需要用黑白校正消除其相机自身暗电流以及光源环境等所带来的影响，除此之外还需要处理光散射、基线漂移、高频随机噪声、重叠等因素影响，可以从待处理高光谱数据特点和与后面提出的分类器结合的实际效果两个方面进行综合选择。

1. 高光谱遥感影像的校正

高光谱成像仪获取的数据通常是数字量化值（digital number，DN 值），它反映的是物体对电磁波的反射能力，但是在定量的研究中，常常需要将高光谱成像仪接收到的电磁波能量信号与物体的特性直接联系起来加以分析，这要求对高光谱数据进行辐射校正。光谱遥感图像通常需要经历辐射校正与几何校正，辐射校正主要包括辐射定标与大气校正，辐射校正数据变化过程如图 2.15 所示。而几何校正主要是用于纠正传感器搭载平台高度、姿态和速度的变化，地球自转与曲率，地势高度以及观察投影等方面引起的误差。

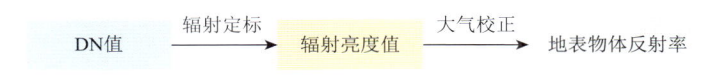

DN值 —辐射定标→ 辐射亮度值 —大气校正→ 地表物体反射率

图 2.15 高光谱遥感影像辐射校正流程

2. 便携式高光谱影像的校正

对于便携式高光谱成像仪或用于实验室环境中的光谱仪，采集数据时会受到仪器内部噪声、仪器暗电流、环境背景和杂散光源等影响，导致获取的光谱信号存在一定的噪声和干扰。为了能够更加有效利用高光谱数据的丰富信息并建立稳定可靠的模型，需要通过一些预处理方法提高原始光谱数据的信噪比，消除数据中的噪声信息，减弱非目标因素对采集信号的影响。

（1）黑白校正。原始数据是对电磁波信号的绝对反射能力，噪声影响大，同时相机内暗电流的存在，也会使光源分布较弱的波段处高光谱图像噪声较大。黑白校正可以解决光照不均以及相机内暗电流导致的噪声影响，得到处于 0～1、与物体反射能力直接相关的相对反射率。通过扫射率为 99%的标准白板扫描和盖上摄像头盖扫描，得到反射率为 1 的全白标定图像和反射率为 0 的全黑标定图像，校正公式如下：

$$R_\mathrm{C} = \frac{R_0 - R_\mathrm{B}}{R_\mathrm{W} - R_\mathrm{B}} \quad (2.10)$$

式中，R_C 为校正后图像数据；R_0 为原始图像数据；R_W 为全白标定图像数据；R_B 为全黑标定图像数据。

（2）多元散射校正。多元散射校正可以有效地消除散射的影响，增强与成分含量相关的光谱吸收信息，用该方法来消除基线的平移与偏移现象。该方法首先要获得相对比较"理想"的光谱曲线，在实际的操作过程中，通常采用样本集的平均光谱来近似地代替"理想"光谱变量，然后假定每一条光谱变量与"理想"光谱变量之间呈现一种线性关系，最后对每个光谱变量进行散射校正。

（3）光谱数据的微分变换。对由于倍频和合频引起的光谱信号重叠问题，利用求导预处理也能够得到一定程度的解决，这对于在可见光和近红外光谱范围内识别反射峰和特征波段具有重要的作用，可用于初步的定性判别分析。目前，使用较为广泛的两种光谱求导预处理方法分别是直接差分法和萨维茨基-戈雷（Savitzky-Golay，SG）卷积求导法。对于光谱分辨率较高、波长采样点较多的光谱数据，采用直接差分法的效果相对较好；但是对于光谱分辨率较低、波长点稀疏的光谱数据，直接差分方法容易受到噪声信号的干扰与影响，可能会放大信号的噪声，降低信噪比，导致预处理的结果容易产生较大的误差，出现结果失真的问题。Savitzky-Golay卷积求导法可以有效避免由于光谱信噪比低而导致的求导结果失真问题。

（4）光谱曲线平滑。如果要得到平稳的光谱变化，需要平滑波形，同时除去信号少量噪声，特别是在按定量方法建立模型时，消除无关噪声是很有必要的，常用的方法有平均平滑法、小波变换等。

移动窗口平均平滑的意思就是平滑窗口在数据上移动求平均，从而对数据进行去噪。使用过程为在样本光谱的一段一定宽度的平滑窗口，假设其波长点为奇数 $2w+1$，则用选取的光谱波长窗口内的中心点波长 i 以及其左右 w 点处的数据求得平均值，用来代替波长 i 处的数据，然后按次序改变中心点，将光谱从左至右变成一个个窗口。该法实质是用平滑窗口内的平均值去代替中心波长反射率，其关键在于窗口宽度的选择：窗口内的数据越多，则失真越严重，而数据量少又会使平滑效果差。

小波变换是通过数据在频域上的分解来实现的，可以得到对信号更精确的局部描述。将光谱的波长当作时间概念，利用小波变换生成的不同分解层所包含的信息与影响物体光谱反射率的不同反射因素相关。低频系数决定光谱的整体形状，反映吸收特征，而高频系数反映光谱的噪声与微弱的吸收特征。可以通过舍去高频系数项来剔除高频干扰，平滑波形。

2.3.2　高光谱数据降维方法

光谱分辨率虽然很高，但由于波段数目多，相应的特征空间维数也很高，往往产生"维度灾难"、分类代价过高和线性不可分等问题。然而，多光谱数据其特征空间的维数过少、光谱分辨率过低,不能够精确地表示地物的光谱特性。因此,对高光谱数据进行降维使其特征空间的维度降低,既可以充分利用高维特征空间所提供的丰富信息,又能够解决特征空间维度过高产生的问题,降低数据分类和识别的代价。高光谱数据的降维方法是高光谱数据预处理的重点,常用的降维方法可以分为两类:特征提取和特征选择。

1. 特征提取

特征提取是通过特征变换的方法,将高维特征空间中的数据映射到低维子空间当中(图 2.16),主要的算法有主成分分析(principal component analysis,PCA)、投影匹配(projection pursuit,PP)、正交子空间映射(orthogonal subspace projection,OSP)和离散小波变换(discrete wavelet transformation,DWT)等。这些方法在充分利用所有波段包含的特征信息的同时也改变了目标地物光谱数据的原始数值,使得经过降维后的数据不再具有实际的光谱特征意义。特征提取包括线性和非线性两种方式,而高光谱数据的低维拓扑结构往往具有非线性特征,因此基于流形学习(manifold learning)的特征提取算法可以较好地发掘数据的非线性特征。

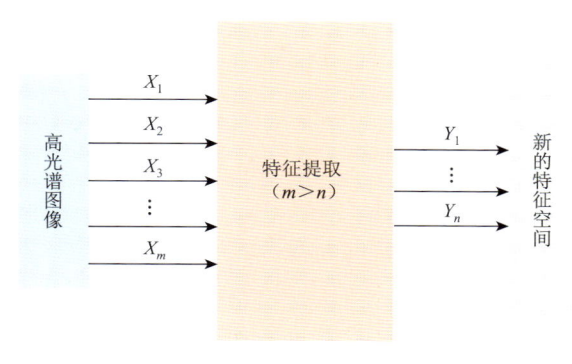

图 2.16 高光谱特征提取

(1)主成分分析。PCA 算法对高维数据进行空间变换,使得大量信息集中在少数几个主要特征上,然后选择信息量最大的几个特征组成子空间,从而得到数据从高维空间到低维空间的线性投影。投影后的数据可以保留原始高维数据的主要信息,同时特征间的相关性比较小,也就是数据的协方差矩阵为对角阵,从而降低了波段间的冗余程度。在主成分分析法的基础上,最小噪声分离变换(minimum noise fraction rotation,MNF rotation)可以有效地解决当某噪声方差大于信号方差或噪声在图像各波段分布不均匀时,基于方差最大化的主成分分析不能保证图像质量随着主成分的增大而降低的问题。主成分分析适用于数据的线性降维,而核主成分分析可实现数据的非线性降维。

（2）费希尔（Fisher）判别分析。该方法采用费希尔判别函数，其基本思想是寻找一组使得费希尔判别函数达到最大的判别向量作为最佳映射方向，将高维样本投影到该方向上，保证投影后的样本具有最大化类间离散度和最小化类内离散度的特点，这样的数据分布可以使得样本获得更好的分离性能，是一种直接针对分类特征的提取方法。

（3）流形学习。特征提取方法通过线性或非线性映射将数据从高维空间投影到低维空间，并且保持数据内在的几何拓扑结构不发生变化。从几何学角度分析，可以将其视为挖掘嵌入在高维数据中的低维线性或非线性流形的过程，该嵌入保留了原始数据的几何特性。流形学习可以通过发掘高维数据的潜在几何结构认识数据的内在规律，找到在高维空间中内蕴的低维流形，得到对应的嵌入映射，以实现高维数据的降维或者数据的可视化。流形学习被广泛地应用在高光谱数据降维的研究过程中，无监督的流形学习主要有局部线性嵌入法、等距离映射算法、拉普拉斯特征映射算法、最大方差展开、局部切空间排列等方法及其改进方法。监督的流形学习方法主要有最大化边缘准则、边际费希尔（Fisher）判别分析等，还有半监督的局部敏感判别分析法。

2. 特征选择

特征选择同样是一种非常重要的高光谱数据降维方法，一直以来都受到研究者的重视。特征选择的目的是选择原始高光谱数据的一个波段子集，这个波段子集能够尽量多地保留原始数据的主要光谱特征或者提高原始数据的地物类别可分性，即要按照一定的标准选择一个最优的波段组合（图 2.17）。所以波段选择问题实际上是一个组合优化问题，选择波段组合的标准也称为评价函数或者目标函数。目标函数在波段选择中非常重要，能够直接影响选择到的波段子集的质量。但是相比于特征提取的方法，特征选择不可避免地会出现波段信息的损失。

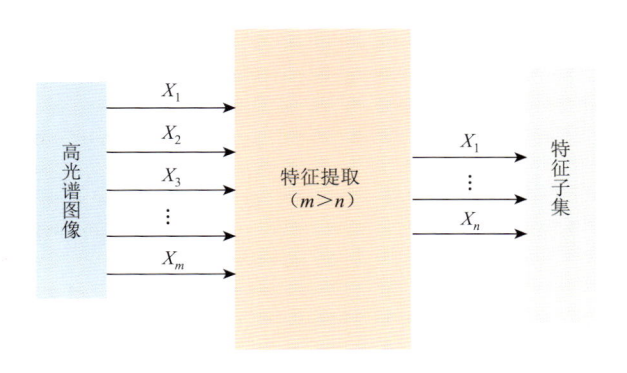

图 2.17 高光谱特征选择

1）搜索策略

特征选择的流程包括子集生成、子集评价、停止准则以及子集验证。特征子集生成的过程，本质上是在搜索空间中搜索特征子集的过程，是不断地向评价准则函数提供相应特征子集的过程。特征子集的获取过程主要依托于搜索策略，有效的搜索策略也是保证波段选择精度的重要因素。搜索策略主要有全局最优搜索策略、序列最优搜索策略、随机搜索策略三种类型。

（1）全局最优搜索策略。穷尽搜索的方法就是一种典型的完全搜索方法。理论上，在一定评价准则函数的约束下，它可以从全局最优的角度遍历所有可能的特征组合，从而选择出最优特征子集。但考虑到高光谱数据的高维特性，穷尽搜索一般不作为首选的搜索方式。因为即使在特征维度不高的情况下，搜索空间也是庞大的。因此，虽然基于全局最优搜索策略能得到最优特征子集，但因为诸多因素限制，无法被广泛应用。

（2）序列最优搜索策略。序列搜索策略大体上可以分为两种类型：一类方法是每次向候选特征子集中增添或剔除一个特征，如序列前进法、序列后退法、双向选择等；另一类方法是每次从候选特征子集中增添或剔除 1 个特征，并剔除或增添 r 个特征，如增 1 去 r 方法，这类方法易于实现且避免了计算复杂度过高的问题，但易于陷入局部最优。

（3）随机搜索策略。与上述两种搜索策略相比，随机搜索策略是根据一定的启发式的准则，随机搜索简约特征，并逐渐逼近全局最优解的过程。由于是从随机生成的候选特征子集开始进行搜索，因此该策略具有较高的不确定性。它通常与基于元启发式的方法相结合而得到广泛地使用，元启发式方法主要有模拟退火算法、遗传算法、粒子群优化算法三种类型。其中粒子群优化算法具有收敛速度快、计算复杂度低等优点，但很容易收敛到局部极小值，所以将粒子群优化算法和遗传算法的优点相结合来选择特征波段。在此基础上，提出了新的元启发式优化算法，比如人工蜂群算法，该算法的突出优点是较好地协调了在原搜索范围进行精密搜索与扩展搜索范围之间的矛盾，极大地提高了寻优的概率。还有灰狼优化器算法，该方法具有预搜索范围广、需调整的参数少、操作简单、收敛速度快等优点，并且有利于逼近全局最优解。

2）特征选择方法的分类

根据数据是否有标签，特征选择可分为两种类型：监督学习下的特征选择和无监督的特征选择。监督学习下的特征选择方法主要可以分为两种类型，即封装式方法和过滤式方法。区分两种方法的主要依据是特征选择的过程与分类学习算法的组合方式。无监督的特征选择技术，基于波段排序、波段聚类和波段子空间分解监督的特征选择方法，通过度量特征与类别标签的相关性来选择最具鉴别性的特征。无监督的特征选择方法在没有先验信息的情况下，会选择信息丰富度最高的特征,同时尽可能地保留原始特征的信息。虽然,监督学习下的特征选择可能更适合分类器,但是在类别标签不易获取的情况下,无监督的特征选择也具有很高的实用价值。

(1)封装式方法。在基于封装式的方法中,学习算法需要作为一个被"封装"到搜索算法上的预测器,即在最优波段的搜索过程中参与对波段子集的评估,并将分类器的错误率作为特征子集的评价标准。尽管封装式的方法可以带来令人满意的分类结果,但对于数据量巨大的情况并不适用。因为在搜索过程中,封装式的方法总是会通过建立新的模型来评估当前的波段子集,这将引发巨大的计算复杂度。此外,由于特征选择过程与分类模型之间的相互依赖,极易存在过拟合、泛化性能差的问题。

(2)过滤式方法。过滤式的方法通过度量每个特征或特征子集的固有属性来评估其得分,不依赖具体的学习算法。通常,相关性准则、距离准则或信息准则等方法被选作度量的准则。与封装式方法相比,基于过滤式的方法在波段选择过程中独立于后续的学习算法,具有计算复杂度低、泛化能力强的优点。虽然过滤式方法可根据每个波段的得分来快速地获得具有代表性的波段,但是所选波段之间有极高的概率是强相关的;同时,一些波段对 HSI 分类显示了显著且不可缺少的影响力,但由于它们的得分可能不是很高,所以在迭代中可能会被错误地放弃。

(3)基于无监督的特征选择方法。对于波段排序方法,首先,根据一定的准则对每个波段进行排序;随后,根据给定的维数或阈值,选择排在最前面的波段。而波段聚类过程的核心是利用具有代表性的特征替换相似性空间中的一组特征。由于所选的特征来自不同的相似空间,所以它们具有低冗余的特性。如果原始数据空间维数较低,则可以通过穷尽搜索的方式来寻找最佳波段子集。对于具有高维特性的高光谱数据,可以采用将原始波段空间分解为子空间的策略进行波段选择。在一定程度上,波段子空间分解的方法是基于波段聚类方法的演化。

2.3.3 基于机器学习的分类方法

机器学习是指使用计算机来模拟人类的学习活动,通过对数据的学习来对未知的事物做出比较符合实际的判断、指导与预测。按照训练样本是否需要已知待分类影像的先验知识,高光谱影像划分为监督分类与非监督分类两种形式。监督分类通过选择代表各类别已知样本的像元光谱特征,会预先获取各个类别的参数,确定判别函数,从而进行分类。其主要的方法包括最小距离分类、最大似然分类、人工神经网络分类、支持向量机分类、模糊分类、决策树分类和专家系统分类。非监督分类是指没有先验类别作为样本,根据像元间相似度的大小进行归类合并的一种方法。监督分类是先学习后分类,而非监督分类是边学习边分类,即学习找到类似度高的样本,将之与其他的类别分开。非监督分类只是将不同的类别进行了区分,并没有类别属性,需要人为观察分类结果。在人为误差较少的情况下,独特、覆盖量小的类别均能被识别。非监督分类主要的方法有 K-均值聚类法、迭代自组织 ISODATA 分类法等[15]。

1. 机器学习分类方法介绍

(1) 最小距离分类法。最小距离分类法(minimum distance classification,MDC)是以特征空间中像元的距离作为分类依据的监督分类方法。通常认为在特征空间中,属于同一个类的特征点在空间聚集成团,并以这些特征点所确定的均值向量作为该类别中心,以协方差矩阵来描述周围点的散布情况,然后将待判定点与各类别做相似性度量。相似性度量的基本假设是:如果两个模式的特征差别在设定的阈值之下,则称这两个模式是相似的。它以各类训练样本点的集合所构成的区域表示各类决策区,并以距离作为样本相似度度量的主要依据。距离的计算形式有多种,主要包括:明氏距离、巴氏距离、马氏距离、绝对值距离、欧氏距离等。其中,马氏距离、巴氏距离不只考虑了类别均值向量,还考虑了样本数据的协方差结构,因而具有比其他几种距离判据更为有效的分类结果,但计算量也较其他几种判据大。

(2) 最大似然分类法。最大似然分类法(maximum likelihood classification,MLC),也称为贝叶斯(Bayes)分类法,是基于图像统计的监督分类法,也是典型的和应用最广的监督分类方法。它建立在 Bayes 准则的基础上,偏重集群分布的统计特性。分类原理是假定训练样本数据在光谱空间的分布是服从高斯正态分布规律的,做出样本的概率密度等值线,确定分类,然后通过计算标本(像元)属于各组(类)的概率,将标本归属于概率最大的一组。用最大似然法分类,具体分为三步:首先确定各类的训练样本;再根据训练样本计算各类的统计特征值,建立分类判别函数;最后逐点扫描影像各像元,将像元特征向量代入判别函数,求出其属于各类的概率,并将待判断像元归属于最大判别函数值的一组。它的分类错误最小精度最高,是一种最好的分类方法。但是传统的人工采样方法由于工作量大、效率低,加上人为误差的干扰,其分类结果的精度较差。

(3) 人工神经网络分类法。人工神经网络(artificial neural network,ANN)分类法是最近发展起来的一种具有人工智能的分类方法,包括反向传播(back propagation,BP)算法神经网络、科霍嫩(Kohonen)神经网络、径向基神经网络、模糊神经网络、小波神经网络等各种神经网络分类法。BP 神经网络模型(又称前馈网络模型)是神经网络的重要模型之一,也是目前应用最广的神经网络模型,它由输入层、隐含层、输出层三部分组成,所采取的学习过程由正向传播过程和误差反向传播过程组成。传统的 BP 网络模型把一组样本的输入/输出问题作为一个非线性优化问题,它虽然比一般统计方法要好,但是却存在学习速度慢、不易收敛、效率不高等缺点。因此,Huang 等[16]提出了一种新的学习算法,称为单隐层前馈神经网络(single-hidden layer feedforward networks,SLFNs)的极限学习机(extreme learning machine,ELM),它随机选择输入权值,并解析地确定 SLFNs 的输出权值。但是隐含层参数随机给定,导致该算法的泛化能力和稳定性有可能出现很大的差异,所以进一步地将核函数引入极限学习机中,用核映射代替极限学习机中的随机映射。这样不仅可以减少计算方面的困难,而且比基本 ELM 算法稳定性更好、泛化性能更强,因此核极限学习机在分类、回归等问题中得到广泛应用[17]。现在对于极限学习机的研究主要集中在核函数的构造与优化、隐层结构设计、算法的鲁棒性等方面。

(4)支持向量机分类法。支持向量机(support vector machine,SVM)分类法是建立在统计学的 VC 维(Vapnik-Chervonenkis dimension)理论和结构风险最小化原理基础上的机器学习方法。它在解决小样本、非线性和高维模式识别问题中表现出许多特有的优势,并在很大程度上克服了"维数灾难"和"过学习"等问题。SVM 的机理是寻找一个满足分类要求的最优分类超平面,使得该超平面在保证分类精度的同时,能够使超平面两侧的空白区域最大化。对于线性不可分情况,SVM 的主要思想是将原始数据向量映射到一个高维的特征向量空间,并在该特征空间中构造最优分类面。从自身的角度看,支持向量机的性能比较依赖于核函数的选取,所以在核函数方面还有重要的研究意义。SVM 的性能还表现在训练效率和泛化能力上,所以怎样提升这两种性能也是需要进一步研究的重点。在大规模样本集的情况下,SVM 可以通过结合其他方法来提高其训练速度和训练精度。例如,模糊支持向量机(fuzzy support vector machines,FSVM)、最小二乘支持向量机(least square-support vector machines,LS-SVM)、线性支持向量机(line support vector machines,LSVM),这些算法都能针对某些方面提高其性能,如收敛速度、泛化能力[18]。

(5)决策树分类法。决策树分类法(decision tree classification,DTC)是用于分类和预测的主要技术,它着眼于从一组无规则的事例推理出决策树表示形式的分类规则,采用自顶向下的递归方式,在决策树的内部节点进行属性值的比较,并根据不同属性判断从该节点向下分支,在决策树的叶节点得到结论。因此,从根节点到叶节点就对应着一条合理规则,整棵树就对应着一组表达式规则。基于决策树算法,最大的优点是它在学习过程中不需要使用者了解很多的背景知识,只需要将训练事例用属性即结论的方式表达出来。常用的决策树算法有 ID3、C4.5、CART。决策树的研究主要体现在与其他技术的结合,例如,与神经网络或遗传算法的结合,以及寻找新的构造及修建决策树的方法。

(6)K-均值聚类法。K-均值(K-means)聚类法是一种无监督学习,同时也是基于划分的聚类算法,一般用欧式距离作为衡量数据对象间相似度的指标。相似度与数据对象间的距离成反比,相似度越大,距离越小。算法需要预先指定初始

聚类数目 K 以及 K 个初始聚类中心,根据数据对象与聚类中心之间的相似度,不断更新聚类中心的位置和降低类簇的误差平方和,当误差平方和不再变化或目标函数收敛时,聚类结束,得到最终结果。相较于其他聚类算法,K-均值聚类法以效果较好、思想简单的优点在聚类算法中得到了广泛的应用。但是,K-均值聚类法也有其自身的局限性,比如算法中聚簇个数 K 需要事先确定,初始聚类中心由随机选取产生,离群点对聚类结果的影响等。

2. 机器学习单一分类方法的比较

1) 单一分类方法的比较

在上小节叙述的六种方法中,除了 K-均值聚类法是非监督算法外,其他都是属于监督分类方法。各种分类方法的对比如表 2.1 所示。

表 2.1　六种分类方法的优缺点对比

算法	优点	缺点
最小距离分类法	原理简单,易于解释与实现;计算机实现的速度非常快	分类精度不算高,适合分类要求不高的场合;仅以距离作为标准,相当于假定各分量上分布相同,这种假设往往有局限性
最大似然分类法	属于参数分类方法,有理论基础;在数据样本量足够时,分类的精度很好	需要大量数据来估计分布参数,且需要服从正态分布,在样本量少的情况下,很难保证分类精度;对于高维的高光谱数据来说,计算量和训练时间都很大
人工神经网络分类法	学习能力强,具有联想能力,可以逼近任意的非线性关系;对噪声数据有较好的鲁棒性;对未经训练的数据也有较好的预测能力	参数比较多,且是黑箱过程,无法观察中间过程,解释性差;有可能收敛时间长,且易陷入局部极小值;输入的类型必须是数值型
支持向量机分类法	擅长解决小样本、非线性问题;不存在局部极小值的问题;具有较强的泛化性能,可以较好地处理高维数据集	对缺失数据比较敏感;在面对多分类问题时容易出现过拟合的问题;对于核函数的高维映射的解释能力不强
决策树分类法	适合处理数据量大样本;结构简单,可观察分类过程;可以处理数值型与标签型数据;在测试数据时的运算速度很快	对缺失数据敏感;很容易出现过拟合;数据集中属性的相关性被忽略;在划分具有大量水平的特征时往往是有偏差的
K-均值聚类法	实现简单,易于计算机处理	过分依赖初值;容易收敛到局部极值;最终结果会受聚类中心数目、初始位置、类分布的几何性质等多种因素的影响

2) 人工神经网络与支持向量机的对比

神经网络分类方法,在实际使用过程中取得了重要的成功,但是相比于具有扎实的理论基础的支持向量机,在理论上缺乏进步。两种方法都是分类问题中的热门方向,也同时拥有诸多的优化研究。所以有必要对神经网络与支持向量机在机器学习分类领域的特点进行对比。

神经网络具有强大的学习能力，易于实现并行运算，具有自适应和容错能力，可以实现联想记忆及聚类等自组织学习。理论上神经网络可以逼近任何连续函数，如果隐层包含足够多的神经元，它还可以逼近任何具有有限断点的非连续函数，神经网络的强大学习能力可见一斑。但考虑到相关计算的复杂性和神经网络的推广能力，神经网络的尺寸应该尽可能小。网络结构的确定比较复杂，而且网络结构不合适容易产生过拟合与欠学习等问题，需要很多的先验知识；基于传统统计学经验风险最小化原则，在小样本情况下，经验风险与实际风险的差异比较明显，学习效果不佳；若采用梯度（导数）技术，局部计算简单，但会出现局部最小值问题。

支持向量机的训练流程与前馈神经网络训练流程类似，但它们有根本的不同。支持向量机结构非常简单，不需要过多的先验知识。它的隐层是由算法自动确定的，可以随实际问题的需要而自适应地调节规模与大小，不存在类似神经网络的结构选择问题。支持向量机是通过求解最优超平面来进行学习的，在高维特征空间中的超平面对应原始模式空间中的非线性分类面。寻找最优超平面的问题是利用拉格朗日（Lagrange）优化方法转化为二次规划问题，能够保证支持向量机算法得到的是全局最优解，使它成为一种优秀的学习算法。支持向量机基于统计学习理论，采用结构风险最小化原则，能在经验风险与模型复杂度之间作合理的折中，能够尽量提高学习机的推广性能，即使由有限训练样本得到的决策规则，对独立的测试集也能得到较小的误差。

3）集成学习

尽管单一分类方法取得了一些发展，在传统的高光谱分类中也大多采用单分类器的设计，然而如上所述，每种分类器都有自身的优势与局限，在机器学习中将其称为没有免费午餐定理（No Free Lunch），因此除了引入更加优秀的分类器以外，多分类集成也成为提高分类泛化性能与精度的有效策略。集成学习算法是通过某种方式或规则将若干个基分类器的预测结果进行综合，进而有效克服过学习，提升分类效果。集成算法按照基分类器是否存在依赖关系分为两类：基分类器之间没有依赖关系的 Bagging 系列算法和有依赖关系的 Boosting 系列算法。Bagging 系列算法中用于分类的主要有 Bagging 算法和随机森林算法。对于复杂数据，集成分类算法通常优于单一分类方法，但预测速度明显下降，随着基分类器数目增加，所需存储空间也急剧增加。因此，选择性集成被提出，即利用少量基本学习机进行集成提高性能[19]。

3. 粒子群优化算法在高光谱分类中的应用

1）粒子群优化算法

粒子群优化（particle swarm optimization，PSO）算法是基于群体的演化算法，其思想来源于人工生命和演化计算理论,例如鱼类、鸟类等生物群体的觅食行为。系统初始化为一组随机解,通过迭代搜寻最优解,最核心的过程为速度与位置的更新过程。假设 $x_i = (x_{i1}, x_{i2}, \cdots, x_{ih})$ 代表第 i 个粒子的位置;$v_i = (v_{i1}, v_{i2}, \cdots, v_{ih})$ 代表粒子速度;$p_i = (p_{i1}, p_{i2}, \cdots, p_{ih})$ 代表第 i 个粒子历史上经历过的最好的位置;$p_b = (p_{b1}, p_{b2}, \cdots, p_{bh})$ 代表群体内所有粒子历史上所经历的最好位置,那么该粒子在第 $h(1 \leqslant d \leqslant h)$ 维位置和速度的更新公式如下所示:

$$v_{ih}^{k+1} = wv_{ih}^k + c_1\xi\left(p_{ih}^k - x_{ih}^k\right) + c_2\eta\left(p_{bh}^k - x_{ih}^k\right) \tag{2.11}$$

$$x_{ih}^{k+1} = v_{ih}^{k+1} + x_{ih}^k \tag{2.12}$$

式中,c_1 和 c_2 为学习因子,表示粒子具有自我总结和向最优群体个体位置学习的能力;ξ 和 η 为伪随机数,在[0, 1]区间内服从均匀分布;w 为惯性权重,其值决定了对粒子当前速度的继承能力。对于粒子群优化算法的改进主要集中在对算法原理和参数的研究,与模拟退火算法、遗传算法等演化算法的融合,以及算法在各个领域中的应用。粒子群优化算法体现的是将个体学习融入群体认知,体现了社会与智能的特点[20]。

2)支持向量机基本原理

支持向量机是统计学习理论中最实用的部分,它的产生使统计学习理论有了新的动力。支持向量机的主要思路是构建一个超平面,如图 2.18 所示,使得正反两类数据样本尽可能地离超平面的间隔最大。算法以结构风险最小化为归纳原则,因此在小样本、非线性的学习情况下仍具有良好的泛化能力。

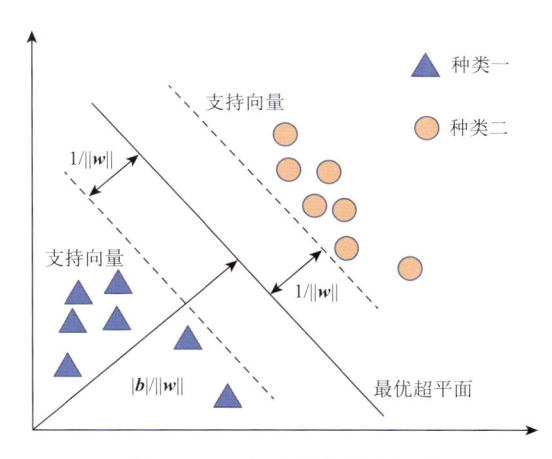

图 2.18 支持向量机基本原理

我们可以将非线性可分类型的支持向量归结为如下的约束形式:

$$\begin{cases} \min_{\boldsymbol{w},\boldsymbol{b}} \dfrac{1}{2}\boldsymbol{w}^{\mathrm{T}}\boldsymbol{w} + C\sum_{i=1}^{n}\xi_i \\ y_i(\boldsymbol{w}^{\mathrm{T}}\boldsymbol{x}_i + \boldsymbol{b}) \geqslant 1 - \xi_i, \quad \xi_i \geqslant 0 \end{cases} \tag{2.13}$$

式中，w 与 b 来自最优分类超平面 $y = w^T + b$；C 为惩罚因子，C 的取值越大，表明目标函数越关注划分的正确性；ξ_i 为超平面的误差惩罚。

核函数在支持向量机中起着非常重要的作用，它是解决非线性问题以及克服维数灾难问题的关键。核函数的表示方式是通过将数据映射到高维空间来增强线性学习器的计算能力，它为支持向量机提供了一个重要的构成模块。支持向量机可以采用不同的核函数，构造实现不同类型输入空间的非线性决策面的学习机器。目前使用的核函数主要有以下三类，如表 2.2 所示。

表 2.2　常见的核函数表

核函数名称	函数表达式
线性核函数	$K(x_i, x_j) = \gamma x_i^T x_j$，$\gamma > 0$
多项式核函数	$K(x_i, x_j) = \left(\gamma x_i^T x_j + c\right)^d$，$\gamma > 0, d \geqslant 1$
高斯核函数	$K(x_i, x_j) = \exp\left(-\dfrac{\|x_i - x_j\|^2}{2\gamma^2}\right)$，$\gamma > 0$ 为高斯核带宽
Sigmoid 核函数	$K = \tanh\left(\gamma x_i^T x_j + \theta\right)$，$\gamma > 0, \theta < 0$，$\tanh$ 为双曲正切函数

支持向量机训练流程如图 2.19 所示。

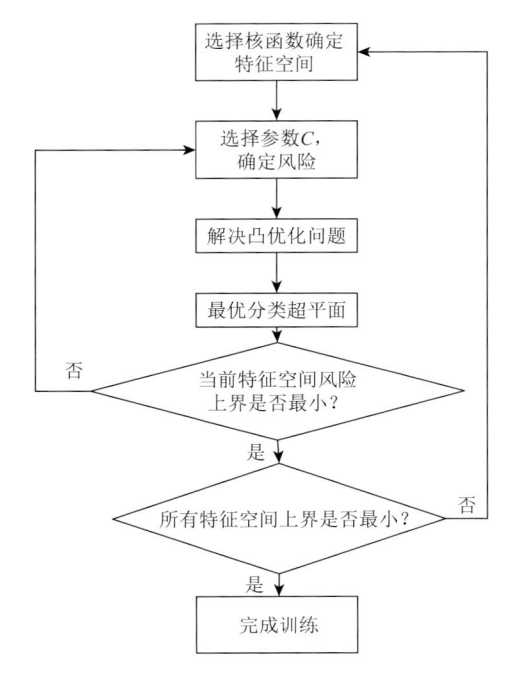

图 2.19　支持向量机训练流程

3）粒子群优化算法对 SVM 参数的优化

通过前面的内容可知，支持向量机（SVM）在小样本的学习中具有抗噪声能力强、学习效率高的优点，不过 SVM 性能会受到参数选择的影响。一般来说 SVM 采用高斯核函数时，能取得比其他核函数更好的分类精度，可以将 SVM 分类的精度作为粒子群优化算法中粒子的适应度函数，适应度函数是采用优化参数后 SVM 的分类精度。首先建立 SVM 参数优化模型，再取得较好的核参数 γ 与惩罚因子 C，利用粒子群优化算法对特征子集进行优化，获取最佳的特征子集。整个算法流程如图 2.20 所示。

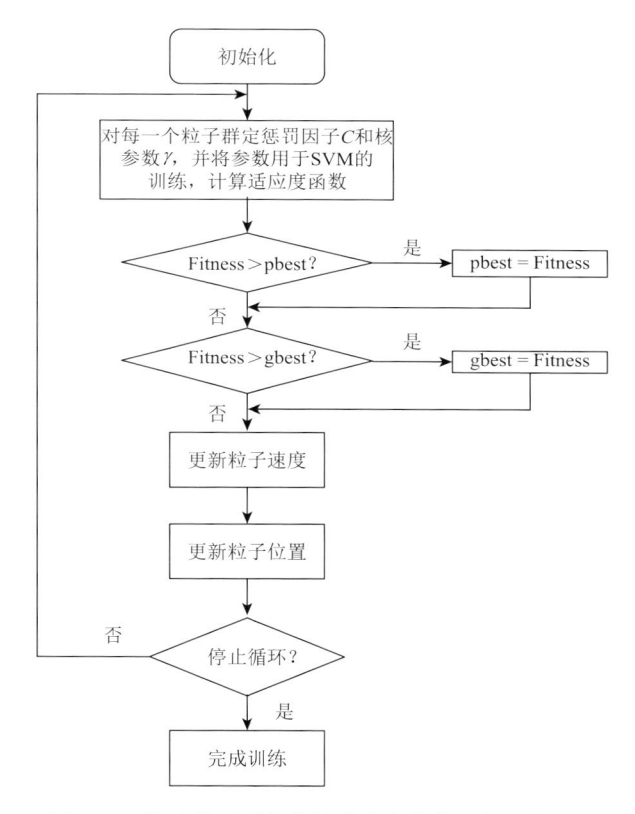

图 2.20　基于粒子群优化算法的支持向量机训练流程

2.4　高光谱技术的应用

随着高光谱技术的发展，光谱分辨率与空间分辨率越来越高，高光谱技术在越来越多的领域得到了广泛的应用，下面简要介绍其在农业监测、林业监测、环境监测、地质勘查、文物保护等领域的应用情况。

2.4.1 农业监测

高光谱技术可以记录人眼所不能分辨的变化，且能做到无损检测，适用于检测食品与活体的动植物。高光谱技术在农业领域的研究对象主要分为三个方面：一是粮食作物，如小麦、水稻、大豆、玉米等；二是农产品，如水果和畜产品等；三是经济作物，如棉花、茶叶和烟草等。研究的问题主要包括作物叶面积指数、土壤元素及含水量、作物种植面积、作物长势检测与产量估算、农业灾害监测和农产品检测等方面[21]。

（1）作物叶面积指数（leaf area index，LAI）。LAI 是生物地球化学循环以及陆地与大气之间水热循环的重要参数，对于农作物的蒸腾、光合作用以及农作物估产等具有十分重要的意义。许多作物冠层和自然植物群落的 LAI 研究结果表明，随着 LAI 的提高，近红外的光谱反射率亦随之升高，并在 LAI 达到 6 左右趋于饱和；而在红光和短波红外的光谱反射率会因为可见光区内的色素（主要是叶绿素）而急剧下降。王秀珍等[22]利用绿光反射峰、红光吸收峰等位置变量，结合光谱面积来估算水稻的 LAI；刘伟东等[23]通过相关分析，研究早稻和晚稻 LAI 与群体光谱反射率的关系，同时将光谱数据进行一阶微分，分析与研究早稻和晚稻 LAI 的关系。

（2）土壤元素及含水量。土壤是人类赖以生存的自然环境，也是农业生产的重要资源。高光谱对于土壤检测的应用涉及含水量、氮元素含量、有机物含量、金属含量等诸多方面。重金属铜是生命活动所需要的微量元素，但是超过一定的浓度对人体有害。而重金属污染会影响土壤的正常功能，造成食物链污染，从而危害环境和人类。王维等[24]通过高光谱技术，利用 350～500nm 波段范围光谱曲线进行试验，建立土壤重金属铜与土壤化学成分、土壤特征光谱的关系，证明红壤性土壤黏土矿物对土壤铜含量影响较大。刘焕军等[25]以黑龙江黑土区的土壤为样本，利用高光谱技术证明黑土有机质的主要光谱响应区域是在 620～810nm 中 710nm 附近，并建立黑土有机质检测的有效模型。张娟娟等[26]研究我国中部和东部地区 5 种主要类型土壤全氮含量与高光谱反射率间的定量关系，并用偏最小二乘法与 BP 神经网络算法建立土壤含氮量的评估模型，并验证模型的有效性。姚艳敏等[27]运用统计分析中的相关系数计算，进行光谱反射率与土壤水分的相关分析，提取土壤光谱特征波段；并采用逐步多元线性回归方法和指数模式分析法，对高光谱土壤含水率定量反演。

（3）作物种植面积推算。美国从 1974 年冬小麦面积遥感监测开始，到 2009 年首次实现了其全国 20 多种作物的遥感空间分布制图，并在此后逐年更新，现在已实现每年 100 余种作物的监测和空间制图。到 20 世纪 90 年代末期，我国农业农村部遥感应用中心和中国科学院等单位先后开展全国范围的作物面积遥感监测业务，目前已实现每年对中国和世界粮食主产国多种大宗作物面积遥感监测的业务运行。

（4）作物长势检测与产量估算。我国作为人口大国与农业大国，粮食产量一直是人们关心的重点问题。高光谱技术为粮食产量的预测提供了无损、快速的新思路。陶惠林等[28]为了准确和高效地预测作物产量，以冬小麦为研究对象，利用无人机遥感平台搭载高光谱相机，获取冬小麦各生育期的无人机影像，并以此为数据构建不同生育期的 3 种产量估算模型，将植被指数、红边参数作为因子，提高产量估算效果，为无人机高光谱技术估算作物产量提供参考。樊科研[29]通过多元统计和逐步回归分析建立光谱数据、植被指数与加工番茄单位面积产量间的关系模型，并且基于加工番茄观测光谱变量的分析技术，筛选出能较好地估测加工番茄产量的光谱变量和农学参数，验证高光谱技术对于农作物产量估计的可行性。

（5）农业灾害监测。我国是一个农业自然灾害频发的国家，平均每年受灾面积占播种面积的 31.1%。从 20 世纪 70 年代开始，我国农业干旱、洪涝、低温、冷冻、病害灾害的遥感监测研究得到深化，伴随着遥感技术长时间、大空间、高光谱、多平台的发展趋势，人们对农业灾害遥感监测机理的认识更加深刻。李娜[30]利用地物光谱数据及多时相的环境卫星遥感数据进行玉米螟监测，试验结果表明高光谱对于监测玉米螟的效果较好，玉米冠层光谱反射率与玉米产量存在显著的相关性：在 350～700nm 可见光区间内，光谱反射率与产量呈负相关关系；在 750～1450nm 近红外波谱区间内，光谱反射率与产量呈正相关关系；该结论对于农业防灾减灾有着重要意义。

（6）农产品质量检测。高光谱的无损检测在农产品等食品检测方面有着重要的优势。洪添胜等[31]利用高光谱图像系统提取雪花梨中糖和水的光谱响应和形态特征参数，获取样品含糖量和含水率的敏感水分吸收光谱带，利用人工神经网络建立雪花梨含糖量和含水率预测模型，及利用投影图像面积预测雪花梨鲜重，探讨基于高光谱图像技术对雪花梨品质进行无损检测的可行性。猪肉在肉类消费中占据主导地位，但人们对猪肉质量的检测一直停留在感官评价与理化分析阶段。刘善梅[32]利用高光谱技术检测猪肉质量，研究猪肉的含水率、pH 值和挥发性盐基氮（TVB-N）含量与高光谱光谱特征的关系。

2.4.2 林业监测

高光谱遥感技术以其独特的优势在经济、社会效益等方面发挥着极其重要的作用，被广泛应用于森林火灾监测、森林信息获取及森林健康评价等方面，并为该方向提供了新的理论支撑与技术支持[33]。

（1）植被识别。森林是地球上可再生资源和陆地生态系统的主体，为人类的生存和发展提供了丰富的物质资源，在环境保护、自然资源管理及生物多样性等各项研究中占有十分重要的地位，因此正确识别森林树种是利用和保护森林资源的基础和依据。陈彦兵等[34]以鄱阳湖湿地植被为研究对象，测取 5 种典型湿地植被的高光谱数据，利用光谱微分法对原始光谱数据进行处理，利用马氏距离法检验所选择波段识别不同植被的效果，为湿地植被分类识别奠定基础。梁志林等[35]采用混合像元分解思想改进格拉姆-施密特（Gram-Schmidt）融合算法，融合高光谱卫星 Hyperion 和 ALI 全色波段数据，以提高光谱空间分辨率来提高植被识别精度，解决城市植被像元混合严重和分布过于零散破碎难题。

（2）森林火灾监测。森林火灾是威胁森林健康的重要风险因素之一，火灾不仅分布面积大而且难以被发现，因此在某种程度上其具有突发性强、蔓延迅速的特点。为了对草原火灾进行监测预警，减少对草原资源的危害，乌兰[36]研究不同含水率的可燃物高光谱特征，进而针对影响草原可燃物含水率的影响因子进行分析，为草原可燃物含水率的大面积遥感监测提供依据，并且提出不同含水率的可燃物高光谱特征的研究是草原火灾预警研究的重要指标和方向。Pang 等[37]建立 CAF-LiCHy 机载遥感观测系统，结合分析该系统采集的正射影像、冠层高度模型、高光谱影像、热红外影像等数据，为森林火灾提供灾情信息、火场及火环境参数，也为预防、预报预警、扑救指挥、灾害评估等环节提供有效信息。

（3）森林信息获取。森林资源作为一个动态资源，如果资源信息得不到及时有效地更新，林业工作的决策、发展规划以及经营活动就无法有效开展。任冲[38]利用高光谱遥感技术，以嘉陵江上游甘肃省小陇山林业实验局百花林场和甘肃省天水市 1990～2015 年卫星数据为例，对具体地区的森林资源变化进行研究，得到森林植被种类比例与森林边界变化等空间信息，为典型黄土高原丘陵沟壑与陇山西至秦岭山地交接过渡区的森林动态变化定量分析及综合评价、森林资源空间配置与优化调整、经营管理与辅助决策、林业工程进展监测、生态环境评价以及森林保护措施制定等提供依据。

2.4.3 环境监测

环境污染高光谱遥感监测技术具有监测范围广、速度快、成本低，且便于进行长期动态监测等优点，是实现宏观、快速、连续、动态监测环境污染的有效高新技术手段。

（1）大气监测。由于遥感技术的特点和大气环境问题的独特性，大气环境遥感主要用于研究全球环境变化。张金恒[39]以某钢铁企业绿化树种桂花当年生叶片作为供试样本，研究生长在 SO_2 污染环境下桂花叶片光谱的变化以及相应部分生理生化指标的变化。陆永帅等[40]将深度学习用于高光谱霾监测遥感数据，提出一种基于深度残差网络的高光谱霾监测方法，解决地面观测站进行霾监测的耗费较大、基于多光谱遥感的霾识别精度较低的问题,相比于其他遥感监测方法,所提方法的霾识别精度得到有效提升。

(2)水体监测。随着高光谱遥感技术的不断发展,水质监测已从定性描述转向定量分析。张贤龙[41]为构建干旱区水质指标监测的最优模型,在水体参数定量分析的基础上利用高光谱和激光诱导击穿光谱术(LIBS),尝试通过算法的结合筛选出水体参数定量分析的最优模型和最优算法。冯天时等[42]指出高光谱遥感在实时大范围洪涝灾害应急监测、陆表水文参数定量反演等方面存在潜力,并对高光谱遥感技术在水利行业应用中存在的瓶颈问题进行总结分析并提出展望。

(3)城市热岛监测。城市是人类文明的集中表现,在二十世纪六七十年代,发达国家运用机载热红外辐射计研究城市热特性时,发现大部分城市市区温度普遍高于郊区,称之为"城市热岛"效应。吕云峰[43]指出利用高光谱和偏振光对城市热岛效应监测方法的发展具有潜力。

2.4.4 地质勘查

遥感的发展极大地拓宽了人类的视野,凭借其宏观性、综合性、多尺度、多层次的特点,已成为地质研究和地质勘查中不可缺少的技术手段。在地质调查、矿产勘查、地质环境评价、地质灾害监测和基础地质研究等方面,遥感发挥了越来越大的作用。甘甫平等[44]以西藏驱龙地区高光谱卫星 Hyperion 的数据为例,根据矿物光谱识别规则和识别谱系,初步识别并提取出高铝和低铝白云母化、高岭石化以及绿泥石化等蚀变矿物。叶成名[45]在青藏高原地区开展高光谱遥感岩矿信息提取应用研究,成功识别一批区域典型蚀变矿物,后经对样本采样和实验室测试分析,有效验证信息提取和识别的有效性。

2.4.5 文物保护

中国是历史悠久的文明古国,在漫长的岁月中,中华民族创造了丰富多彩、弥足珍贵的文化遗产。在书画保护方面,高光谱技术能完成书画的隐藏信息提取、底稿线提取、颜料分析等。史宁昌等[46]利用研发的高光谱成像系统,对故宫博物院的部分馆藏书画文物进行分析,深度了解文物病害程度,为绘画工艺研究提供帮助,也为书画文物的保护修复材料选择和修复效果评估提供参考,同时缩短文物病害调查和科学分析时间,加快文物保护修复工作的进度。西南科技大学武锋强等[47]使用高光谱系统对壁画中的颜料成分进行分析,对比了壁画颜料与朱砂、石青等颜料的相似性。周霄等[48]应用高光谱成像进行中国云冈石窟砂岩风化状况分布研究。马文武等[49]基于地面高光谱遥感进行了石碑特征信息提取。

国外有较多利用高光谱成像技术分析文物的案例。1998 年，Baronti 等[50]用成像光谱技术分析收藏于佛罗伦萨乌菲齐美术馆的卢卡·西诺莱利（Luca Signorelli）的油画。Casini 等[51]用 400～1600nm 光谱范围的成像光谱系统研究蓬托莫（Pon-tormo）的油画，基于两种黄色颜料光谱特征的区别，提供两种颜料的分布图。比利时安特卫普大学 Legrand 团队[52]结合高光谱系统和 X 射线断层扫描技术对历史画作不同波段信息进行研究并分析。

2.5 高光谱在输电线路防护中的应用

如第 1 章所述，随着我国电网建设的发展，输电线路数量不断增加，而我国地域辽阔，能源储备和电力负荷分布极不均衡，建立长距离、大容量、低损耗的输电系统已成为我国电网发展的必然。不过输电线路不可避免地面临绝缘子的积污与老化、杆塔腐蚀、输电线路走廊树障等方面的问题。传统的检测方法必须依靠人工的定期检查，所以近年来对输电线路隐患检测的研究方向主要是非接触式的检测方法，在现有的研究中常用红外热成像法与紫外热成像法来研究绝缘子的污秽与老化问题。在老化方面，裴少通[53]利用红外热成像法和紫外热成像法观测绝缘子温升和放电，但这是一种间接的方法，衡量的信号经过了转换，结果很容易受到干扰。在污秽检测方面，利用各种图像处理方法对红外图像进行处理，通过提取污秽引起温度变化的特征量对污秽状态进行表征，从而实现绝缘子污秽状态的检测。但是，红外成像设备由于自身设备参数设置、设备误差以及设备使用情况等原因都会带来不同的误差；并且如果绝缘子某些地方有劣化的情况，劣化发热产生的红外热辐射对检测结果也会产生非常大的误差；此外绝缘子表面温度受环境湿度、太阳辐射、悬挂方式等因素的影响较大，所以红外热成像法很难大面积推广使用。运行中的绝缘子在其表面污秽过重或局部老化劣化严重时会发生局部放电，可利用紫外线检测技术实现在线放电检测，但紫外成像波谱较窄，光源不够稳定，获取的信息量少，如何将该技术用于全方位评估绝缘子还有待研究。

所以，红外热成像法和紫外热成像法等非接触式方法普遍存在信息量不足、难以表征复杂特征等问题，并且这两种方法所检测的特征量有可能正是由绝缘子缺陷引起的，而不仅仅只反映绝缘子表面的污秽程度，因此这两种检测方法存在一定的误差和局限。如前面介绍，高光谱将成像技术与光谱技术有机结合，可实现对紫外线至中红外线区域的电磁波以多个连续细分波段进行成像，在包含图像和光谱信息的同时，其具有很高的波谱分辨率，含有大量的信息可以挖掘利用。本书的后续章节将会具体介绍高光谱技术在绝缘子污秽与老化、杆塔腐蚀、输电线路走廊树障等方面的研究。下面是高光谱技术在这些领域的应用概述。

（1）高光谱应用于绝缘子污秽检测。输电线路绝缘子污秽等级在线检测对污闪防治具有重大意义。邱彦等[54]利用高光谱技术基于人工污秽样品高光谱谱线数据建立的支持向量机模型，可对绝缘子不同伞裙表面的污秽等级进行划分，为绝缘子污秽等级检测提供了新思路。Yin 等[55]在光谱特征的基础上，为充分表征绝缘子的自然污染信息、准确检测绝缘子的污染程度，提取并融合绝缘子高光谱谱线特征、图像纹理和颜色特征数据，基于集成学习分类算法建立污秽度检测模型，对绝缘子的污秽分布与等级进行可视化研究。马欢等[56]着眼于绝缘子表面污秽受潮的角度，在光谱仪采集的 400~1040nm 波段范围内，对表面污秽的含水量进行研究，为绝缘子污秽度在线检测、污层电导测量以及闪络电压预测提供了新方法。刘益岑等[57]结合高光谱与红外技术，通过特征提取技术，得到能够有效表征绝缘子污秽程度的高光谱与红外图像特征量，将不同的特征量进行融合，建立基于高光谱与红外图像信息融合的绝缘子污秽程度检测模型，提高了检测的准确性。谭蓓[58]基于加权和非负矩阵分解的非线性解混算法，对两两不同比例混合的人工污秽进行成分判别与丰度反演，为基于高光谱绝缘子污秽成分分析提供了新方法。

（2）高光谱应用于绝缘子老化检测。针对绝缘子老化程度的快捷检测，张血琴等[59,60]将高光谱技术应用于复合绝缘子表面老化程度的非接触式检测，利用高光谱成像仪在 900~1700nm 波段处获取老化样本光谱信息，结合傅里叶中红外光谱，确定老化样本基团变化和光谱信息的对应关系，从而对老化程度进行定性分析；随后，基于深度极限学习机建立绝缘子老化程度评估模型，实现对绝缘子老化程度精确分级，分类准确率达 96.67%；与 BP 神经网络和支持向量机模型对比，文中所用模型可兼备快速性和准确性，为实现外绝缘表面老化程度的在线检测提供了新思路；此外，文中还改变了老化方式，对全新硅橡胶复合绝缘片进行电晕老化，分析样本的傅里叶红外光谱变化，以傅里叶红外光谱图像作为老化状态分类的依据，建立基于支持向量机的电晕老化状态评估。Wang 等[61]对硅橡胶绝缘子切片进行酸老化试验，采用高光谱成像技术对不同酸老化状态的伞裙切片进行拍摄；提取和重构目标波段的灰度图像；再对重构后的灰度图像进行线性变换和渲染，得到视觉检测结果和诊断标准。

（3）高光谱在杆塔腐蚀检测的应用。当前基于高光谱技术进行的等级分类、物质识别等方面的研究思路及分析方法，对碳钢的腐蚀状态检测有一定参考价值。但杆塔腐蚀状态检测存在不同于其他检测目标的特点，如腐蚀的发展过程会造成腐蚀区域颜色、纹理等图像特征的变化，碳钢表面有着与腐蚀等级紧密联系的图像特征；试样表面腐蚀产物的主要腐蚀成分在可见光波段范围内有着独特的光谱特征，可用于对腐蚀产物进行成分识别及含量反演；现场杆塔与实验室内人工制备试样光谱数据处理流程也有着显著差异，需要针对现场应用优化检测流程。因此，本书从实际应用角度出发，逐一解决研究难题，基于高光谱技术实现输电杆塔腐蚀状态非接触检测，为制定可靠的杆塔防腐维护方案提供技术支撑，对维护输电线路安全稳定运行具有重要的工程意义。

（4）高光谱在树障检测的应用。输电线路树障是威胁输电网安全运行的重要因素之一，为实现输电线路树障的高效、广域监测，吴驰等[62]研究基于高光谱图像的输电线路树障区域植被类型识别，以及基于雷达卫星影像的输电线路植被高度检测；通过机载高光谱识别树障分布区域，完成航拍图像的树障区域类型识别；选取输电线路验证高光谱用于树障区域植被类型识别的可行性。高润明[63]研究在单木分割阶段，对高光谱数据和激光雷达（LiDAR）点云数据进行决策融合能够提升分割精度；在单木种类识别阶段，对高光谱数据和 LiDAR 点云数据进行特征融合，可以实现单木种类的高精度识别，融合数据能够实现树障单木种类准确获取。赵琛[64]利用机载高光谱仪对输电线路树木种类进行识别，并将光谱识别结果与树高生长重构模型结合，确定个体参数，修正输电线路树障维护可靠性目标函数。

2.6 本章小结

遥感技术的发展历经了全色（黑白）成像、彩色摄影、多光谱扫描成像阶段后，在 20 世纪 80 年代初期进入了高光谱遥感时代。高光谱成像仪集成测谱学与成像技术，使光学遥感进入了崭新阶段。成像光谱仪可以在紫外、可见光、红外、短波红外等区域获取光谱连续的影像数据，它可以为影像中每一个像元提供数十至数百个波段。因为具有图谱合一的特点，高光谱图像数据实际上是一幅三维的图像，由二维的图像维与第三维的光谱数据维构成，其中高光谱图像在某个波段下是二维灰度图像，第三维为光谱反射率值，以波长为单位。相比于多光谱，高光谱传感器的数据可用于提取诊断光谱特征，例如一些物质在某一小段光谱范围内会存在波峰、波谷等光谱特征，而多光谱的精度则无法提取到这种吸收特征。在蕴含丰富信息的同时，高光谱数据还具有非线性、信噪比低、存在大量的冗余数据与混合像元等问题，所以分析光谱数据需要引入新的技术与方法，如特征波段提取、混合光谱分解、光谱分类等。高光谱成像仪的光学系统一般由光谱分光和成像光学两部分组成，前者是完成对物体的光谱分割，后者完成对目标空间的几何成像。分光方法从原理上分为色散型、干涉型、滤光片型、计算机层析型、二元光学元件型、三维成像型；成像方式主要有摆扫型和推扫型。1983 年，第一台成像光谱仪 AIS-1 诞生于美国，此后美国研制出第二代成像光谱仪 AVIRIS，这在机载高光谱成像技术的研究及应用方面具有开创性意义，目前该系列已经逐步商业化；20 世纪 90 年代美国开始研制星载光谱成像仪。我国的成像光谱仪研发主要由中国科学院上海技术物理研究所与长春光学精密机械与物理研究所推动，目前已在航空航天领域得到了长足的发展。

高光谱数据处理流程的大框架可以分为高光谱影像校正、数据降维、基于机器学习的数据分类三个部分，前面章节分别对常用的方法进行了简述。此外，综述了高光谱在各方向的应用，包括农业、林业、环境等方面；着重介绍高光谱技术在输电线路防护方面的研究情况，主要的内容有绝缘子的污秽检测与老化检测、杆塔腐蚀检测、输电线路树障预警，本书的后续章节中将对以上研究与应用展开叙述。

参 考 文 献

[1] 梅安新, 彭望琭, 秦其明, 等. 遥感导论[M]. 北京: 高等教育出版社, 2001.
[2] 张达, 郑玉权. 高光谱遥感的发展与应用[J]. 光学与光电技术, 2013, 11(3): 67-73.
[3] 童庆禧, 张兵, 郑兰芬. 高光谱遥感：原理、技术与应用[M]. 北京: 高等教育出版社, 2006.
[4] 王建宇, 李春来. 高光谱遥感信息获取[M]. 武汉: 湖北科学技术出版社, 2021.
[5] 张兵, 高连如. 高光谱图像分类与目标探测[M]. 北京: 科学出版社, 2011.
[6] 李西灿, 朱西存. 高光谱遥感原理与方法[M]. 北京: 化学工业出版社, 2019.
[7] Pu R L. Hyperspectral remote sensing: fundamentals and practices[M].Boca Raton: Taylor & Francis, 2017.
[8] 路威. 面向目标探测的高光谱影像特征提取与分类技术研究[D].郑州: 中国人民解放军信息工程大学, 2005.
[9] 徐力智. 航空摆扫式成像光谱仪成像质量研究[D]. 长春: 中国科学院大学(中国科学院长春光学精密机械与物理研究所), 2020.
[10] 邵晖, 王建宇, 薛永祺. 推帚式超光谱成像仪(PHI)关键技术[J]. 遥感学报, 1998, 2(4): 251-254.
[11] 崔廷伟, 马毅, 张杰. 航空高光谱遥感的发展与应用[J]. 遥感技术与应用, 2003, 18(2): 118-122.
[12] 沈鸣明, 王建宇. 实用机载成像光谱仪系统[J]. 红外与毫米波学报, 1998, 17(1): 7-12.
[13] 李芳菲. 高光谱图像的特征选择方法研究[D]. 大连: 辽宁师范大学, 2019.
[14] 郑伟, 曾志远. 遥感图像大气校正方法综述[J]. 遥感信息, 2004, 19(4): 66-70.
[15] 亓呈明, 胡立栓. 机器学习、智能计算与高光谱遥感影像分类应用研究[M]. 北京: 中国财富出版社, 2018.
[16] Huang G B, Chen Y Q, Babri H A. Classification ability of single hidden layer feedforward neural networks[J]. IEEE Transactions on Neural Networks, 2000, 11(3): 799-801.
[17] Huang G B, Zhu Q Y, Siew C K. Extreme learning machine: Theory and applications[J]. Neurocomputing, 2006, 70(1-3): 489-501.
[18] 丁世飞, 齐丙娟, 谭红艳. 支持向量机理论与算法研究综述[J]. 电子科技大学学报, 2011, 40(1): 2-10.
[19] 杨剑锋, 乔佩蕊, 李永梅, 等. 机器学习分类问题及算法研究综述[J]. 统计与决策, 2019, 35(6): 36-40.
[20] 杨维, 李歧强. 粒子群优化算法综述[J]. 中国工程科学, 2004, 6(5): 87-94.
[21] 滕安国, 高峰, 夏新成, 等. 高光谱技术在农业中的应用研究进展[J]. 江苏农业科学, 2009, 37(3): 8-11.
[22] 王秀珍, 黄敬峰, 李云梅, 等. 水稻叶面积指数的高光谱遥感估算模型[J]. 遥感学报, 2004, 8(1): 81-88.
[23] 刘伟东, 项月琴, 郑兰芬, 等. 高光谱数据与水稻叶面积指数及叶绿素密度的相关分析[J]. 遥感学报, 2000, 4(4): 279-283.
[24] 王维, 沈润平, 吉曹翔. 基于高光谱的土壤重金属铜的反演研究[J]. 遥感技术与应用, 2011, 26(3): 348-354.
[25] 刘焕军, 张柏, 赵军, 等. 黑土有机质含量高光谱模型研究[J]. 土壤学报, 2007, 44(1): 27-32.
[26] 张娟娟, 田永超, 姚霞, 等. 基于高光谱的土壤全氮含量估测[J]. 自然资源学报, 2011, 26(5): 881-890.
[27] 姚艳敏, 魏娜, 唐鹏钦, 等. 黑土土壤水分高光谱特征及反演模型[J]. 农业工程学报, 2011, 27(8): 95-100.

[28] 陶惠林, 徐良骥, 冯海宽, 等. 基于无人机高光谱遥感数据的冬小麦产量估算[J]. 农业机械学报, 2020, 51(7): 146-155.

[29] 樊科研. 基于冠层高光谱的加工番茄单产估算模型的研究[D]. 石河子: 石河子大学, 2008.

[30] 李娜. 基于多源遥感数据的玉米典型虫害监测研究[D]. 哈尔滨: 东北农业大学, 2012.

[31] 洪添胜, 乔军, Wang N, 等. 基于高光谱图像技术的雪花梨品质无损检测[J]. 农业工程学报, 2007, 23(2): 151-155.

[32] 刘善梅. 基于高光谱成像技术的冷鲜猪肉品质无损检测方法研究[D]. 武汉: 华中农业大学, 2015.

[33] 洪娇, 舒清态, 吴娇娇. 高光谱遥感技术在林业中的应用[J]. 绿色科技, 2016(16): 258-260.

[34] 陈彦兵, 况润元, 曾帅. 基于高光谱数据的鄱阳湖湿地典型植被识别分析[J]. 人民长江, 2018, 49(20): 19-23.

[35] 梁志林, 张立燕, 曾现灵, 等. 高光谱遥感城市植被识别方法研究[J]. 地理空间信息, 2017, 15(2): 10, 72-75.

[36] 乌兰. 不同含水率的草原可燃物高光谱特征及其影响因子分析[D]. 长春: 东北师范大学, 2015.

[37] Pang Y, Li Z, Ju H, et al. LiCHy: The CAF's LiDAR, CCD and hyperspectral integrated airborne observation system[J]. Remote Sensing, 2016, 8(5): 398.

[38] 任冲. 中高分辨率遥感影像森林类型精细分类与森林资源变化监测技术研究[D]. 北京: 中国林业科学研究院, 2016.

[39] 张金恒. 植物大气污染响应高光谱监测实例研究[J]. 中国环境监测, 2008, 24(5): 40-43.

[40] 陆永帅, 李元祥, 刘波, 等. 基于深度残差网络的高光谱遥感数据霾监测[J]. 光学学报, 2017, 37(11): 306-316.

[41] 张贤龙. 基于激光诱导击穿光谱和高光谱技术的水质指标定量研究[D]. 乌鲁木齐: 新疆大学, 2019.

[42] 冯天时, 庞治国, 江威, 等. 高光谱遥感技术及其水利应用进展[J]. 地球信息科学学报, 2021, 23(9): 1646-1661.

[43] 吕云峰. 城市热岛效应现状及监测方法[J]. 长春师范学院学报, 2006, 25(8): 81-82.

[44] 甘甫平, 王润生, 杨苏明. 西藏 Hyperion 数据蚀变矿物识别初步研究[J]. 国土资源遥感, 2002, 14(4): 44-50, 83.

[45] 叶成名. 基于高光谱遥感的青藏高原岩矿信息提取方法与应用研究[D]. 成都: 成都理工大学, 2011.

[46] 史宁昌, 李广华, 雷勇, 等. 高光谱成像技术在故宫书画文物保护中的应用[J]. 文物保护与考古科学, 2017, 29(3): 23-29.

[47] 武锋强, 杨武年, 李丹. 基于光谱特征拟合的艺术画颜料成分识别研究[J]. 光散射学报, 2014, 26(1): 88-92.

[48] 周霄, 高峰, 张爱武, 等. VIS/NIR 高光谱成像在中国云冈石窟砂岩风化状况分布研究中的进展[J]. 光谱学与光谱分析, 2012, 32(3): 790-794.

[49] 马文武, 侯妙乐, 胡云岗. 基于地面高光谱遥感的石碑特征信息提取[J]. 北京建筑大学学报, 2015, 31(2): 65-69.

[50] Baronti S, Casini A, Lotti F, et al. Multispectral imaging system for the mapping of pigments in works of art by use of principal-component analysis[J]. Applied Optics, 1998, 37(8): 1299-1309.

[51] Casini A, Lotti F, Picollo M, et al. Image spectroscopy mapping technique for non-invasive analysis of paintings[J]. Studies in Conservation, 1999, 44(1): 39-48.

[52] Legrand S, Vanmeert F, Van der Snickt G, et al. Examination of historical paintings by state-of-the-art hyperspectral imaging methods: From scanning infra-red spectroscopy to computed X-ray laminography[J]. Heritage Science, 2014, 2(1): 13.

[53] 裴少通. 基于红外紫外成像检测技术的绝缘子运行状态分析与评估[D]. 北京: 华北电力大学, 2019.

[54] 邱彦, 张血琴, 郭裕钧, 等. 基于高光谱技术的绝缘子污秽等级检测方法[J]. 高电压技术, 2019, 45(11): 3587-3594.

[55] Yin C F, Guo Y J, Zhang X Q, et al. A novel method for visualizing the pollution distribution of insulators[J]. IEEE Transactions on Instrumentation and Measurement, 2021, 70: 6010908.

[56] 马欢, 郭裕钧, 张血琴, 等. 基于高光谱技术的绝缘子污秽含水量检测[J]. 高电压技术, 2020, 46(4): 1396-1404.

[57] 刘益岑, 杨琳, 王杨宁, 等. 基于高光谱与红外技术融合的绝缘子污秽程度检测方法[J]. 电工电能新技术, 2022, 41(3): 55-62.

[58] 谭蓓. 基于高光谱图像处理技术的绝缘子污秽度与污秽成分研究[D]. 成都: 西南交通大学, 2019.

[59] 张血琴, 张玉翠, 郭裕钧, 等. 基于高光谱技术的复合绝缘子表面老化程度评估[J]. 电工技术学报, 2021, 36(2): 388-396.

[60] 张血琴, 高润明, 郭裕钧, 等. 基于高光谱的复合绝缘子电晕老化状态评估[J]. 西南交通大学学报, 2020, 55(2): 442-449.

[61] Wang B, Xia C J, Dong M, et al. Diagnosis of operating insulator aging status based on image processing and hyperspectral analysis[C]//2019 IEEE Conference on Electrical Insulation and Dielectric Phenomena(CEIDP). WA, USA: IEEE. 2019: 332-335.

[62] 吴驰, 刘凤莲, 曹永兴, 等. 基于光谱和雷达的输电线路树障遥测技术研究[J]. 电测与仪表, 2023, 60(8): 66-72.

[63] 高润明. 基于高光谱-LiDAR融合数据的输电线路树障单木识别方法研究[D]. 成都: 西南交通大学, 2020.

[64] 赵琛. 机载输电线路光谱分析与多目标优化的树障预警模型研究[D]. 成都: 西南交通大学, 2020.

第 3 章　绝缘子污秽高光谱检测

3.1　污秽等级的光谱识别方法与建模

3.1.1　污秽等级及试样制备

实际现场的绝缘子能最直接最真实地综合反映绝缘子的污秽情况，但想要得到现场所有绝缘子并准确测量其污秽等级是非常有难度的，而现有的利用人工去模拟现场绝缘子积污的技术有待发展[1,4]。为实现基于高光谱成像技术对污秽等级定性识别的目的，有必要应用一定数量的样本进行建模训练，建立起高光谱数据与污秽等级标签值之间的映射关系，最后再利用一定数量的样本数据对建立的模型性能进行评价。因此，为满足适用于高光谱数据建模分析的污秽等级样品（图 3.1），本书在实验室条件下采用人工涂污的方式制备不同污秽等级（表 3.1）的绝缘片样本[5,9]。

图 3.1　人工污秽试验基底材料

表 3.1　人工污秽等级样本参数表

样本污秽等级	盐密	样本数量	样本污秽等级	盐密	样本数量
等级 1	0.03mg/cm^2	32	等级 3	0.25mg/cm^2	32
等级 2	0.10mg/cm^2	32	等级 4	0.35mg/cm^2	32

3.1.2 光谱成像及特性分析

3.1.2.1 光谱特性分析

采用第 2 章描述的数据采集平台与方法，对污秽等级样本进行高光谱数据的采集，获取了 128 个样本的高光谱谱线数据，其波长范围是 400~1040nm，如图 3.2（a）所示。将同一种污秽等级所有样本的光谱曲线进行平均，获得该污秽等级下样本的平均光谱，如图 3.2（b）所示。

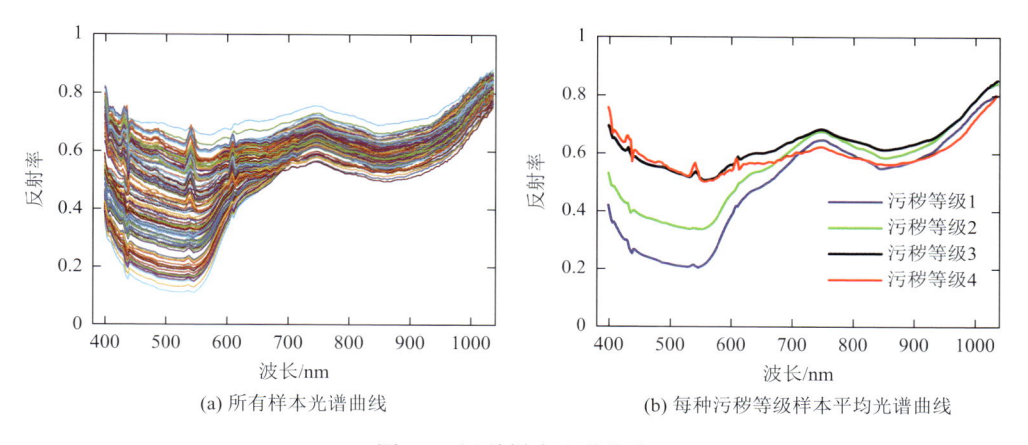

(a) 所有样本光谱曲线　　(b) 每种污秽等级样本平均光谱曲线

图 3.2　污秽样本光谱曲线

如图 3.2（a）所示，每个样本的光谱反射率曲线具有相似性，其谱线趋势呈现出一致性。实验室在配制不同污秽等级的样品时，虽然污秽物质的含量存在差异，但它们的化学成分基本相同且差异细微。根据高光谱图像中"一物一谱"的特性，可知从样本中获取的光谱曲线相似且走势一致。每一种污秽等级中可溶性盐的含量不同，会导致不同波长光子选择性地吸收和反射，因此在光谱曲线中某一波长的位置反映出的反射率也不相同。

图 3.2（b）展示了污秽等级 1~污秽等级 4 所有样品的平均光谱曲线，从图中可以看出光谱反射率在 400~550nm 的波段范围内逐渐下降，并在 550nm 左右下降到最小值。在该波段范围内，任意波长处不同污秽等级的光谱反射率相比，均为污秽等级 4＞污秽等级 3＞污秽等级 2＞污秽等级 1，即随着污秽等级的加强，其曲线的反射率也相应增加。而光谱的反射率在 550~861nm 的波段范围内先上升，在 750nm 处达到最大值后又逐渐降低。污秽等级在 550~630nm 的范围内尚可区分，但波长大于 630nm 后污秽等级的差异已无法通过光谱特性直接进行目视

解译，需要对光谱数据与标签数据建模之后进行识别。因此，对于每一个污秽等级的样本而言，需要利用其他更精准有效的分类方式进行识别[10, 17]。

3.1.2.2 高光谱数据分析方法

样本集划分是采用光谱方法进行定性识别与定量预测分析的基础环节，在获取了样本的光谱数据和标签数据之后，需要采用一定的方法将样本集按照一定的规则分为建模集和测试集。其中，建模集主要是为了对模型进行训练，使模型的性能达到最优状态，而测试集是为了对建立的模型进行验证。样本集不同的获取方法会使建模集和测试集有不同的分布，由此建立的模型也具有不同的效果，因此样本集合理的划分方法具有必要性。在对建模集与测试集进行划分的时候，要尽量满足所划分的样本应该符合统计学的计算需求，更重要的是还要确保所划分的建模集与测试集的光谱数据与标签数据具有代表性，不会因为样本数量不足导致模型过拟合，或者样本数量冗余导致模型欠拟合。对建模集与测试集具体需要多少数据没有严格的要求，一般按照样本总数量进行总体设计。建模集与测试集的比例控制在2∶1～4∶1较为合适。为了确保建模集样本能够包含所有待检测标签数据的范围，一般将被测样本标签值的最大值和最小值划入建模集中。

目前，研究中较为常用的样本集划分方法有肯纳德-斯通（Kennard-Stone，KS）方法、随机采样（random sampling，RS）方法和顺序划分方法。

高光谱成像系统在数据捕获过程中，常因内部噪声、暗电流效应、环境背景干扰及非目标光源等因素影响，产生光谱信号中的噪声与杂波。为了最大化利用高光谱数据的价值，并且构建稳定可靠的模型，必须实施一系列预处理技术以增强原始光谱数据的信噪比，降低无效信息的含量，显著突出有效信息的重要性。预处理方法的选择与需要处理的数据特点以及检测对象有关，要保证模型的性能较好。结合不同污秽等级下的高光谱数据特点，本节研究中使用的光谱数据预处理方法包括：SG卷积平滑、基线校正消除和标准正态变量变换。

高光谱成像仪是在可见光和近红外波段之间很宽的范围内成像，采集获取的图像有数百个光谱波段，在进行光谱建模分析时会采集大量的样本，这些光谱数据组成的矩阵数据量巨大，导致建模分析时会耗费大量的计算资源，计算效率低。同时，由于光谱波段较多，相邻的光谱波段也包含较多的冗余信息和共线性信息，影响分析模型的性能与精度。因此，采用高光谱数据进行分析建模时，通常是在全波段数据建模的基础上，通过一定的波段选择方法对全波段光谱数据进行优化与选择，滤除光谱数据中的冗余信息与共线性信息，寻找对建模具有关键作用的敏感光谱特征波段，通过减少波长变量数目来提高模型计算效率与模型性能。与此同时，选择了能够代表被测样本的特征波段之后，有助于采用特征波段开发更加简易、低成本的光谱成像检测仪器用于实际生产。目前，有多种用于高光谱数据的特征波段选择方法，较为常用的有连续投影算法（successive projections algorithm，SPA）、无信息变量消除（uninformative variable elimination，UVE）、遗传算法（genetic algorithm，GA）、回归系数（regression coefficient，RC）法、竞争性自适应重加权采样（competitive adaptive reweighted samplig，CARS）算法、随机蛙跳（random frog，RF）算法等。其中，连续投影算法（SPA）、竞争性自适应重加权采样（CARS）算法和随机蛙跳（RF）算法是三种广泛采用的特征波段选择方法。

基于高光谱数据的污秽等级分类识别流程中，关键是构建与样本高光谱数据和标签值相匹配的定性分析模型。这一过程中，首先利用建模集的数据对模型进行训练与参数调整，确保模型能够准确捕捉数据中的关键特征。随后，通过选取合适的评价指标，对测试集样本进行评估，以验证所建立模型的实际性能是否达到预期效果。这一过程不仅确保了模型的有效性和可靠性，也为后续的污秽等级分类识别提供了强有力的技术支持。由于污秽等级是离散的固定值，因此本章需要建立污秽等级的定性模型。通过对现有建模方法的调研与分析，最终确定选用极限学习机和支持向量机两种建模方法建立污秽等级的定性识别模型。

将样本的光谱数据作为自变量 X，因变量 Y 是污秽等级类别；设定真实标签值"1"代表污秽等级 1，真实标签值"2"代表污秽等级 2，真实标签值"3"代表污秽等级 3，真实标签值"4"代表污秽等级 4；使用建模方法建立自变量 X 与因变量 Y 的映射关系，实现污秽等级的定性分类识别。

通过建模集的训练，建立了定性识别模型之后，需要采用一定的评价指标来评估模型的性能。目前，定性模型的评价指标主要是采用测试集样本的分类识别准确率（correct classification rate，CCR）来表示，即正确识别的样本个数占样本总数的百分比。同时，为了增加对比度和防止模型出现过拟合现象，以建模集样本的分类识别准确率作为模型的辅助评价标准。分类识别准确率越高（越接近100%），说明模型的识别效果越好，精度越高。

3.1.3 污秽等级的建模

3.1.3.1 样本集的划分

分别采用三种样本集划分方法（KS 方法、RS 方法、顺序方法），将 128 个人工涂污绝缘片污秽等级样本划分成建模集（共 100 个样本）和测试集（共 28 个样本），其统计结果如表 3.2 所示，表中类别 1 代表污秽等级为 1 的样本，类别 2 代表污秽等级为 2 的样本，类别 3 代表污秽等级为 3 的样本，类别 4 代表污秽等级为 4 的样本。从表 3.2 中可以看出，污秽等级样本分别经过 KS 方法、RS 方法、顺序方法处理之后，总体结果存在明显差异：RS 方法与 KS 方法没有把建模集和测试集的样本进行均分，特别是 RS 方法，在实际运行结果的时候，每次都是随机地把建模集与测试集的样本进行分配，致使划分结果呈现出较大的随机性，而且每种类别的样本数量也具有一定的差异，这种样本集划分结果会对后期的分类产生一定的影响。顺序样本集划分方法能够将建模集与测试集中每种类别的样本进行平均分配，保证每次划分结果的统一性与一致性，不会因为样本集划分的不同而对训练模型的精度产生影响。因此，从统计结果的比较来看，顺序方法优于 RS 方法与 KS 方法。

表 3.2 不同样本集划分方法样本统计结果

方法	建模集/个				测试集/个			
	类别 1	类别 2	类别 3	类别 4	类别 1	类别 2	类别 3	类别 4
RS	22	26	28	24	10	6	4	8
KS	22	26	25	27	10	6	7	5
顺序	25	25	25	25	7	7	7	7

为了进一步研究三种样本集划分方法的效果，分别采用极限学习机（ELM）和支持向量机（SVM）两种建模方法对不同样本集划分的数据进行建模和评价。表 3.3 列出了采用三种样本集划分方法进行建模的分类准确率。

表 3.3 不同样本集划分方法的建模结果

建模方法	样本集方法	训练集准确率	测试集准确率
ELM	RS	72.00%	67.86%
	KS	77.00%	75.00%
	顺序	78.00%	75.00%
SVM	RS	75.00%	71.43%
	KS	78.00%	75.00%
	顺序	79.00%	78.57%

3.1.3.2 光谱数据预处理与全波段模型

1. 光谱数据预处理

分别采用 SG 卷积平滑、基线校正消除与标准正态变量变换（SNV）预处理方法对不同污秽等级样品的原始高光谱数据进行预处理，处理结果如图 3.3 所示。从图中可以看出，经过 SG 卷积平滑预处理后，光谱曲线与原始谱线的走势以及形态差异很小，在原始谱线的基础上去除了噪声以及一些杂乱的尖端，让整个曲线更加平滑；经过基线校正消除和 SNV 预处理后，光谱曲线具有一定数量且很明显的特征峰，而且曲线与原始谱线差异非常大，在某些波段也放大了信号中的一些噪声。

(a) SG卷积平滑预处理

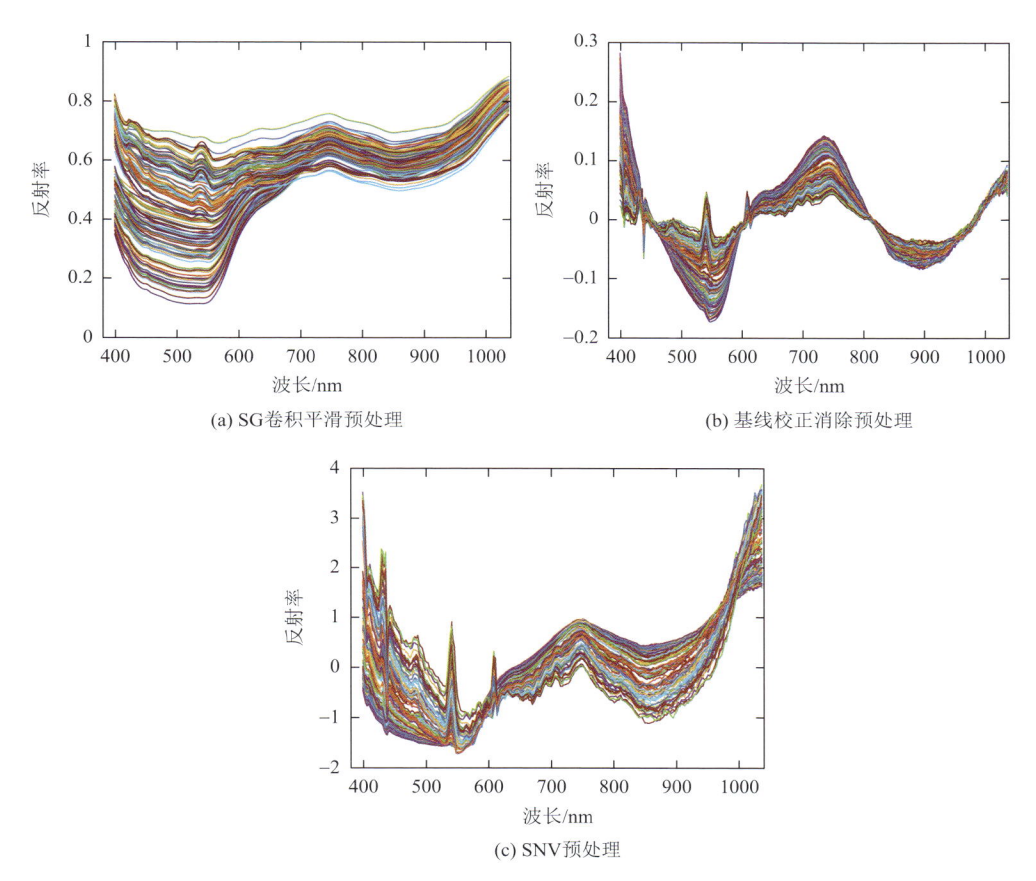

(b) 基线校正消除预处理

(c) SNV预处理

图 3.3　预处理后的高光谱谱线

2. 基于全波段光谱数据的污秽等级定性识别

为了深入探究不同预处理方法对污秽等级分类识别准确率的实际影响，并寻求最优的预处理策略，我们分别采用原始高光谱数据和经过预处理的高光谱数据，基于极限学习机和支持向量机两种建模方法，构建了污秽等级的定性识别模型。这一对比研究，旨在揭示预处理步骤在提高模型性能中的关键作用，并为实际应用中选择合适的预处理方法提供科学依据。不同预处理方法结合不同的建模方法所得到的污秽等级识别结果如表 3.4 所示。

表 3.4　不同预处理方法建立的全波段分析模型分类识别准确率

预处理方法	ELM		SVM	
	CCR_{cal}	CCR_{pre}	CCR_{cal}	CCR_{pre}
无	78.00%	60.71%	79.00%	64.29%
SG 卷积平滑	80.00%	64.29%	82.00%	67.86%
基线校正消除	81.00%	75.00%	84.00%	82.14%
SNV	84.00%	82.14%	86.00%	85.17%

注：ELM 为极限学习机建模方法；SVM 为支持向量机建模方法；CCR_{cal} 表示建模集的识别准确率；CCR_{pre} 表示测试集的识别准确率。

对原始高光谱数据和经过 SG 卷积平滑、基线校正消除、标准正态变量变换（SNV）等预处理方法处理后的高光谱数据，分别建立污秽等级分类识别模型。对于 ELM 模型，在评估模型性能时，将测试集样本的分类识别准确率作为主要评价指标，同时以建模集样本的分类识别准确率为辅助评价指标。从试验结果中可以看出，采用不同的预处理方法对污秽等级分类识别结果的准确率有显著影响。特别地，未经预处理的原始数据建立的 ELM 模型，在建模集中污秽等级分类识别准确率为 78.00%，而在测试集中准确率为 60.71%。

对于 SVM 模型主要关注建模集样本的分类识别准确率，并将测试集样本的分类识别准确率作为辅助评价指标。从结果中可以看出，不同的预处理同样对污秽等级分类识别结果的准确率产生了较大影响。特别是未经预处理的原始数据，在建模集中污秽等级分类识别准确率为 79.00%，而在测试集中准确率为 64.29%。

总体而言，同一预处理方法在不同的模型中，分类识别准确率存在一定的差异，但是差异并不显著，说明建模方法对污秽等级分类识别的效果影响较小；采用相同的建模方法时，不同的光谱预处理方式的分类识别准确率则存在显著差异，说明预处理方法对污秽等级分类识别的效果影响较大，对光谱数据进行预处理可以在一定程度上提高模型的准确性与可靠性。

图 3.4 展示了分别采用原始和经 SNV 预处理的高光谱数据建立的模型在污秽等级分类识别中的结果，从图中可以清晰地观察到样本被误识别的具体分布情况。对比两图可以发现一个重要现象：模型在识别污秽等级较高的样本时，其准确率要高于污秽等级较低的样本。这一现象主要归因于污秽等级较低的样本在光谱谱线上某些波段的特征存在较高的重合度，这种重合度导致模型在区分这些轻度污秽等级样本时面临更大的挑战，从而降低了其识别准确率。

(a) 原始数据　　　　　　　　(b) 经SNV预处理

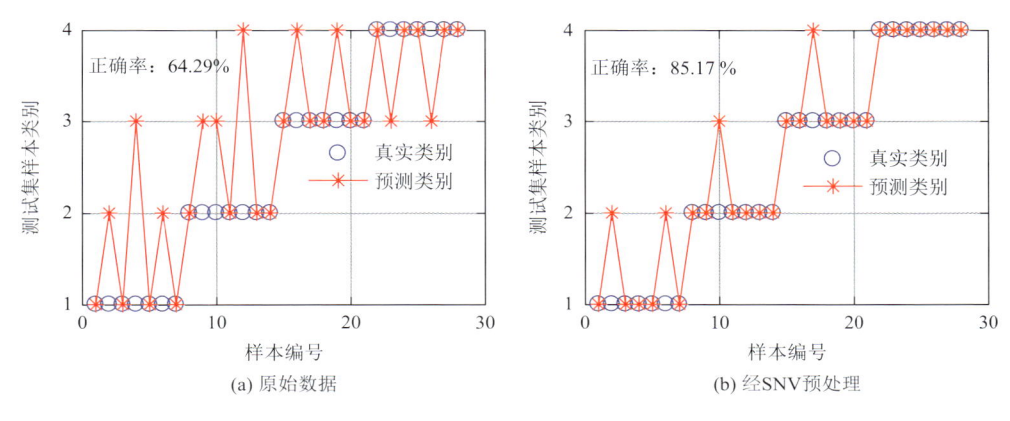

图 3.4　SVM 模型对测试集样本分类结果分布图

3.1.4　特征波段选择与特征波段建模

从之前的分析结果可以看出，尽管使用全波段光谱数据建立的模型在污秽等级分类识别上取得了一定的准确率，但模型的整体性能并不理想。这主要是因为全波段光谱数据包含大量的波段，相邻波段间存在显著的冗余信息和共线性问题，这些冗余信息不仅可能导致模型的不稳定性，还可能增加计算时间和复杂度。为了克服高光谱数据的高维数问题，提高模型的计算速度和性能，我们采用了特征波段选择的方法。这种方法旨在从全波段光谱信息中筛选出包含主要信息的波段，这些关键波长点能够代表全波段光谱数据，并在建模和分析中达到或超过全波段数据的准确率。

在本节研究中，我们分别选用了连续投影算法（SPA）、竞争性自适应重加权采样（CARS）和随机蛙跳（RF）三种不同的波段选择方法，以获取特征波段组合。接着，基于这些特征波段，我们分别采用了极限学习机（ELM）和支持向量机（SVM）方法建立了污秽等级分类识别模型。

1. 基于 SPA 的污秽等级高光谱特征波段选择结果

采用 SPA 一共优选出污秽等级样本的 6 个特征波段，被选中的 6 个特征波长点分布情况如图 3.5 所示。

2. 基于 CARS 算法的污秽等级高光谱特征波段选择结果

由于 CARS 算法基于蒙特卡罗采样原理，其内在的随机性使得每次运行 CARS 算法时所选出的特征波段组合可能不尽相同。为了筛选出相对稳定且性能较优的特征波段组合，我们在实际操作中需要对 CARS 算法进行多次运行。在本书中，设定蒙特卡罗采样次数为 50 次，以便从多次运行的结果中挑选出最为理想的特征波段组合。图 3.6 为 CARS 算法所得特征波长点的选择结果。

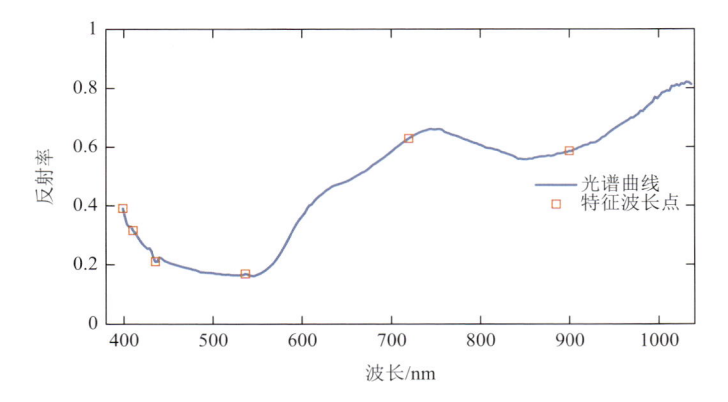

图 3.5　SPA 所得特征波长点选择结果

(a) 变量个数随采样次数的变化

(b) RMSE 随采样次数的变化

(c) 回归系数随采样次数的变化

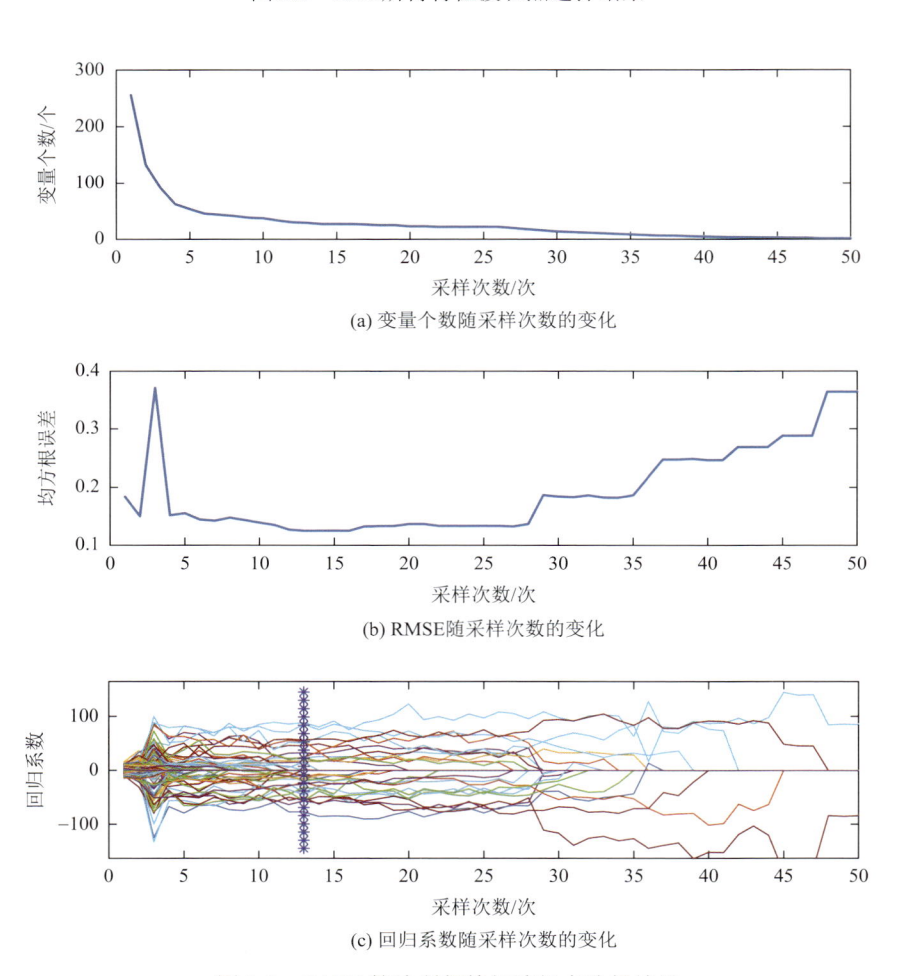

图 3.6　CARS 算法所得特征波长点选择结果

图 3.6（a）展示了 CARS 算法随着采样次数的增加，被选中的特征波段（变量个数）的变化情况，这个图可以帮助我们理解在算法的迭代过程中，哪些波段被逐步保留或剔除。图 3.6（b）反映了均方根误差（root mean square error, RMSE）随采样次数的变化趋势。RMSE 是常用的误差估计方法，它能够帮助我们评估模型在未见数据方面的预测性能。通过观察 RMSE 的变化，我们可以判断模型是否随着迭代逐渐找到更优的波段组合。图 3.6（c）则展示了回归系数随采样次数的变化。回归系数反映了各波段在模型中的重要性，通过观察其变化趋势，可以进一步理解哪些波段对模型性能的影响更为显著。

3. 基于 RF 算法的污秽等级高光谱特征波段选择结果

由于随机蛙跳算法也是基于蒙特卡罗采样原理，其运行结果同样会受到随机因素的影响，只是每次运行所选择的特征波段组合可能会略有差异。为了降低这种随机性对结果的影响，我们采取了多次运行程序并对结果进行统计的策略。在本书中，我们运行了 RF 算法 30 次，并对这 30 次运行的结果进行了统计分析，计算了每个光谱变量被选中的概率的平均值。图 3.7 展示了这 30 次运行结果的均值统计图。图中横坐标表示光谱波长变量，纵坐标则表示光谱变量被选中的概率均值。概率越大，说明该光谱变量在多次运行中被选中的次数越多，反映出其对模型的重要性也越大。

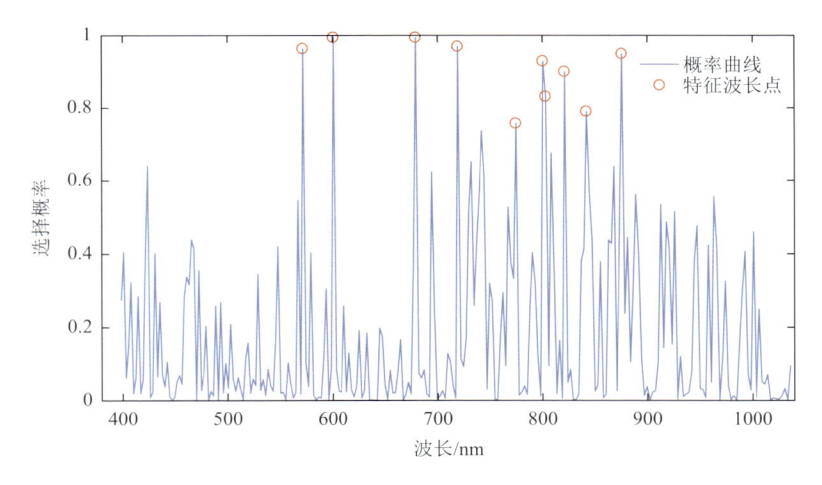

图 3.7　RF 算法所得特征波长点选择结果

图 3.8 显示了分别采用 SPA、CARS 算法、RF 算法选择的特征波长点在全波段光谱曲线上的分布位置。从图中可以看出，用 CARS 算法选择的特征波长点达

到了 29 个，占全波段波长总数的 11.3%，是三种方法中选出特征波长点最多的。其特征波长点分布在全光谱波段范围内，且存在局部的重复，相邻的波长会同时被选择。这可能是因为 CARS 算法在迭代过程中逐步剔除了冗余信息，但也可能保留了某些高度相关的特征。

用 SPA 选择了 6 个特征波长点，占全波段波长总数的 2.3%，是三种方法中选出特征波长点最少的。其选择的特征波长点主要集中在可见光波段范围内，这可能意味着在可见光波段内存在较为显著的光谱特征，这些特征对于污秽等级分类识别具有重要的指示作用。

用 RF 算法选择了 10 个特征波长点，占全波段波长总数的 4.0%，选择的特征波长点数量适中。不仅如此，选择的特征波长点主要集中在红光与近红外波段范围内，这表明红光和近红外波段对于污秽等级分类识别具有重要的影响。与 CARS 算法相比，用 RF 算法在近红外光谱波段范围内选择的特征波段有一定的相似性，这可能是因为两种方法都基于统计学习原理，能够从数据中提取出对模型性能影响显著的特征。

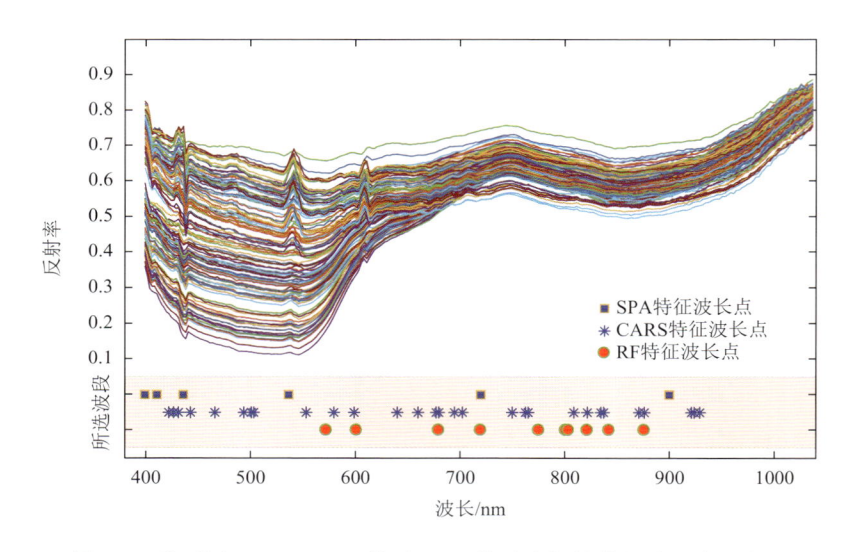

图 3.8 分别用 SPA、CARS 算法、RF 算法选择的特征波长点分布图

为了研究最优的特征波段选择方法，基于 SPA、CARS 算法和 RF 算法对特征波段进行了选择，并将选择的特征波段数据用于 ELM、SVM 以建立污秽等级的识别模型。以测试集样本的分类识别准确率作为主要评价指标，建模集的分类识别准确率为辅助评价指标，所得结果如表 3.5 所示。为了对比分析，将采用全波段建模的分类识别结果也列入表中。

第 3 章　绝缘子污秽高光谱检测

表 3.5　基于特征波段建立的模型分类识别准确率

波段选择方法	ELM CCR$_{cal}$	ELM CCR$_{pre}$	SVM CCR$_{cal}$	SVM CCR$_{pre}$
全波段	84.00%	82.14%	86.00%	85.17%
SPA	94.00%	92.86%	100.00%	100.00%
CARS 算法	86.00%	85.17%	89.00%	89.29%
RF 算法	78.00%	78.57%	82.00%	78.57%

注：CCR$_{cal}$ 表示建模集的识别准确率；CCR$_{pre}$ 表示测试集的识别准确率。

联合图 3.8 和表 3.5 可以看出，利用特征波段所建模型有较好的分类识别效果，并且波长变量的数量由全波长 256 个减少至十几个，极大地减少了计算量，仅使用 2.3%～11.3%的波段数量就达到了较好的分类识别准确率。

图 3.9 为 SVM 模型对测试集样本分类识别结果分布图。

(a) 全波段数据

(b) SPA特征波段数据

(c) CARS算法特征波段数据

(d) RF算法特征波段数据

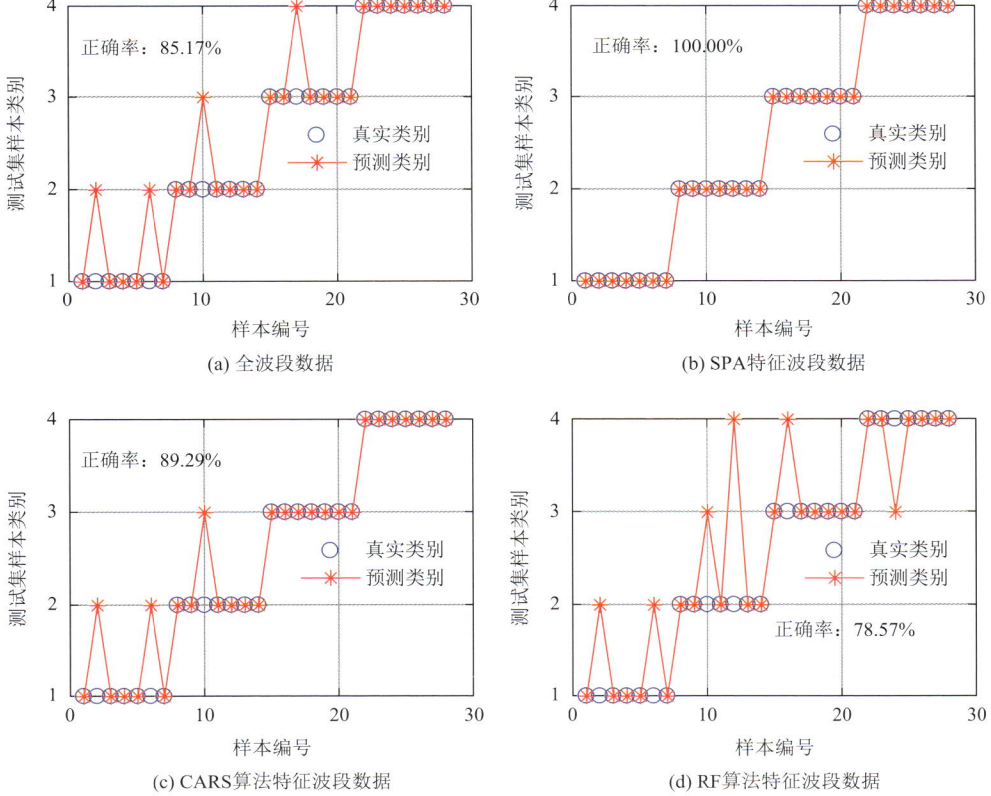

图 3.9　SVM 模型对测试集样本分类识别结果分布图

图 3.9（b）为利用 SPA 选择特征波段数据而建立模型的分类识别结果，从结果可以看出所有的样本都被正确分类。图 3.9（c）展示了基于 CARS 算法选取的特征波段数据所构建模型的分类识别效果。其中，25 个样本被精确分类，而 3 个样本出现误分类。通过观察，可明确误分类样本的分布情况：原本属于污秽等级 1 的样本，有两个被错误地归类为等级 2，即全波段数据建模中误识别的 2 号和 6 号样本依然保持误识别状态；原本属于污秽等级 2 的样本，有一个被错误地归类为等级 3，即为全波段数据建模中误识别的 10 号样本；而原本属于污秽等级 3 的样本全部被正确识别，特别地，全波段数据建模中误识别的 17 号样本在此次分类中被正确识别；对于原本属于污秽等级 4 的样本，在基于预处理数据建立的模型中均实现了准确识别。

图 3.9（d）则显示了采用 RF 算法选取的特征波段数据所建立模型的分类识别结果。其中，22 个样本被正确分类，6 个样本被误分类。误分类样本的详细分布如下：原本属于污秽等级 1 的样本，有两个被错误地归类为等级 2，这两个样本在全波段数据建模中也同样被误识别；原本属于污秽等级 2 的样本，有两个被误分类，其中全波段数据建模中误识别的 10 号样本仍然被错误地归类为等级 3，而另一个原本在全波段中被误识别的 12 号样本则被错误地归类为等级 4；原本属于污秽等级 3 的样本中，全波段数据建模中误识别的 17 号样本在此次分类中被正确识别，但 16 号样本却被错误地归类为等级 4；最后，原本属于污秽等级 4 的样本，有一个被误识别，具体为全波段数据建模中误识别的 24 号样本，它在此次分类中被错误地归类为污秽等级 3。

3.2 绝缘子积污信息高光谱提取

3.2.1 污秽盐密及试样的制备

在利用高光谱成像技术进行污秽盐密定量识别的过程中，需要通过一定数量的样本进行建模训练，建立高光谱数据与污秽盐密标签值之间的映射关系，最后还需要利用一定数量的样本对模型性能进行评价，因此，本章采用人工涂污的方法配制适用于高光谱数据建模分析的污秽盐密样品，试验样品的基底材料同 3.1 节。由于绝缘片的尺寸较小，为了得到均匀涂覆的污秽，采用 GB/T 22707—2008 推荐的浸污法配制污秽盐密样本。在配置试验样本时，使用 40g 高岭土和 1000g 去离子水组成混合溶液，通过改变污液中 NaCl 的含量来调节溶液的电导率以获得期望的盐密值。在试验过程中，虽然盐密值与污液的电导率存在一定对应关系，但是不能直接通过污液的电导率直接计算盐密。为了获得真实准确的盐密，在采集完样品的高光谱数据之后，需要对样品表面的污秽进行清洗。首先利用吸水后的脱脂棉擦拭样品表面的污秽，再将脱脂棉上的污秽溶解于去离子水中，反复擦拭直到绝缘片表面不再残留污秽，确保整个过程没有污秽和水分的损失；最后采用电导率测试仪测量污秽溶液的电导率，同时测量并记录污液的温度并得到盐密[18, 23]。

3.2.2 光谱成像及特性分析

1. 光谱特性分析

采用第 2 章搭建的高光谱数据采集平台与描述的采集方法，获取污秽盐密样本的高光谱图像数据，将每个绝缘片样品的污秽覆盖区域选取为感兴趣区域，然后计算感兴趣区域内所有像素点反射率的平均值，将此平均值作为该样本的高光谱数据，所有样本的光谱反射率曲线如图 3.10 所示。从图 3.10 可以看出，每个盐密样本的反射率光谱曲线具有相似性，其走势一致。在 400~550nm 的波段范围内，随着波长的增加，盐密样本的反射率逐渐下降，光谱曲线在 430nm 附近和 540nm 附近分别出现一个吸收峰和一个反射峰；在 550~1040nm 的波段范围内，随着波长的增加，盐密样本的反射率总体呈现增加的趋势，但是在 850~900nm 的波段范围内出现一个短暂的吸收峰区间，最终盐密样本的反射率维持在 0.75~0.85。从图中谱线的特性也可以发现，对于盐密值较小的样本，其反射率谱线随着波长的增加而呈现出较大的波动，反射率处于 0.15~0.75；对于盐密值较大的样本，其反射率谱线随着波长的增加并未呈现较大的波动，在全波段的范围内变化相对平缓，反射率处于 0.6~0.85。

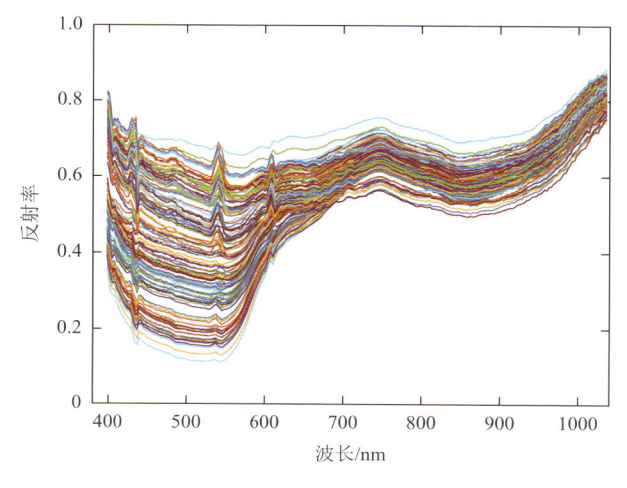

图 3.10 盐密样本的原始光谱曲线

2. 光谱数据预处理方法

在针对高光谱数据进行的污秽盐密识别流程中,首要任务是依据样本的高光谱数据及其对应的标签值,构建一个精确的定量预测模型。这一过程中,我们利用建模集数据对模型进行学习与参数调优,随后通过一系列评价指标,对测试集样本进行评估,以确保所构建模型的有效性和准确性。鉴于污秽盐密表现为连续数值特性,本章的核心在于构建污秽盐密的定量预测模型。经过对现有建模技术的深入调研与分析,我们决定采用最小二乘支持向量机(LS-SVM)和偏最小二乘回归(partial least squares regression,PLSR)两种先进方法,来建立污秽盐密的定量预测模型。

在构建模型时,选用建模集样本在400~1040nm全波段范围内的光谱反射率数据作为输入变量 X,同时以样本的污秽盐密标签值作为输出变量 Y。基于这些数据,再分别运用 LS-SVM 方法和 PLSR 方法,建立 X 与 Y 之间的相关性模型,从而实现对污秽盐密的精准预测。

在建立了定量预测模型之后,需要通过一些统计指标来评价模型的准确性,以及模型的外推和预测能力,这些指标主要包括模型的决定系数(determination coefficient,R^2)和均方根误差(RMSE)。由于在建模的过程中采用建模集的样本数据建立模型,然后采用测试集的样本数据对模型进行评估,因此主要以测试集决定系数(determination coefficient of prediction set,R_p^2)和测试集均方根误差(root mean square error of prediction,RMSEP)为主要评价指标。同时,为了防止模型出现欠拟合或者过拟合现象,以建模集决定系数(determination coefficient of calibration set,R_c^2)和建模集均方根误差(root mean square error of calibration,RMSEC)为辅助评价指标。在采用评价指标对模型预测效果进行评价的时候,通常认为 R_c^2 与 R_p^2 的值越大(通常接近1),RMSEC 与 RMSEP 的值越小(通常接近0),且 RMSEC 与 RMSEP 之间的差异性越小,说明所建模型的性能就越好,即模型具有较好的外推能力。所以在理想情况下,模型的决定系数 R^2 为1,模型的均方根误差 RMSE 为0。

3.2.3 污秽盐密的建模

3.2.3.1 样本集的划分方法

在构建污秽盐密预测模型的过程中,采用三种不同的样本集划分策略(KS方法、RS方法以及顺序方法),将128个污秽盐密样本分别划分为包含100个样本的建模集和28个样本的测试集。统计结果详见表3.6。

第 3 章 绝缘子污秽高光谱检测

表 3.6 不同样本集划分方法划分污秽盐密的统计结果 （单位：mg/cm²）

样本集划分方法	建模集 测量范围	建模集 平均值	建模集 标准差	测试集 测量范围	测试集 平均值	测试集 标准差
RS	0.02~0.46	0.236	0.007	0.04~0.50	0.273	0.009
KS	0.02~0.50	0.258	0.005	0.02~0.48	0.249	0.006
顺序	0.02~0.50	0.271	0.009	0.04~0.50	0.272	0.015

为了深入比较三种划分方法的性能，并进一步选择最适合污秽盐密预测建模的样本集划分方法，使用最小二乘支持向量机和偏最小二乘回归两种建模方法，对由不同划分方法得到的样本集进行建模，并分析样本集划分方法对模型性能的影响。表 3.7 列出了基于三种不同划分方法所建立的模型预测结果。从表 3.7 可以看出，通过 KS 方法划分的污秽盐密样本集，在采用 LS-SVM 建模时，无论是建模集还是测试集的决定系数（R^2）均表现优异，分别为 0.763 和 0.741，且均方根误差最小，分别为 0.052 和 0.056。这表明 KS 方法划分的样本集在 LS-SVM 建模中具有较好的泛化能力和预测精度。

表 3.7 不同样本集划分方法模型预测结果

建模方法	样本集划分方法	建模集 R_c^2	建模集 RMSEC	测试集 R_p^2	测试集 RMSEP
LS-SVM	RS	0.732	0.055	0.721	0.056
LS-SVM	KS	0.763	0.052	0.741	0.058
LS-SVM	顺序	0.733	0.058	0.729	0.059
PLSR	RS	0.753	0.055	0.749	0.057
PLSR	KS	0.786	0.052	0.775	0.056
PLSR	顺序	0.745	0.056	0.732	0.058

在对比 RS 方法、KS 方法和顺序方法所建立的 LS-SVM 模型时，我们发现 RS 方法划分的样本集所建立的模型性能相对较差，建模集与测试集的决定系数分别为 0.732 和 0.721，均方根误差分别为 0.055 和 0.056。污秽盐密样本经过 KS 方法划分之后，采用 PLSR 方法建立的模型，其建模集与测试集的决定系数（分别为 0.786 和 0.775）明显大于 RS 方法和顺序方法，同时也具有最小的均方根误差，分别为 0.052 和 0.056；对 RS 方法、KS 方法、顺序方法这三种样本集划分方法建立的 PLSR 模型进行比较，顺序方法划分的样本集建立的模型性能最差，建模集与测试集的决定系数分别为 0.745 和 0.732，相对应的均方根误差分别为 0.056 和 0.058。

以上结果表明，对于同一种样本集划分方法，采用不同的模型进行建模，样本的预测结果没有较大的差异；同时，对于同一种模型，采用不同的样本集划分方法，样本的预测结果存在明显的差异，说明本节所研究的三种样本集划分方法对模型精度将产生一定的影响。RS 方法有较大的随机性，每次划分的样本集都不统一，且模型的预测效果不理想；顺序方法在样本统计结果中表现了潜在的不足，而且模型的预测效果也不显著。经过对 KS 方法、RS 方法和顺序方法三种样本集划分方法的深入比较，我们发现利用 KS 方法划分的样本集进行建模时，无论是采用最小二乘支持向量机还是偏最小二乘回归建模方法，模型的预测效果均显著优于 RS 方法和顺序方法。这一结果表明，KS 方法更适用于划分污秽盐密样本集，能确保模型更有效地学习和泛化。

3.2.3.2 光谱数据预处理与全波段建模

分别采用多元散射校正（MSC）、一阶导数和二阶导数预处理方法对污秽盐密样品的原始光谱曲线进行预处理，预处理后的光谱曲线如图 3.11 所示。从图中可以看出，预处理后光谱曲线的形态发生了较大变化，曲线在保留了原始光谱反射特性的同时，也在一定程度上增强了部分光谱特征。同时，经过预处理后的高光谱曲线出现了较多的特征峰，但也放大了信号中的一些基本噪声。

为了探究最优化的高光谱数据预处理方法，针对原始高光谱数据和经过不同预处理手段处理后的数据，分别建立污秽盐密的预测模型。这一步骤的目的是通过对比不同预处理策略下模型的表现，来评估各种预处理技术的有效性，并找出污秽盐密预测精度的数据预处理方法。采用 KS 方法将 128 个样本划分为建模集和测试集，其中，100 个样本作为建模集，其余的 28 个样本作为测试集。建模集样本通过训练学习建立可靠稳定的模型，测试集样本不参与建模过程，最后用于检验所建模型的性能。

在构建污秽盐密预测模型的过程中，将建模集样本在 400~1040nm 全波段范围内的光谱反射率数据设定为自变量 X，这些数据捕捉了样本在不同波长下的反射特性。同时，将样本的污秽盐密标签数据设定为因变量 Y，它代表了样本的污秽盐密实际测量值。建模过程中，采用全交叉验证来检验模型是否出现过拟合现象。测试集的样本用来检验模型的性能，采用所建立的模型对测试集样本的污秽盐密进行预测，以测试集样本的决定系数 R_p^2 和测试集均方根误差 RMSEP 作为模型的主要评价指标，建模集样本的决定系数 R_c^2 和建模集均方根误差 RMSEC 作为模型的辅助评价标准来检验模型性能。模型的决定系数 R^2 越接近 1，均方根误差 RMSE 越接近 0，说明模型的预测性能越好，精度也越高。

分别采用未经任何处理的原始光谱数据和经过 MSC、一阶导数和二阶导数预处理后的光谱数据，建立污秽盐密的 LS-SVM 和 PLSR 预测模型，建模结果

(a) 多元散射校正预处理

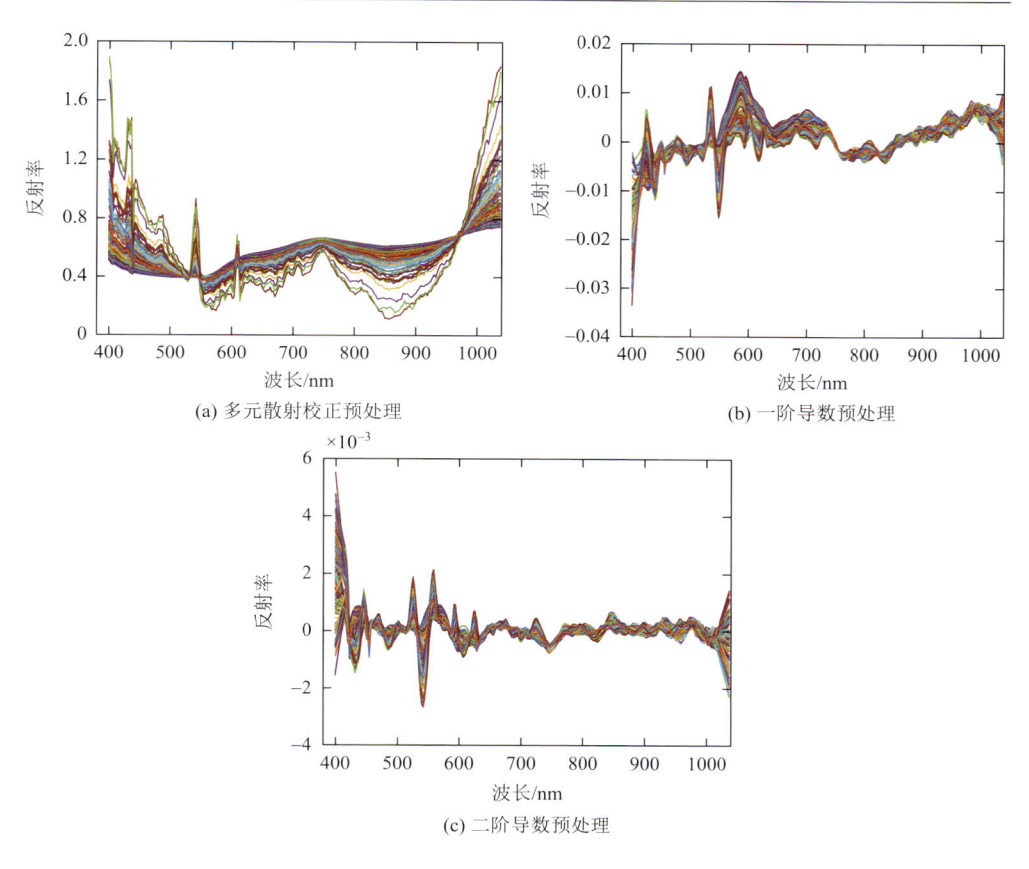

(b) 一阶导数预处理

(c) 二阶导数预处理

图 3.11 不同方式预处理后的光谱曲线

如表 3.8 所示。综合比较表中的预测结果可以看出，采用不同的预处理方法所得的污秽盐密预测模型结果存在一定的差异。从评估结果来看，预处理步骤对 LS-SVM 模型的性能产生了显著影响：与直接使用原始数据建立的模型相比，经过 MSC、一阶导数和二阶导数预处理后的数据建立的模型在测试集上表现更佳。其中，经过 MSC 预处理后，测试集的决定系数从 0.741 提升至 0.866，同时测试集均方根误差从 0.058 减少至 0.046，这标志着模型预测准确性的显著提高和误差的明显降低。

表 3.8 对预处理后的数据采用不同的建模方法进行预测

预处理方法	LS-SVM				PLSR			
	R_c^2	RMSEC	R_p^2	RMSEP	R_c^2	RMSEC	R_p^2	RMSEP
无	0.763	0.052	0.741	0.058	0.786	0.052	0.775	0.056
MSC	0.882	0.044	0.866	0.046	0.898	0.043	0.886	0.045

续表

预处理方法	LS-SVM				PLSR			
	R_c^2	RMSEC	R_p^2	RMSEP	R_c^2	RMSEC	R_p^2	RMSEP
一阶导数	0.825	0.046	0.815	0.043	0.838	0.040	0.830	0.041
二阶导数	0.838	0.048	0.821	0.045	0.842	0.042	0.830	0.043

注：R_c^2 为建模集决定系数；RMSEC 为建模集均方根误差；R_p^2 为测试集决定系数；RMSEP 为测试集均方根误差。

类似地，采用 PLSR 方法对原始数据以及经过 MSC、一阶导数和二阶导数预处理后的数据分别建模，评估结果显示，预处理显著提升了 PLSR 模型的性能。与原始数据模型相比，经过 MSC 预处理后，测试集的决定系数从 0.775 提高到 0.886，测试集均方根误差从 0.056 降低到 0.045，这进一步证明了预处理步骤在改善模型性能方面的重要作用。

对于同一种数据预处理方法获得的光谱数据，采用不同的建模方法时，各模型对污秽盐密的预测结果存在一定的差异，但是这种差异不明显，这表明书中采用的两种建模方法对模型的预测结果不会产生较大的影响。综合比较来看，采用 PLSR 方法建立的污秽盐密预测模型，其效果要稍微优于 LS-SVM 建模方法。但是当采用某一建模方法时，使用不同的预处理方法对原始数据进行预处理，得到的污秽盐密预测模型的效果存在显著差异。经过预处理后的数据建立的模型，其模型的预测效果要优于未经任何预处理的原始数据模型。综合比较分析，采用 MSC 预处理建立的污秽盐密预测模型，相较于其他预处理方法具有一定的优势，其测试集的决定系数 R_p^2 提高到 0.88 左右，已经具有了较好的模型预测效果。说明采用了 MSC 预处理方式后，消除了原始光谱数据中的噪声且对原始光谱数据有一定的强化，本章后续的研究中均采用 MSC 方法对原始光谱数据进行预处理。

综上分析，对原始光谱数据采用 MSC 预处理后，利用 PLSR 方法建立的污秽盐密预测模型具有较好的预测性能。图 3.12 展示了两种不同数据处理方式下，PLSR 模型对测试集样本污秽盐密值的预测结果散点分布图。图中横坐标代表污秽盐密的真实值，纵坐标代表模型预测的污秽盐密预测值，黑色直线为理想分布线，即预测值完全等于真实值的理想情况。从图中可以清晰地观察到，利用原始高光谱数据建立的 PLSR 模型（未经过预处理）的预测结果散点分布较为分散，且多数点距离理想分布线较远，这表明模型的预测精度不高，存在较大的误差。相比之下，采用 MSC（多元散射校正）预处理后的高光谱数据建立的 PLSR 模型，其预测结果的散点分布更加紧凑，且大多数点都紧密地分布在理想分布线周围，这显示出模型预测精度的显著提高和预测结果的稳定性增强。

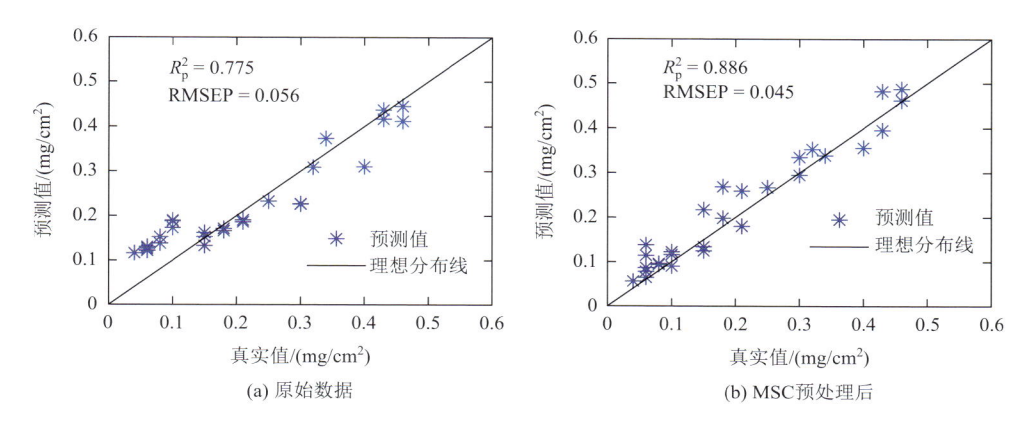

图 3.12 PLSR 模型对测试集样本污秽盐密的预计结果散点分布图

3.2.3.3 特征波段选择与特征波段建模

经过对全波段光谱数据的分析，我们注意到尽管采用预处理后的光谱数据建立的模型性能相较于原始数据有所提升，但整体预测效果仍然不够理想。这主要是由于全波段光谱数据包含过多的波段，其中存在大量的冗余信息和共线性信息，这些冗余信息不仅可能导致模型的不稳定，而且全波段数据的高维性（在本例中为 256 维）也大大增加了建模过程中的计算复杂度和时间消耗。为了降低高光谱数据的高维数、提高模型的计算速度，并寻找能够携带主要信息的关键波段，在本节研究中采用三种不同的波段选择方法：SPA（连续投影算法）、CARS（竞争性自适应重加权采样）算法和 RF（随机蛙跳）算法。这些方法的目标是从全波段光谱信息中筛选出包含最重要信息的波段组合，以便使用这些关键波段代替全波段数据进行建模与分析。通过应用 SPA、CARS 算法和 RF 算法三种波段选择方法，可以获得各自的最优波段组合。随后，基于这些特征波段，采用 LS-SVM（最小二乘支持向量机）和 PLSR（偏最小二乘回归）两种建模方法建立污秽盐密预测模型。通过对比不同波段选择方法和建模方法的组合性能，可以评估各种方法的优劣，并研究获得适用于污秽盐密预测的最优波段选择方法。

1. 基于 SPA 的污秽盐密高光谱特征波段选择结果

利用 SPA 一共筛选出能表征污秽盐密的 9 个高光谱特征波段，被选中的 9 个特征波长点分布情况如图 3.13 所示。

2. 基于 CARS 算法的污秽盐密高光谱特征波段选择结果

图 3.14 的（a）、（b）和（c）分别表示在 1 次 CARS 算法运行过程中，变量个数、五折交叉验证均方根误差（root mean square error of cross validation，RMSECV）以及变量回归系数随着采样次数的增加而变化的情况。

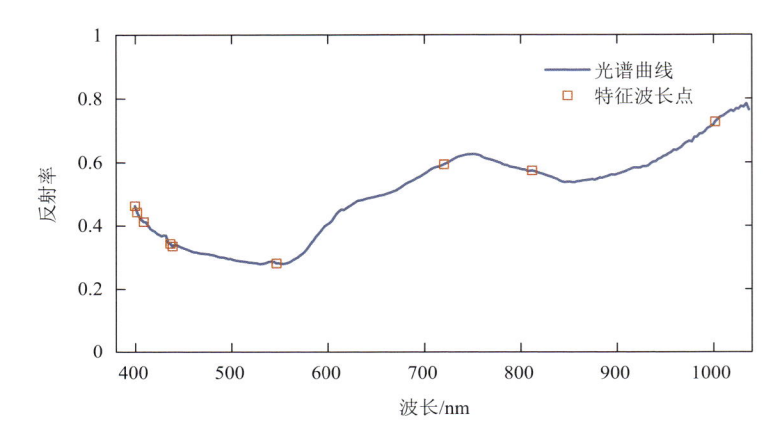

图 3.13 用 SPA 所得特征波长点的选择结果

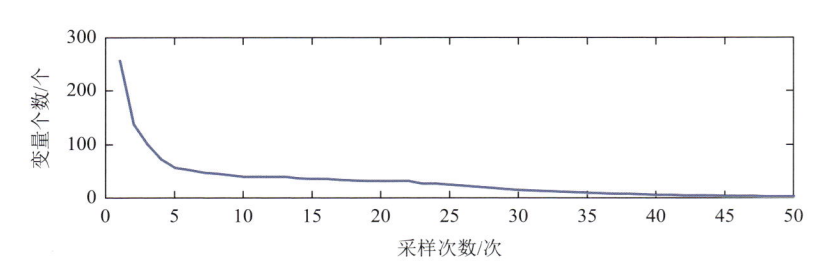

(a) 变量个数随采样次数的变化

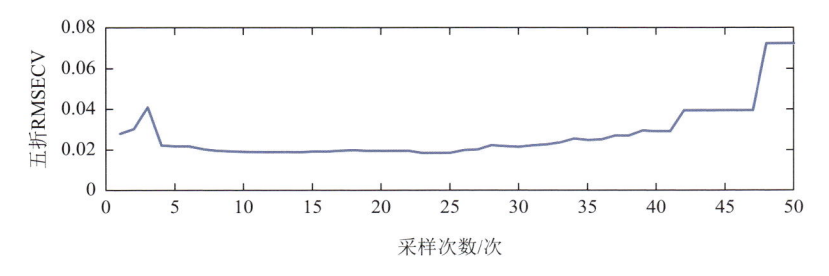

(b) 五折RMSECV随采样次数的变化

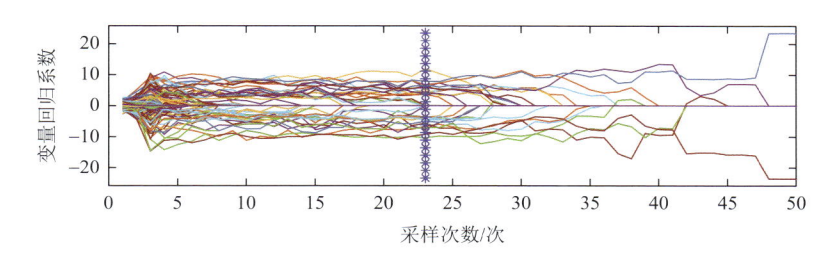

(c) 变量回归系数随采样次数的变化

图 3.14 用 CARS 算法所得特征波长点的选择结果

3. 基于 RF 算法的污秽盐密高光谱特征波段选择结果

在本研究中，运行 RF 算法 30 次之后，统计了 30 次运行结果的均值，如图 3.15 所示。图中横坐标表示光谱波长变量，纵坐标表示光谱变量被选中的概率，采用被选中概率的大小来评价光谱变量的重要性，被选中的概率越大说明该光谱变量的重要性越大。将所有光谱变量被选中的概率进行倒序排列，结合图中概率曲线的波峰位置，选出被选概率最大的前 10 个变量作为特征波段。

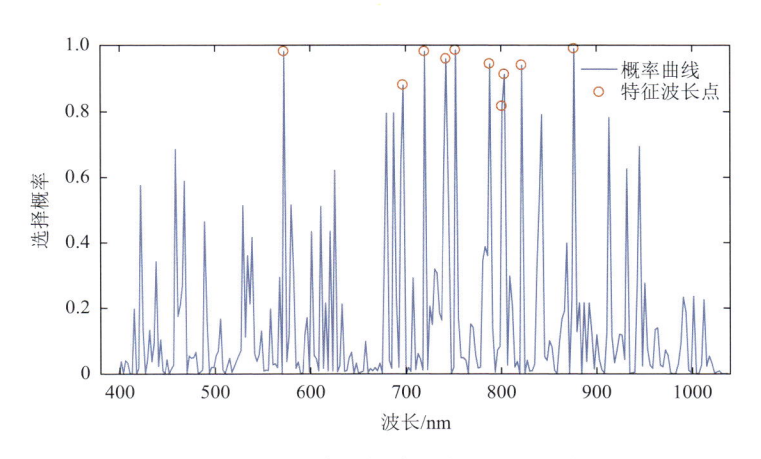

图 3.15 RF 方法所得特征波长点选择结果

图 3.16 显示了分别采用 SPA、CARS 算法、RF 算法选择的特征波长点。用 CARS 算法选择的特征波长点达到了 30 个，占全波段波长总数的 11.7%；用 SPA 选择了 9 个特征波长点，占全波段波长总数的 3.4%；用 RF 算法选择了 10 个特征波长点，占全波段波长总数的 4%；用 RF 算法选择的特征波长点中有 9 个波段主要集中在红光与近红外波段范围内。

基于 SPA、CARS 算法和 RF 算法选择的特征波段，分别采用 LS-SVM、PLSR

建立污秽盐密的预测模型；建模过程中，采用全交叉验证检验模型是否出现过拟合现象。以测试集的决定系数 R_p^2 和测试集的均方根误差 RMSEP 为模型的主要评价标准，建模集的决定系数 R_c^2 和建模集的均方根误差 RMSEC 为辅助评价标准来评价模型性能。LS-SVM 和 PLSR 模型结果如表 3.9 所示，为了对比分析，将采用全波段数据建模的预测结果也列入了表中。

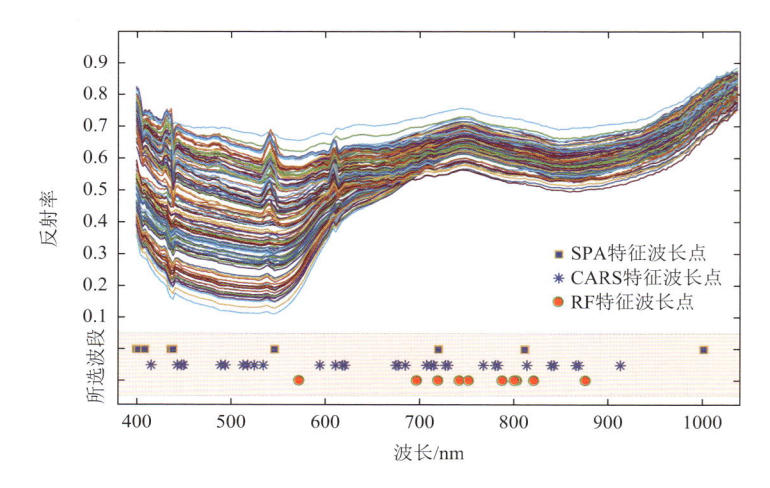

图 3.16 用 SPA、CARS 算法、RF 算法选择的特征波长点分布图

表 3.9 基于特征波段建立的模型预测效果

波段选择方法	LS-SVM				PLSR			
	R_c^2	RMSEC	R_p^2	RMSEP	R_c^2	RMSEC	R_p^2	RMSEP
全波段	0.882	0.044	0.866	0.046	0.898	0.043	0.886	0.045
SPA	0.962	0.018	0.956	0.018	0.975	0.010	0.968	0.011
CARS 算法	0.924	0.024	0.916	0.029	0.936	0.020	0.928	0.028
RF 算法	0.863	0.044	0.850	0.045	0.871	0.040	0.862	0.043

注：R_c^2 为建模集决定系数；RMSEC 为建模集均方根误差；R_p^2 为测试集决定系数；RMSEP 为测试集均方根误差。

从表 3.9 中可以看出，利用特征波段所建模型的预测效果相较于全波段模型有一定程度的提高，而且特征波段选择方法将波长变量的数量由全波段的 256 个减到十几个，大大减少了计算量。当采用某一特征波段选择方法时，利用不同的建模方法所建立的模型，其整体预测效果相当，且 PLSR 方法建立的模型具有相对较高的决定系数；但是当采用不同的波长选择方法时，对于同一种建模方法，基于特征波段所建立模型的预测效果存在一定的差异，具体如下。

基于 SPA 进行特征波段选择后建立的污秽盐密预测模型展现了显著的性能提升。通过 SPA 选择的特征波段，不仅降低了数据的维度，减少了计算复杂度，而且有效地去除了全波段数据中的冗余信息和共线性问题。具体而言，采用 SPA 选择的特征波段建立的模型，在建模集和测试集中的决定系数均超过了 0.95，相较于全波段数据建立的模型，这一结果有了显著的提高，表明模型具有很高的预测准确性。特别是当采用 PLSR 方法基于 SPA 选择的特征波段进行建模时，模型的性能更为出色，建模集与测试集的决定系数分别达到了 0.975 和 0.968，相较于全波段数据建立的模型，建模集与测试集的决定系数分别提高了 8.6%和 9.3%。这一结果表明，通过 SPA 选择的特征波段不仅包含了原始数据中的关键信息，而且能够更好地适应 PLSR 建模方法，从而实现了模型性能的优化。利用 SPA 使波长变量从 256 个减少到 9 个，大大减小了计算量，并且得到了更好的预测模型，即仅用全波长 3.5%的波段数就实现了更好的模型性能。这说明利用基于 SPA 选择的特征波段建立的模型，其特征波段所包含的信息几乎滤除了全波段数据中的冗余信息，而且选择的特征波段具有较好的代表性和敏感性。

利用 CARS 算法使波长变量从 256 个减少到 29 个，特征波段占全波段数目的 11.3%，而基于特征波段建立的模型达到了与全波段模型相当的预测效果。说明用 CARS 算法选择的特征波段具有一定的代表性和敏感性，但是仍含有少量的冗余信息和共线性信息。

利用基于 RF 算法选择的特征波段建立的模型，建模集和测试集的决定系数都在 0.86 左右，相较于全波段数据模型的决定系数有一定程度的降低。利用 RF 算法使波长变量从 256 个减少到 10 个，特征波段占全波段数目的 4%，但是基于特征波段所建立的模型的整体效果弱于全波段数据建立的预测模型，说明 RF 算法虽然有效地降低了光谱数据的维数，但是在选择特征波段的同时也滤除了部分具有代表性和敏感性的光谱信息，导致模型的预测效果下降。

以上研究表明，特征波段选择方法可以有效地降低高光谱数据的维数，选择出具有代表性且蕴含敏感光谱信息的特征波段，但是不同的特征波段选择方法得到的特征波段对建模结果影响存在差异，有的特征波段选择方法能够滤除冗余信息和共线性信息，筛选出最具代表性的光谱信息，有效地降低高光谱数据维数；然而，有的特征波段选择方法在筛选特征波段降低高光谱数据维数的同时，也滤除了敏感的光谱信息。最终，SPA 是适用于污秽盐密预测的最优特征波段选择方法。

综上分析，对全波段原始光谱数据采用 SPA 筛选特征波段，利用 PLSR 方法建立的污秽盐密预测模型具有较好的预测性能。图 3.17 展示了使用全波段数据和基于 SPA 选择的特征波段数据，分别建立的 PLSR 模型对测试集样本污秽盐密预测结果的散点分布图。图中，横坐标代表污秽盐密的真实值，纵坐标代表模型预测的污秽盐密预测值，黑色直线为理想分布线，即预测值完全等于真实值的理想情况。从图中可以清晰地看到，使用全波段数据建立的 PLSR 模型的预测结果散点分布较为分散，且多数点距离理想分布线较远，表明模型的预测精度不高，存在一定的误差。而基于 SPA 选择的特征波段数据建立的模型，其预测结果的散点在理想分布线周围分布更加均匀和紧凑，大多数点都紧密地分布在理想分布线附近，表明模型预测的精度显著提高和预测结果的稳定性增强。

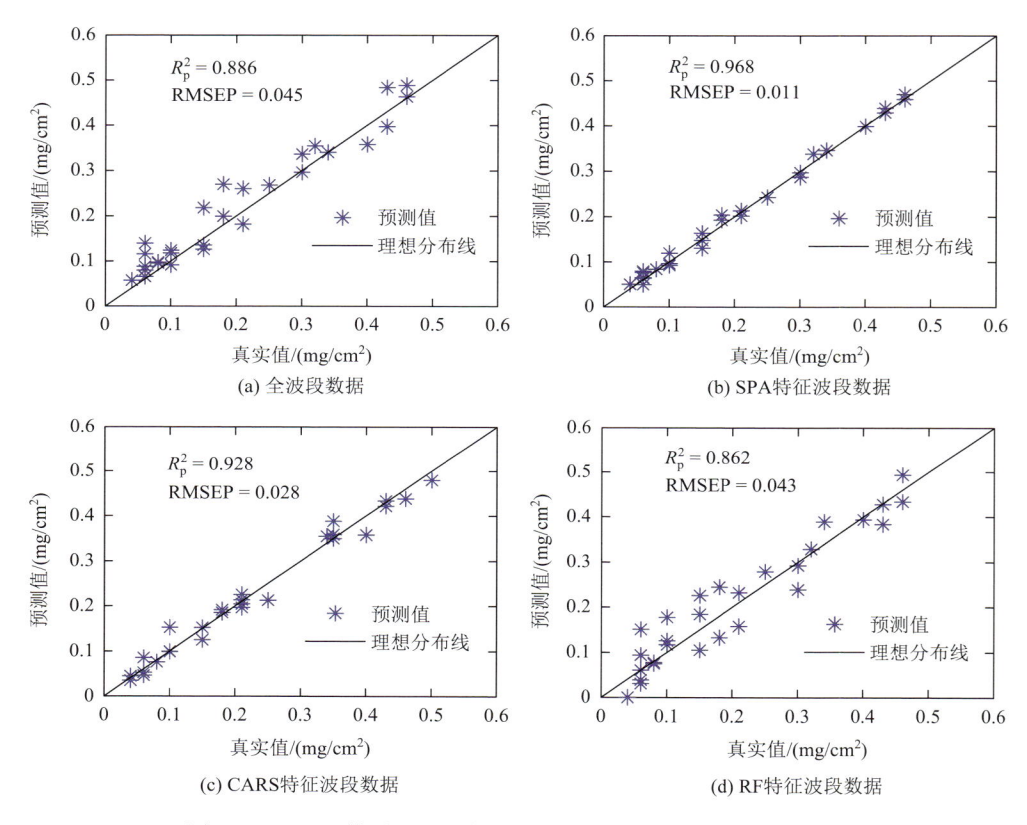

图 3.17　PLSR 模型对测试集样本污秽盐密预测结果散点分布图

3.3　自然积污绝缘子污秽状态高光谱检测

3.3.1　自然积污绝缘子污秽等级检测

3.3.1.1　样品获取与制备

由于特高压直流输电线路带电积污绝缘子样品难以获取，因此本书选取了江苏省境内锡泰线路的不带电挂点绝缘子作为自然积污绝缘子污秽等级样本。挂点位于江苏省泰州市锡泰线路第 566 基杆塔，该杆塔东北方向 20km 处有一家化工厂，正北方向 25km 处有一家水泥厂，此处夏季以北风为主，其他季节以东南风为主。经过实验室的理化特性分析，现场获得的自然积污绝缘子的污秽成分主要为低价可溶性盐与水泥细颗粒，污秽物在绝缘子表面分布相对均匀。经过长期的监测与测量发现，自然积污绝缘子在经历了积污雨水冲刷的动态过程后，在大约第 24 个月达到最大饱和积污量。因此在同一个挂点分别选取了积污时间为 6 个月、12 个月、18 个月和 24 个月的自然积污绝缘子样品，经过对样品的污秽程度进行测量，其等值盐密分别为 0.05mg/cm^2、012mg/cm^2、0.26mg/cm^2、0.32mg/cm^2，分别定义为污秽等级 1～污秽等级 4，图 3.18 为现场获得的自然积污绝缘子样本照片。

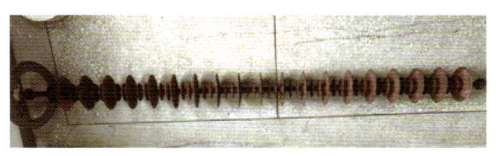

(a) 污秽等级1

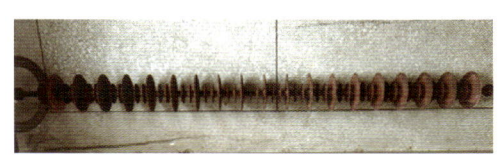

(b) 污秽等级2

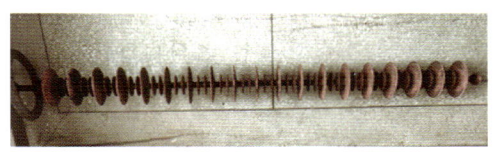

(c) 污秽等级3

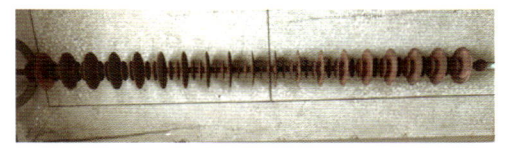

(d) 污秽等级4

图 3.18　四种不同污秽等级的自然积污绝缘子样品

3.3.1.2　样品谱线采集与谱线分析处理

在利用高光谱数据建立自然积污绝缘子污秽等级分类识别模型时，需要一定数量的样本才能保证模型具有较好的效果，而从现场获取的 4 支绝缘子样本远远不能满足建模需求。但是由于每一种污秽等级的绝缘子自然积污情况相对均匀，因此可以认为在同一串绝缘子的不同位置，其污秽程度大概相同，每一片绝缘子的一个固定区域的污秽程度约等于整串绝缘子的整体污秽程度。通过高光谱相机采集得到自然积污绝缘子的高光谱图像数据后，分别从每一种污秽等级的图像中选择 50 个感兴趣区域，区域的大小为 20 像素×20 像素，如此就获得了四种污秽等级共 200 个样本；同时为了建模需要，将污秽等级 1～污秽等级 4 对应的样本类别标签定义为类别 1～类别 4，四种污秽等级的自然积污绝缘子样本统计结果如表 3.10 所示。

表 3.10　四种污秽等级的自然积污绝缘子样本统计结果

项目	污秽等级 1	污秽等级 2	污秽等级 3	污秽等级 4
样本标签	类别 1	类别 2	类别 3	类别 4
样本数量	50 个	50 个	50 个	50 个

图 3.19（a）为 200 个自然积污样品的高光谱谱线，从图中可以看出，自然积污绝缘子样品的谱线与图 3.2 的人工涂污样品的谱线存在较大差异。自然污秽的谱线在全波段的谱线特性要比人工污秽更加多样，这主要是由于人工污秽成分相对单一，而自然污秽的成分更加复杂，不同物质在反射谱线的综合反应不同。同时，自然污秽在 400~1040nm 的全波段范围内，样品的整体反射率较低，这主要是由于自然积污绝缘子表面有油污等黑色有机物质，吸收了大部分来自太阳的辐射，导致表面整体反射率偏低。在 400~600nm 的波段范围内，样品的反射率很低，在 0.1~0.2 变化；在 600~750nm 的波段范围内，样品的整体反射率出现了急剧上升，在 750nm 波长的位置反射率达到最大值 0.5；在 750~1040nm 的波段范围内，样品的反射率又出现了缓慢的下降，最终反射率维持在 0.25~0.4。

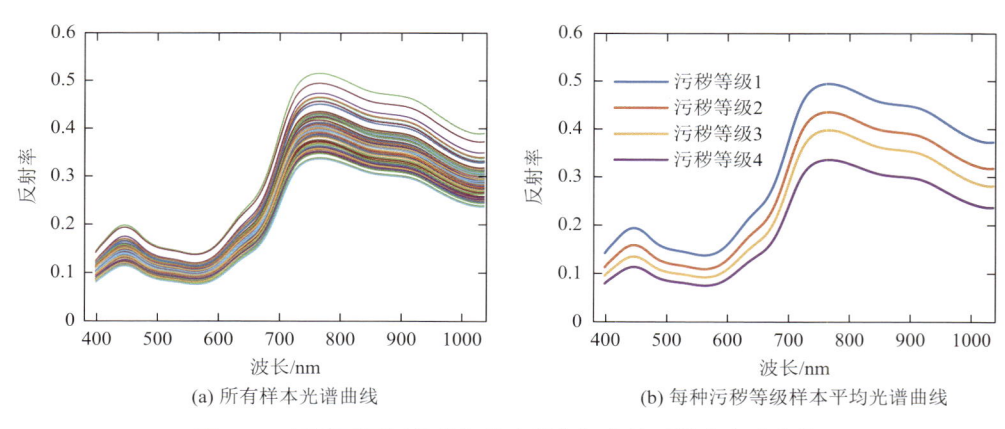

(a) 所有样本光谱曲线　　(b) 每种污秽等级样本平均光谱曲线

图 3.19　四种不同污秽等级的自然积污绝缘子样本光谱曲线

图 3.19（b）是自然积污绝缘子四种污秽等级样本的平均谱线，从谱线图中可以更加清晰地看出：随着污秽等级的增加，样本的整体反射率逐渐降低，说明污秽等级越高，污秽物中含有的成分对太阳辐射的吸收越多，而进入传感器的反射辐射相对减少。利用不同污秽等级样本的谱线差异是建立自然积污绝缘子污秽等级分类识别模型的基础。

采用 3.1.3 节研究获得的污秽等级样本集最优划分方法（顺序方法），将 200 个试验样本分别划分为建模集与测试集,其中建模集中每种污秽等级的样本各 35 个,测试集中每种污秽等级的样本各 15 个。采用顺序方法划分的样本集统计结果如表 3.11 所示,建模集一共含有 140 个样本,测试集一共含有 60 个样本。

表 3.11 基于顺序方法的自然污秽样本集划分结果

划分方法	建模集/个				测试集/个			
	类别 1	类别 2	类别 3	类别 4	类别 1	类别 2	类别 3	类别 4
顺序	35	35	35	35	15	15	15	15

图 3.20 展示了采用 SNV(标准正态变量变换)预处理后的自然积污绝缘子污秽等级的光谱曲线。从图中可以观察到,经过 SNV 预处理后,样本曲线的形态并未发生显著的变化,这意味着预处理过程没有改变谱线的基本特性或结构。然而,值得注意的是,经过 SNV 预处理的样本谱线变得更加聚集,这表明预处理有效地减少了不同样本之间的光谱差异,使它们在同一尺度上更具可比性。

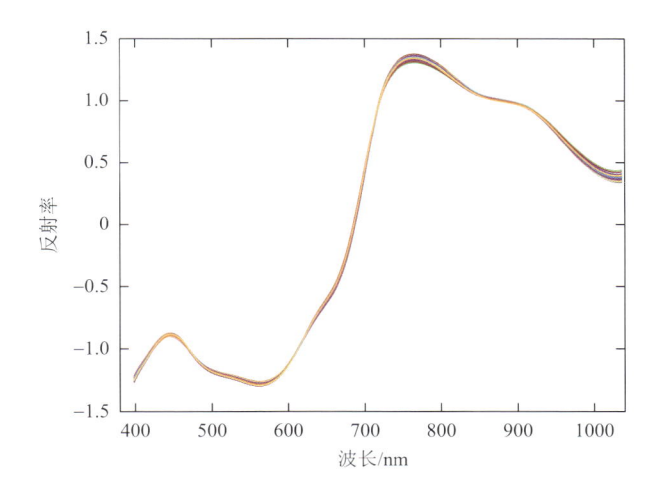

图 3.20 经过 SNV 预处理后的自然污秽等级样本高光谱曲线

3.3.1.3 基于特征波段的自然积污绝缘子污秽等级分类

采用 3.1.4 节研究获得的污秽等级样本特征波段选择方法(SPA)对自然积污绝缘子进行特征波段选择。从图 3.21 中可以看出,由 SPA 所优选的自然积污绝缘子污秽等级高光谱特征波段,有 8 个特征波长点位于 400~760nm(可见光)的光谱范围内,有 6 个特征波长点位于近红外光谱范围内(760~1040nm)。

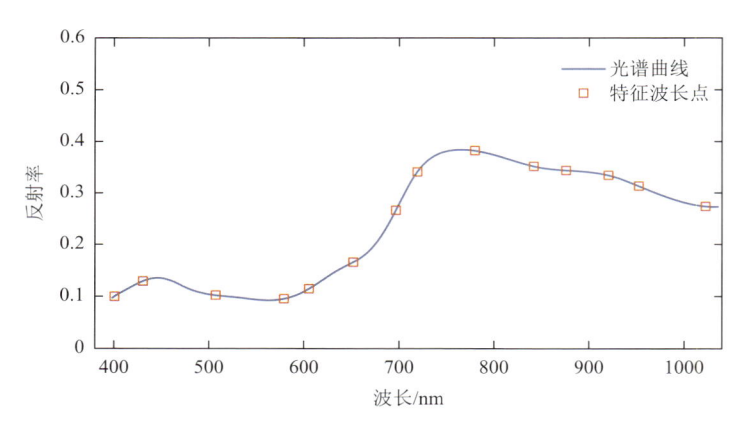

图 3.21　基于 SPA 选择的自然污秽等级特征波段分布图

依据特征波长范围，通过采用在 3.1.4 节中优选出的最小二乘支持向量机技术，构建自然积污绝缘子污秽等级的分类识别模型。在模型性能评估中，主要依据测试集样本的分类识别准确率作为核心评价指标，以建模集样本的分类识别准确率作为辅助评价指标。模型性能评估结果详见表 3.12。

表 3.12　基于特征波段选择与全波段的自然积污绝缘子污秽等级 LS-SVM 模型结果

数据类型	建模集分类识别准确率	测试集分类识别准确率
全波段（原始数据）	61.43%	58.33%
全波段（SNV 预处理）	67.14%	65.00%
SPA 特征波段	79.29%	76.67%

图 3.22 展示了自然积污绝缘子污秽等级样本的识别结果分布。从图中可以明显观察到，模型在识别污秽等级较高的样本时，准确率相对较高，而在处理污秽等级较低的样本时，准确率则较低。这主要是由于污秽等级较低的样本在特定波段的光谱谱线特征上存在一定的重合性，从而影响了这类样本的识别准确性。

3.3.1.4　基于图谱特征融合的自然积污绝缘子污秽等级分类

从 3.3.1.3 节的研究与分析可以看出，自然积污绝缘子的高光谱数据经过 SNV 预处理和 SPA 特征波段选择之后，建立的 SVM 模型相较于采用原始数据建立的模型，识别准确率有了一定程度的提高，但是还远没有达到具有实际应用价值的水准。高光谱成像技术具有的主要优势之一是"图谱合一"，即在获取样本

第 3 章 绝缘子污秽高光谱检测

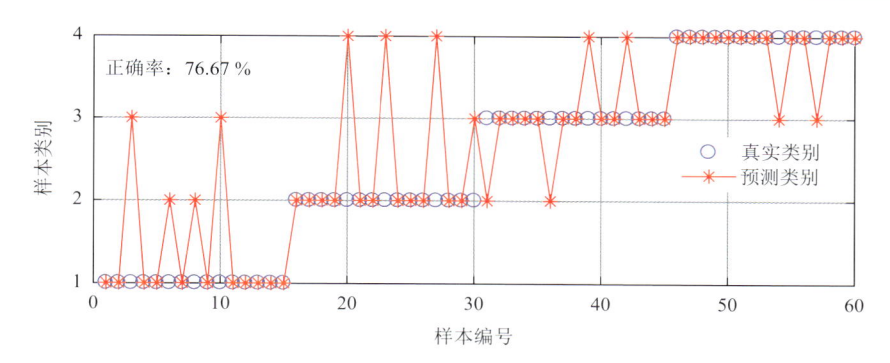

图 3.22 基于 SPA 特征波段的自然积污绝缘子污秽等级测试集样本识别分布结果

谱线数据的同时，也获得了样本不同波段图像信息。因此，为了提高自然积污绝缘子污秽等级分类识别的准确率，本节通过高光谱谱线数据与图像信息的融合，来探究能否进一步提高自然积污绝缘子污秽等级分类识别的准确率。检测流程如图 3.23 所示。

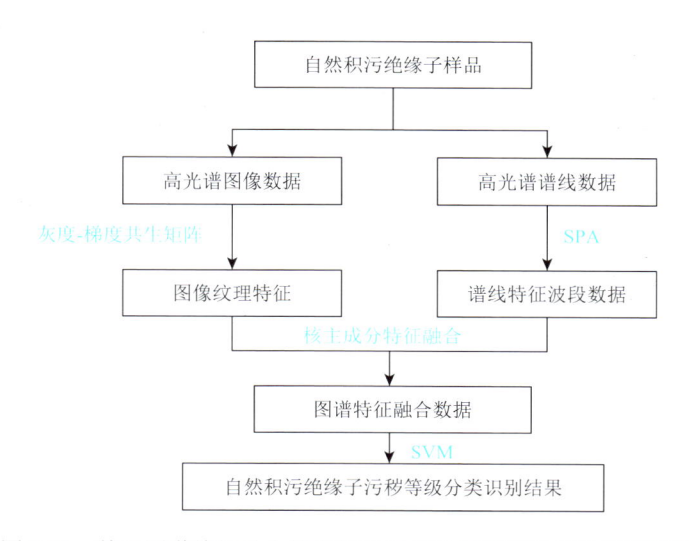

图 3.23 基于图谱特征融合的自然积污绝缘子污秽等级检测流程图

如图 3.23 所示，利用前述方法采集获得自然积污绝缘子样品的高光谱数据，其中的图像数据经灰度-梯度共生矩阵（gray-gradient co-occurrence matrix，GGCM）的方法转换成为自然积污绝缘子样品的图像纹理特征，然后采用核主成分特征融合的方法，将图像纹理特征与通过 SPA 获取的光谱谱线特征波段数据进行融合，得到图谱特征融合数据，最后采用 SVM 方法建立模型，实现对自然积污绝缘子污秽等级的分类识别。

图像纹理是物体的表面状态在图像灰度空间或者色彩空间上的变化与重复，图像的组成基本单元也称作纹元，相似的纹元在图像中具有一定的排列规律，如本节研究的自然积污绝缘子样品，随着污秽等级与污秽状态分布的不同，其表面的纹理特征和信息也会发生改变。如图3.24所示，图中分别展示了污秽样品从污秽等级1~污秽等级4的原始图像，以及对原始图像进行灰度处理后在灰度空间提取的纹理图像。从图中可以看出，不同污秽等级样品的纹理图像存在一定的差异，其纹理参数随着污秽等级的变化而变化。因此，可以将纹理参数的变化作为污秽等级检测的表征参量，即通过提取不同污秽等级样本的纹理参数特征，再融合谱线特征，以实现自然积污绝缘子污秽等级的分类识别。为了建立基于图谱融合特征的自然积污绝缘子污秽等级检测模型，本节将采用灰度-梯度共生矩阵方法提取污秽等级样本的灰度图像纹理特征。

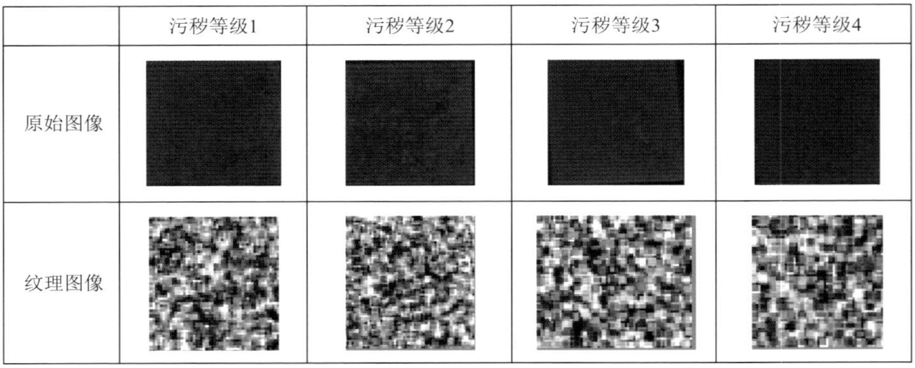

	污秽等级1	污秽等级2	污秽等级3	污秽等级4
原始图像				
纹理图像				

图3.24 不同污秽等级样品原始图像与纹理图像示意图

灰度-梯度共生矩阵（GGCM）在进行纹理特征分析处理时综合了图像的灰度信息和梯度信息，是一种更加实用的图像特征处理方法。传统的灰度共生矩阵方法仅仅使用灰度信息，GGCM不同的是，在提取灰度信息的同时还进一步提取试验样本不同区域的图像轮廓与边缘信息（梯度），所以组成的共生矩阵中蕴含了更加丰富的纹理特征。经过GGCM提取的纹理特征既能准确地展示图像内每个像素点的灰度与梯度的变化规律，同时又体现了相邻像素点的空间关系。

图3.25展示了四种污秽等级的自然积污绝缘子在前3个特征波段下提取的纹理特征数据。在每一个特征波段选择了5个纹理特征（S_1~S_5），因此3个特征波段下每种污秽等级一共提取了15个纹理特征。

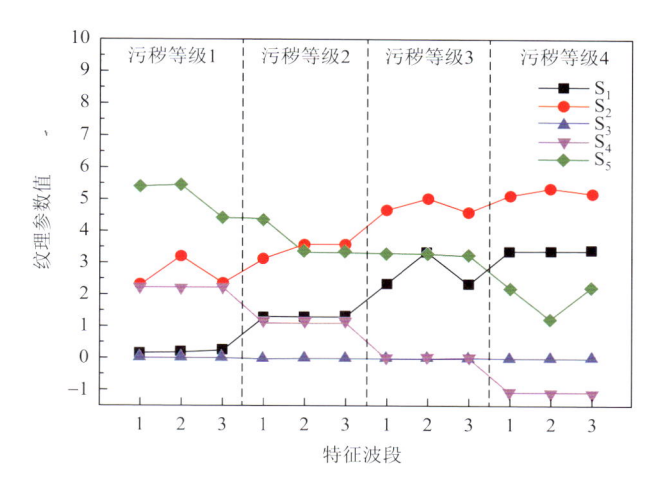

图 3.25 四种污秽等级的自然积污绝缘子在不同特征波段下纹理特征示意图

由于高光谱谱线特征与高光谱图像纹理特征是通过不同层面分析获取得到的，因此需要采用合适的方法对其进行特征变换，使两者可以在同一个层面上表征自然积污绝缘子污秽等级的图谱特性。本节将采用核主成分分析（KPCA）对自然污秽等级的高光谱谱线特征与图像纹理特征进行特征融合[24, 28]，如图 3.26 所示。

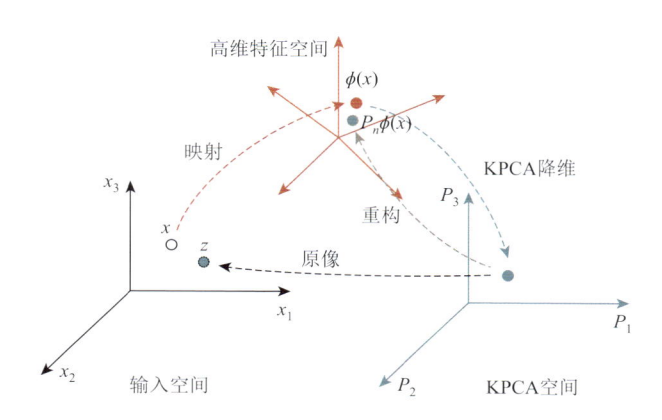

图 3.26 核主成分分析（KPCA）降维示意图

融合对象为通过 SPA 选择的高光谱谱线特征波段数据（14 个特征波段）和采用 GGCM 方法得到的高光谱图像纹理特征（15 个纹理特征），它们共同构成原始输入矩阵 X，矩阵 X 共有 200 个样本。如图 3.27 所示，KPCA 特征变换后的自然积污绝缘子污秽度等级样品图谱特征维数为 12 维，采用特征变换（融合）后的数据检测自然积污绝缘子污秽等级。

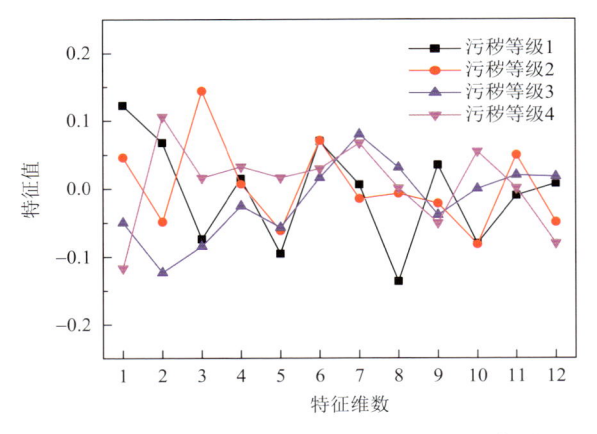

图 3.27 KPCA 特征变换（融合）结果示意图

基于得到的自然积污绝缘子图谱特征融合数据，采用 SVM 方法建立自然积污绝缘子污秽等级分类识别模型。以测试集样本的分类识别准确率为主要评价指标，以建模集样本的分类识别准确率为辅助评价指标来评价模型的性能。表 3.13 列出了基于图谱特征融合的模型识别结果，为了对比分析，将仅基于谱线特征（SPA 特征波段）建立的模型识别结果也列入了表中。从表中可以看出，采用图谱特征融合的数据建立的分类识别模型，其测试集样本的分类准确率达到了 88.33%，具有很好地识别效果，比仅采用谱线特征建立的分类识别模型准确率提高了 11.66%。

表 3.13 基于图谱特征融合的自然积污绝缘子污秽等级分类识别模型结果

数据类型	建模集分类识别准确率	测试集分类识别准确率
图谱特征融合	91.43%	88.33%
SPA 特征波段	80.17%	76.67%

图 3.28 为基于图谱特征融合的自然积污绝缘子污秽等级分类识别样本分布结果。从图中可以看出，污秽等级 4 的样本全部被正确识别；污秽等级 3 的样本中，有 1 个样本被误识别为污秽等级 4；污秽等级 2 的样本中，有 3 个样本被误识别污秽等级 4；污秽等级 1 的样本中，有 3 个样本被误识别为污秽等级 3。从污秽等级分类识别样本分布的情况可以看出，模型对污秽等级较高的样本识别效果较好，而对污秽等级较低的样本模型还有进一步提升的空间。

综上，基于图谱特征融合的模型对自然积污绝缘子污秽等级的分类识别效果，比单独基于谱线特征建立的模型有显著的提高，并且其分类识别准确率达到了可观的水平。

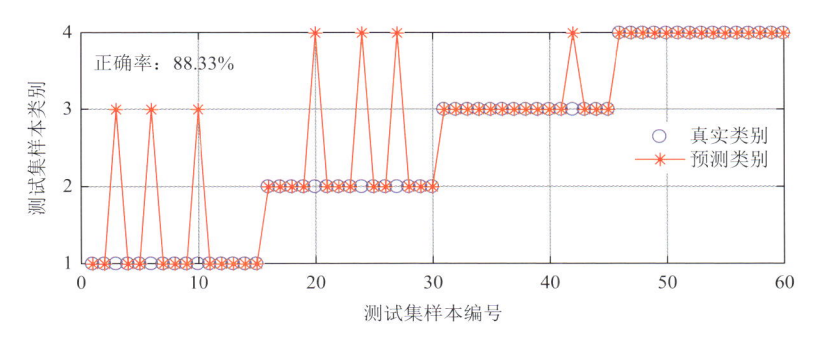

图 3.28 基于图谱特征融合的自然积污绝缘子污秽等级分类分布结果

3.3.2 自然积污绝缘子污秽等值盐密的预测

1. 样品获取与制备

从国网四川省电力公司检修公司获取了 2016 年 6 月～2018 年 8 月例行检修期间由于事故更换的自然积污绝缘子 20 串，这些绝缘子串分布于江安线第 123～158 基杆塔。输电线路西南方向 30km 处有一座化肥厂，西北方向 25km 处有一座炼油厂，该地夏季风向以西风为主，其他季节以西南风为主。经过实验室分析得知，自然积污绝缘子的污秽成分主要为低价可溶性盐与有机油污渍，由于绝缘子的布置形式不完全相同，因此绝缘子在不同位置的伞裙表面污秽分布情况与污秽程度也存在一定的差异。图 3.29 为在现场获取的绝缘子样品的实物图片，从图中也可以看出，由于绝缘子表面油污的原因，绝缘子表面多呈现黑褐色。

图 3.29 自然积污绝缘子样品实物图

由于绝缘子串整体呈圆柱体，在采集高光谱数据时无法一次性获得绝缘子所有表面的高光谱图像，因此为了能够获得满足要求的高光谱数据，需要提前对样品做一定的切割处理。从每串绝缘子选择 10 个绝缘片伞裙，在保证尽量不破坏绝缘子表面污秽状态的情况下，采用特制的刀具将绝缘片从绝缘子串上剥离下来，获得的样品如图 3.30 所示。通过处理，一共获得了 200 片绝缘子伞裙的样品。

图 3.30　自然积污绝缘子伞裙样品示意图

2. 样品谱线采集与谱线分析处理

将 200 片绝缘子伞裙样品分别编为第 1～200 号，通过 3.2.1 节的方法采集得到样品的高光谱图像数据并进行黑白校正。选取高光谱图像中绝缘子伞裙形状的区域为感兴趣区域，把该区域内所有像素点的高光谱谱线平均值作为该样品的谱线数据。图 3.31（a）为单个自然积污伞裙样品的感兴趣区域示意图与获取的谱线数据，图 3.31（b）为 200 个自然积污伞裙样品的高光谱谱线图。

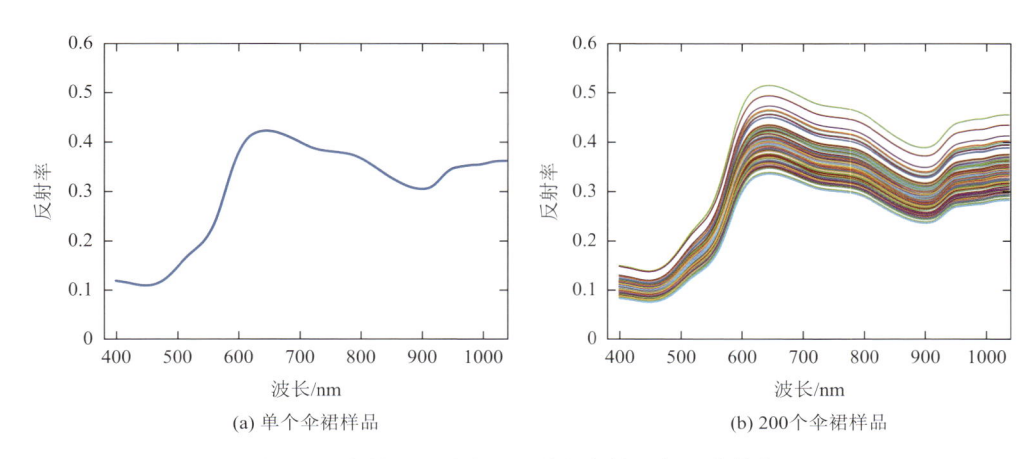

(a) 单个伞裙样品

(b) 200 个伞裙样品

图 3.31　自然积污绝缘子污秽盐密样品高光谱谱线图

第 3 章 绝缘子污秽高光谱检测

从图 3.31 中可以看出，四川地区获得自然积污样品的谱线与 3.1.2 节获取的人工涂污样品的谱线存在较大差异，全波段自然污秽的谱线特性要比人工污秽更加多样，这主要是由于人工污秽成分相对单一，而自然污秽的成分更加复杂，不同物质在反射谱线的综合反应不同。图 3.31（b）与 3.3.1 节在江苏地区获得的自然积污样品谱线的趋势较为相似，但是四川地区获得的自然污秽样品谱线也具有自身的特性。

为了后续建立污秽盐密的预测模型，需要获取样本的标签数据，即每个自然积污伞裙的等值盐密。按照标准 GB/T 22707—2008 推荐的方法，将绝缘片伞裙表面的污秽清理后溶于适量的去离子水中，然后测量污秽溶液的电导率，最后根据标准中推荐的公式计算出伞裙样品的等值盐密。由于篇幅限制，200 个自然积污伞裙样品的等值盐密未在正文中列出。

运用 3.2.3 节研究所得到的污秽盐密样本集的最优划分策略（KS 方法），将 200 个试验样本分为建模集和测试集。其中，建模集包含 140 个样本，测试集则包含 60 个样本。这两组样本的统计结果已详细列于表 3.14 中。

表 3.14 基于 KS 方法的自然积污绝缘子污秽盐密样本集划分结果（单位：mg/cm^2）

样本集划分方法	建模集数量（140 个）			测试集数量（60 个）		
	测量范围	平均值	标准差	测量范围	平均值	标准差
KS	0.02～0.48	0.215	0.006	0.02～0.48	0.227	0.007

利用 3.2.3.2 节研究得出的污秽盐密样本最佳预处理方法（MSC 预处理），对原始谱线数据进行预处理。图 3.32 展示了经过 MSC 预处理后的自然积污绝缘子污秽等值盐密的谱线情况。从图中可以观察到，尽管 MSC 预处理并未显著

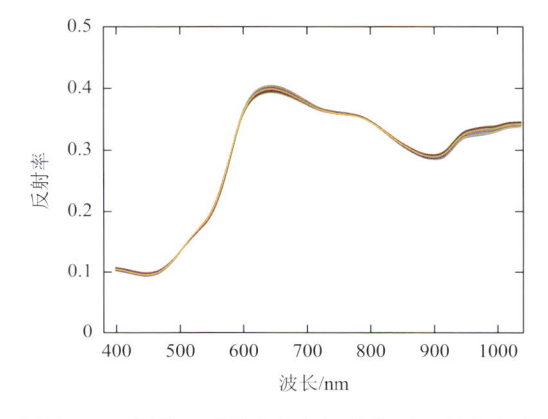

图 3.32 经过 MSC 预处理后的自然积污绝缘子污秽盐密高光谱谱线

改变样本谱线的整体形态，但样本处理后谱线变得更加集中，且特征信息得到了有效增强。

基于自然污秽的原始高光谱数据和经过 MSC 预处理后的高光谱数据，采用 3.2.3.3 节中 PLSR 方法建立自然积污绝缘子污秽盐密预测模型。以测试集样本的决定系数 R_p^2 和均方根误差 RMSEP 为主要评价指标，以建模集样本的决定系数 R_c^2 和均方根误差 RMSEC 为辅助评价指标来评价模型的性能，预测模型结果如表 3.15 所示。由于原始谱线在相邻波段含有大量的冗余信息和共线性信息，所以模型的预测效果不理想。

表 3.15　自然积污绝缘子污秽盐密 PLSR 预测模型结果

预处理方法	建模集		测试集	
	R_c^2	RMSEC	R_p^2	RMSEP
原始数据	0.768	0.048	0.749	0.043
MSC	0.884	0.023	0.862	0.022

图 3.33 为利用原始高光谱数据和 MSC 预处理后的数据建立的 PLSR 模型对自然积污绝缘子测试集样本污秽等值盐密的预测结果分布图，其中横坐标为污秽等值盐密真实值，纵坐标为模型污秽等值盐密预测值，黑色直线为理想分布线。从图 3.33（a）中可以明显地看出，采用原始高光谱数据建立的 PLSR 模型的预测结果距离理想分布线较远，且存在较大的分散性；图 3.33（b）中，采用 MSC 预处理后的数据建立的 PLSR 模型，预测结果均匀地分布在理想分布线的周围，并且分布相对集中，即从图中预测结果的分布情况同样可以得知 MSC 预处理可以有效地提高模型的预测性能。

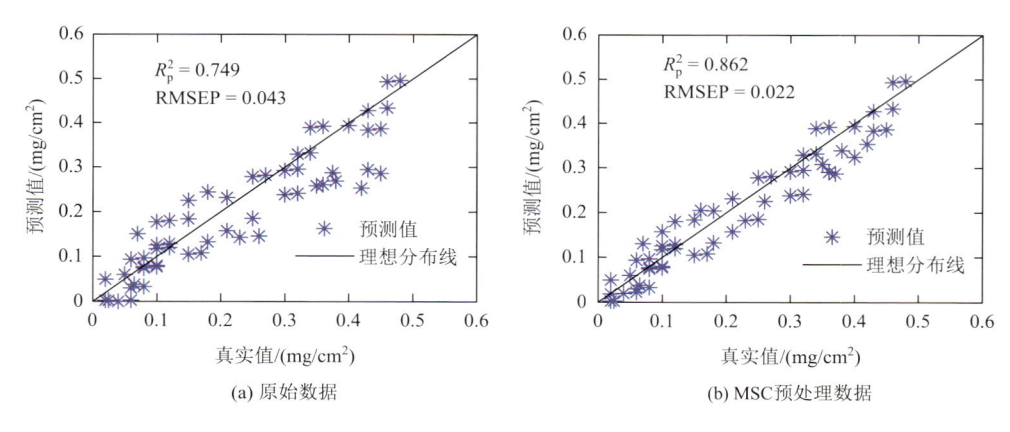

图 3.33　自然积污绝缘子污秽盐密预测结果散点分布

3.3.3 自然积污绝缘子污秽分布可视化

高光谱成像技术作为一种无损检测、快速信息采集与数据分析的技术,在获取样品图像时,能够获得样品图像上每一个像素点对应的光谱信息,而图谱合一的特点使其在应用谱线进行建模的同时,还可通过对图像进行可视化处理,将多维、抽象的数据以二维图像形式展现,让分析结果更加直观地呈现,并实现人与信息数据的交互。在外绝缘污秽检测方面,通过谱线以及图像数据对污秽等级以及等值盐密进行判别,根据判别结果可实现污秽等级以及等值盐密分布状态的可视化,从而更加直观地展示绝缘子表面污秽的分布,为现场检测输电线路绝缘子提供技术支持。

1. 自然积污绝缘子污秽等级分布可视化

高光谱成像技术的巨大优势在于其能够以像素级的方式提供测量值的空间分布情况。因此,本节将 SVM 模型检测绝缘子表面污秽等级的结果转换为图像,直观地呈现污秽等级的图像分布。线性彩带的颜色从淡蓝色逐渐过渡为红色,以区分人们视觉感官的变化。本节定义,淡蓝色代表污秽等级最低,表明积污处于轻度的状态;随着污秽程度增加,逐渐变为黄色,最后变为红色,此时表明积污处于非常严重的状态,若该颜色范围占比很大,则需引起相关运维人员的注意。因此,污秽等级的可视化分布图有助于运维人员快速掌握绝缘子表面污秽分布的变化情况,并据此指导运维工作安排。

可视化过程包括以下步骤:首先,根据 SPA 对原始高光谱数据进行特征波段的选择;其次,提取特征波段下对应的高光谱图像;随后,将高光谱图像在特征波段处展开为 2-D 数据矩阵,这样每一个波段处的图像组成一个列向量;接下来把优化后的模型加成展开为新的数据矩阵;最后折叠新的矩阵形成 2-D 彩色图像,即污秽等级可视化分布图。采用色彩带来指示所预测的污秽等级高低,预测值较低时,用淡蓝色表示;随着污秽等级的升高,颜色逐渐由淡蓝色变为黄色;最后成为红色,如此形成一个污秽等级的可视化分布图。图 3.34 阐述了采用高光谱成像技术实现绝缘子污秽等级分布可视化的主要步骤。

2. 污秽等级可视化结果

由于样品绝缘片较多,受篇幅限制,按照以上步骤,仅展示三片绝缘子的可视化操作结果。如图 3.35 所示,图中很明显地反映出污秽等级在绝缘子伞裙上的变化及分布。

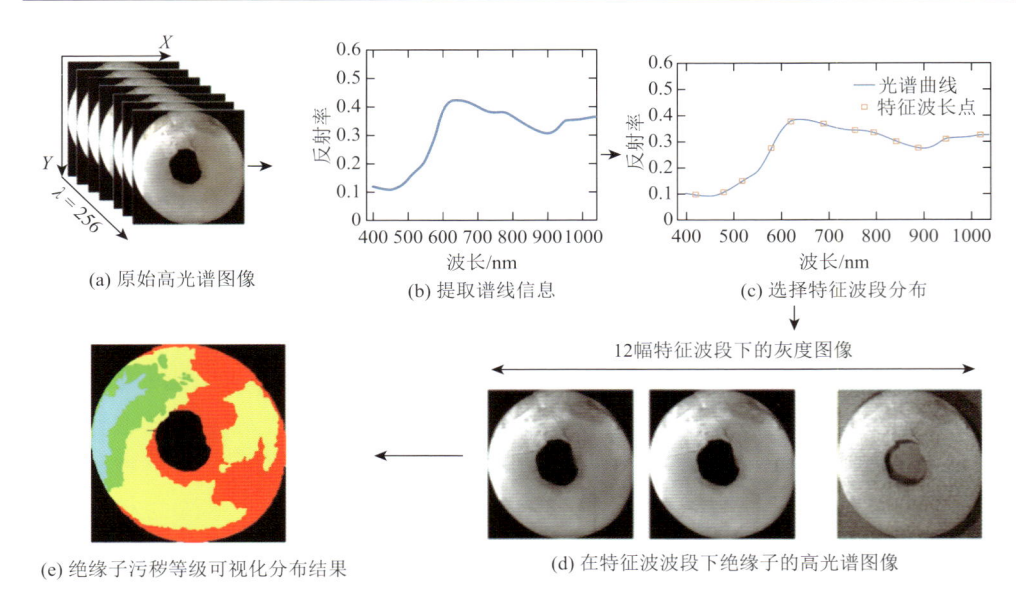

图 3.34 绝缘子污秽等级分布可视化主要步骤

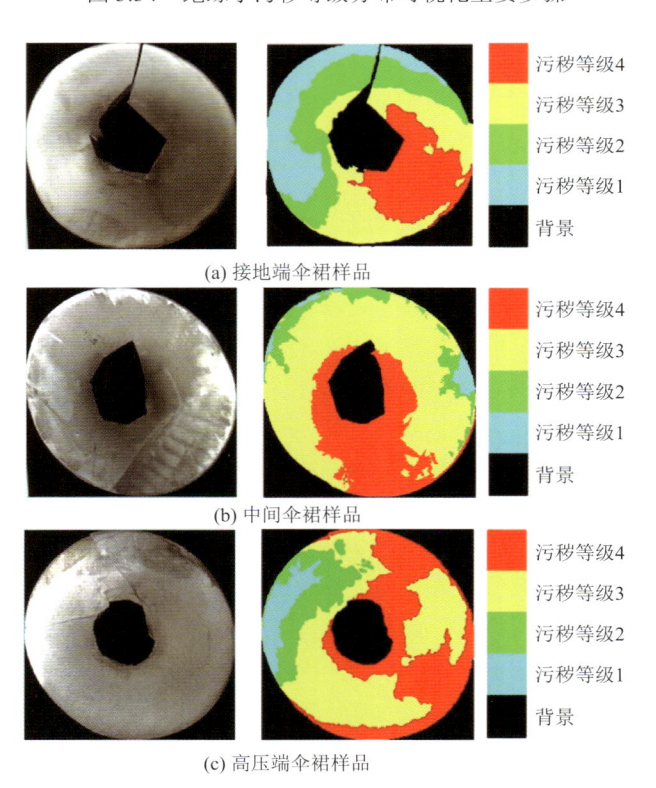

图 3.35 自然积污绝缘子污秽等级分布可视化结果

从图 3.35 中可以看出，随着污秽等级的升高，色彩带的颜色逐渐从淡蓝色过渡到红色。图 3.35（a）中伞裙的轻度和重度污秽等级占比相差不大，表明该伞裙积污比其他两片绝缘子轻。图 3.35（b）显示绝缘子伞裙主要呈现黄色分布，这显著指示了该伞裙的积污程度已经相当严重，在设备的运维管理中应将其列为重点关注对象，并尽快安排清扫或替换工作，以预防潜在的安全隐患。图 3.35（c）进一步揭示了绝缘子伞裙的积污情况已极其严重，主要表现为黄色和红色分布占比非常大。这种情况下，运维人员应立即采取行动，进行清扫或替换工作，以防止因积污过重而引发严重的事故。通过以上可视化结果可知，污秽在自然绝缘子表面分布具有不均匀性，这与绝缘子布置方式、迎风面、背风面以及高压端、低压端等因素有关。综上，可视化分布图可以有效地帮助运维人员直观察觉出绝缘子的污秽分布状态，解决肉眼识别主观性大的问题，更重要的是，它证实了高光谱成像技术在识别绝缘子污秽等级信息方面是可行且具有潜力的[29, 34]。

3.4 本 章 小 结

对外绝缘污秽程度进行准确的检测与评估，在学术界与工业界一直都是"老、大、难"的问题。本章利用高光谱成像技术的光谱分辨率高、谱线连续和图谱合一等特点，通过配制人工涂污绝缘片样品，对不同预处理方法进行综合对比分析，提出消除外绝缘高光谱数据噪声的预处理方法，有效减少了外部环境等因素对高光谱数据造成的干扰影响；发现了有效表征外绝缘污秽等级的特征波段，建立了基于特征波段的外绝缘污秽分析模型，实现了外绝缘污秽等级的准确分类识别。采用实验室搭建的高光谱成像系统，获取样品的高光谱谱线数据并分析污秽盐密样品的谱线特性；通过综合对比分析，提出最优的样本集划分方法、光谱数据预处理方法和特征波段选择方法，发现了有效表征外绝缘污秽盐密的特征波段，实现了高光谱数据的有效降维，分别建立了基于全波段光谱数据和特征波段光谱数据的外绝缘污秽盐密的定量分析模型，实现外绝缘污秽盐密的预测。以现场获得的自然积污绝缘子为研究对象，首先获取并分析自然积污绝缘子污秽的高光谱谱线特性；然后基于谱线特征验证了前文研究获得的光谱数据预处理方法、特征波段选择方法、污秽等级分类识别模型、污秽盐密预测模型的可行性，并进一步基于图谱特征融合的方法提高自然积污绝缘子污秽等级的识别准确率；最后，提出基于单个像素点的外绝缘污秽高光谱检测方法，实现外绝缘污秽分布的数值化及可视化反演，直观地展示了污秽的空间分布状态，实现自然积污绝缘子表面污秽的有效非接触检测。

参 考 文 献

[1] 丁一汇, 李巧萍, 柳艳菊, 等. 空气污染与气候变化[J]. 气象, 2009, 35(3): 3-14.

[2] 丁国安, 郑向东, 马建中, 等. 近 30 年大气化学和大气环境研究回顾: 纪念中国气象科学研究院成立 50 周年[J]. 应用气象学报, 2006, 17(6): 796-814.

[3] 白志鹏, 董海燕, 蔡斌彬, 等. 灰霾与能见度研究进展[J]. 过程工程学报, 2006, 6(S2): 36-41.

[4] 戴树桂. 环境化学进展[M]. 北京: 化学工业出版社, 2005.

[5] 蒋兴良, 舒立春, 孙才新. 电力系统污秽与覆冰绝缘[M]. 北京: 中国电力出版社, 2009.

[6] 张志劲, 蒋兴良, 孙才新. 污秽绝缘子闪络特性研究现状及展望[J]. 电网技术, 2006, 30(2): 35-40.

[7] 关志成 刘瑛岩, 周远翔, 等. 绝缘子及输变电设备外绝缘[M]. 北京: 清华大学出版社, 2006.

[8] Ravelomanantsoa N, Farzaneh M, Chisholm W A. Insulator pollution processes under winter conditions[C]// CEIDP '05.2005 Annual Report Conference on Electrical Insulation and Dielectric Phenomena. TN USA: IEEE. 2005: 321-324.

[9] 孙才新, 司马文霞, 舒立春. 大气环境与电气外绝缘[M]. 北京: 中国电力出版社, 2002.

[10] 宿志一. 用饱和盐密确定污秽等级及绘制污区分布图的探讨[J]. 电网技术, 2004, 28(8): 16-19.

[11] 李鹏, 谷琛, 陈东, 等. ±1500 kV 特高压直流输电技术前期研究[J]. 高电压技术, 2017, 43(10): 3139-3148.

[12] 喻华玉, 徐文澄, 沈刚. 高压电气设备防污闪及带电清扫技术[M]. 北京: 中国电力出版社, 2006.

[13] 李鹏, 黄河, 吴小辰, 等. 中国与欧美输电网安全稳定标准比对[J]. 电力系统自动化, 2014, 38(1): 127-133.

[14] 国家电力调度通信中心. 电网典型事故分析: 1999～2007 年[M]. 北京: 中国电力出版社, 2008.

[15] 谢存伟, 唐志芳, 郝建刚, 等. 典型发达国家电网灾难事故应急管理综述[J]. 电网技术, 2008, 32(S2): 46-49.

[16] Sundararajan R, Gorur R S. Effect of insulator profiles on DC flashover voltage under polluted conditions. A study using a dynamic arc model[J]. IEEE Transactions on Dielectrics and Electrical Insulation, 1994, 1(1): 124-132.

[17] 江秀臣, 安玲, 韩振东. 等值盐密现场测量方法的研究[J]. 中国电机工程学报, 2000, 20(4): 40-43, 49.

[18] Li L, Li Y Q, Lu M, et al. Quantification and comparison of insulator pollution characteristics based on normality of relative contamination values[J] IEEE Transactions on Dielectrics and Electrical Insulation, 2016, 23(2): 965-973.

[19] 张锐, 吴光亚, 刘亚新, 等. 光技术在线监测绝缘子盐密和灰密的实现及应用[J]. 高电压技术, 2010, 36(6): 1513-1519.

[20] 梁曦东, 张轶博, 高岩峰. 硅橡胶绝缘子污秽有效等值盐密及测量方法[J]. 高电压技术, 2013, 39(12): 3044-3051.

[21] 梁曦东, 仵超, 姚一鸣, 等. 受潮过程中复合绝缘子的有效附盐密度研究[J]. 中国电机工程学报, 2015, 35(21): 5632-5640.

[22] 姜新建, 董弘川, 王黎明, 等. 用有效盐密作为表征污秽度的新方法[J]. 高电压技术, 2017, 43(12): 3869-3875.

[23] 梅红伟, 曹彬, 王耿耿, 等. 绝缘子表面局部等值盐密测量方法[J]. 电网技术, 2016, 40(4): 1289-1294.

[24] 毛颖科, 关志成, 王黎明, 等. 基于泄漏电流脉冲主成分分析的外绝缘污秽状态评估方法[J]. 电工技术学报, 2009, 24(8): 39-45.

[25] Sun B Q, Wang L M, Guan Z C. The comparative study of overall and partial surface conductivity method[C]// 2011 Annual Report Conference on Electrical Insulation and Dielectric Phenomena. Cancun, Mexico: IEEE. 2011: 255-259.

[26] 关志成, 崔国顺, 董颖. 局部表面电导率法及其应用[J]. 电瓷避雷器, 1994(2): 20-25.

[27] 关志成, 刘虹, 王黎明, 等. 用局部表面电导率法研究绝缘子的积污规律[J]. 清华大学学报(自然科学版), 2000, 40(1): 10-12.

[28] 孙保强, 关志成, 王黎明, 等. 局部表面电导率测量仪器及测试方法[J]. 高电压技术, 2014, 40(3): 878-884.

[29] Suda T. Frequency characteristics of leakage current waveforms of an artificially polluted suspension insulator[J]. IEEE Transactions on Dielectrics and Electrical Insulation, 2001, 8(4): 705-709.

[30] 关志成, 毛颖科, 王黎明. 污秽绝缘子泄漏电流特性研究[J]. 高电压技术, 2008, 34(1): 1-6.

[31] 赵世华, 蒋兴良, 张志劲, 等. 染污玻璃绝缘子泄漏电流特性及其闪络电压预测[J]. 电网技术, 2014, 38(2): 440-447.

[32] 苗鹏超, 徐志钮. 输电线路绝缘子泄漏电流特征量提取综述[J]. 高压电器, 2014, 50(8): 127-138.

[33] Dhanoa M S, Lister S J, Sanderson R, et al. The link between multiplicative scatter correction(MSC)and standard normal variate(SNV) transformations of NIR spectra[J]. Journal of Near Infrared Spectroscopy, 1994, 2(1): 43-47.

[34] 国家质量监督检验检疫总局, 中国国家标准化管理委员会. 直流系统用高压绝缘子的人工污秽试验: GB/T 22707—2008[S]. 北京: 中国标准出版社, 2009.

第 4 章　绝缘子老化高光谱检测

本章将硅橡胶绝缘片作为试验样品材料，首先获取分别经过紫外老化、电晕老化、酸碱老化、热老化试验的硅橡胶样品；其次，通过对不同程度老化样品进行憎水性测试、傅里叶红外光谱分析、闪络电压测试等，从宏观特性、微观特性以及电特性几个方面对老化程度进行综合定标，并通过搭建的高光谱试验平台获取老化样品的图谱信息，进行预处理及谱线特征参数提取，获取老化程度和光谱信息的对应关系；最后基于深度极限学习机，建立复合绝缘子老化程度评估模型对评估结果进行分析，并与传统 BP 神经网络和支持向量机模型进行效果比较，实现复合绝缘子老化程度的快速准确评估。

4.1　绝缘子老化背景及影响因素

复合绝缘子长期暴露于户外环境并持续运行，随着服役年限的累积，复合绝缘子受到外界多重因素的共同影响，会出现老化现象。鉴于复合绝缘子的核心材料为有机高分子聚合物，老化会对其聚合物结构造成破坏。随着时间的推移，复合绝缘子的老化程度逐步加剧，进而引发绝缘子表面龟裂、粉化以及电气性能的显著衰退。针对绝缘子老化问题，国内外研究者已开展了广泛的研究与试验工作，其研究结论普遍指出，复合绝缘子的老化主要归因于空气中的化学污染物侵蚀、电晕放电效应以及高能紫外辐射等多种因素的联合作用。

4.1.1　紫外辐射

复合绝缘子在户外持续运行中，长期受到太阳光的照射，研究明确指出紫外辐射是复合绝缘子老化的关键因素之一。尽管太阳光线中仅有约 5%的能量具有破坏作用，但这些能量主要集中在紫外波长段，其他波长的光对绝缘子的破坏效应相对微弱。紫外辐射对绝缘子的破坏作用强度，主要依赖于紫外线的强度和波长。紫外线具有较短的波长和较强的能量，能够直接破坏绝缘子内部的主链和化学键。这会导致绝缘子表面发生氧化、降解、交联等一系列化学反应，进而降低其憎水性并破坏电气性能，对输电线路的稳定运行构成严重威胁。赵翩选等[1]研究了高海拔环境高温硫化（HTV）硅橡胶绝缘子的紫外老化现象与机理，发现经短波紫外线长时间辐射后，HTV硅橡胶绝缘子表面静态接触角下降，憎水性部分丧失。李国芳等[2]设计并搭建了紫外辐射老化试验箱，该试验箱可实现光谱波段范围以及紫外辐射强度可调，试验表明复合绝缘子老化后，其表面粗糙程度会显著增加，紫外辐射破坏了绝缘子的硅氧键、碳氢键、碳硅键等，破坏主链的结构，形成亲水基团，使得绝缘子的憎水性显著降低。值得注意的是，多种老化因素的叠加作用，其效果往往超过单一因素。季节的更替、地理纬度的差异以及日照时长的变化，均会影响紫外辐射对绝缘子的破坏作用。

4.1.2 电老化

复合绝缘子在带电线路运行时，当周围空气的电场强度达到特定阈值，便会产生电晕放电现象。这种放电不仅损害绝缘子的结构和功能，还显著缩短其使用寿命[3]。电晕放电的成因多种多样，包括绝缘子表面湿度增加引发的放电和支撑结构尖端放电等。电晕放电主要通过以下四种机制作用于复合绝缘子：

（1）电晕放电伴随着光电离的发生，对绝缘子造成辐射。

（2）放电产生的大量电子、离子等高速带电粒子会不断撞击绝缘子分子，导致分子主链结构受损。

（3）电晕放电引发绝缘子表面温度局部升高，形成高温区域，从而破坏绝缘子结构。

（4）放电过程中还会生成强氧化性物质，如 O_3、NO_2 等。

这些综合因素作用于复合绝缘子，破坏其分子结构，降低憎水性，损害电气性能，最终缩短其使用寿命。

输电线路的放电是非常常见的现象，空气中的湿度越大，放电现象越明显。高岩峰等[4]设计了一套模拟电晕放电的多针电极系统，研究了所施加电流种类和极性对绝缘子老化的影响。研究发现，交流电晕对绝缘子破坏性最高，其次是直流负极性电晕，最后是直流正极性电晕。电晕发生后，绝缘子表面憎水性降低，表面电阻率下降，侧链被破坏，形成硅醇。梁英[5]设计了人工加速电晕老化试验装置，并研究了电晕时间、电压等级对老化的复合绝缘子结构和性能影响，发现电晕放电会破坏绝缘子表面结构，使憎水性降低，产生孔洞裂纹等。王建国等[6]设计了针-板电极交流电晕放电试验装置，发现复合绝缘子的理化特性及电气性能都会受电晕放电影响，材料表面的憎水性下降，而硅橡胶材料表面受影响的范围随着作用时间的增加而逐渐扩展，并且绝缘子表面逐渐变黑、变硬。在初始阶段，电晕老化现象通常呈现较快的进展速度，但随着时间的推移，其对绝缘子的老化影响逐渐深入材料的深层次。电晕放电对绝缘子的老化作用主要体现在对材料内外层结构的破坏方面，特别是导致绝缘子材料中分子主链的硅氧键、硅碳键发生断裂。这种断裂会显著降低绝缘子的憎水性，进而加重其老化程度，并导致绝缘子电气性能下降。

4.1.3　热老化

近年来，复合绝缘子异常温升缺陷逐渐凸显，且呈现出越来越严重的趋势。造成复合绝缘子温升的因素很多，如王黎明等[7,9]指出硅橡胶污秽受潮后绝缘子交界面电场改变导致的局部极化损耗增加，或者王家福等[10,11]指出其内部缺陷导致的局部放电。

复合绝缘子异常温升形态主要有点状、柱状及片状 3 种。在运行过程中，如果复合绝缘子表面或内部发生放电和温升现象，材料会遭受热应力的影响。这种热应力会促使复合绝缘子的伞套及芯棒经历高温老化过程，这不仅会缩短绝缘子的安全使用寿命，而且在极端情况下，甚至可能直接导致芯棒发生断裂。曾磊磊等[12]进行了 HTV 硅橡胶湿热老化试验，倪伟等[13]采用快速热老化法对 HTV 硅橡胶材料热寿命进行分析。硅橡胶材料性能优良，不仅耐低温，而且耐热性也很突出，可以在 180℃下长期工作，即使温度达到 200℃时，也能在承受几周后还保有弹性。经过研究表明，硅橡胶材料在高温热应力作用下，表面会变得粗糙，逐渐出现孔洞、填料析出，甚至出现裂纹等现象，此时材料中的化学键断裂，高聚物逐渐裂解，材料介电常数也逐渐增大。

4.1.4　化学因素

在人们的生产生活中，氮氧化物、二氧化硫等污染物的大量排放易形成酸雨，而某些工厂排放的碱性物质或在盐碱地区，绝缘子表面容易附着碱性污秽。因此，绝缘子可能长期受到酸或碱的侵蚀。酸碱老化的机理为：绝缘子的主链硅氧键，因受到 H^+ 或 OH^- 的进攻，断裂生成硅醇；此外，强碱与白炭黑等反应，形成孔洞，促使水在表面扩散；绝缘子的聚合物主链断裂，导致绝缘子的电气性能降低。随着运行年限的增加，绝缘子表面腐蚀越来越严重[14]。同时，复合绝缘子在运行时，电晕放电也会产生如 NO_2、O_3 等强氧化性化学物质。NO_2 遇水会反应生成硝酸，对复合绝缘子造成腐蚀，破坏其结构，降低其电气性能。O_3 同样会破坏绝缘子的主链和侧链结构，导致硅氧键断裂，降低绝缘子的憎水性，缩短其使用寿命。孙伟忠[15]设计了复合绝缘子酸碱浸泡试验，并对酸碱浸泡老化的绝缘子进行了憎水性测试，试验结果显示，随着绝缘子在酸或碱溶液中浸泡时间的增加，其表面的憎水性逐渐降低；特别地，碱溶液对绝缘子结构的破坏性比酸溶液更强，对绝缘子憎水性的影响也更为显著。彭向阳等[16]设计了不同种类酸溶液浸泡复合绝缘子的试验,研究发现,不同种类的酸对绝缘子的老化程度影响不同,其中,硝酸对绝缘子的老化作用最为显著,这可能与硝酸本身具有较强的氧化性有关。这些研究为理解和评估绝缘子在复杂环境条件下的老化行为提供了重要的试验依据和理论支持。

结合以上所述几种主要老化因素,参考现有研究的人工加速老化试验,本章设计并进行紫外老化、电晕老化、热老化和酸碱老化这4种典型的老化试验。

4.2 绝缘子老化试验及特性分析

进行老化研究需要大量的试验样品,而实际挂网运行的绝缘子可以用几年至十几年甚至更久,如果仅仅用实际挂网的老化绝缘子来进行研究,不但耗时耗力,且其体量远远达不到研究所需,所以常用人工加速老化的试验方法,来研究各种环境因素对绝缘子老化的影响。本节主要介绍几种人工加速老化试验平台的搭建,以及试验方案的设计和试验过程中相关参数设置。在绝缘子老化后,对样品进行一系列的特性测试和分析至关重要,以便深入了解其老化后的性能变化。这些测试通常包括憎水性测试、傅里叶变换红外光谱仪(FTIR)测试和闪络电压测试。

4.2.1 紫外老化试验

本节参照标准 IEC61109—2008[17],设计并搭建了人工紫外加速老化试验平台,等效换算老化平台与高原环境的紫外辐射,并对样品进行 0～500h 的人工紫外加速老化试验。

1. 紫外老化试验平台

1)光源及滤光

我国幅员辽阔,地理环境复杂,高原地区(如青藏、云贵等)面积占比为26%。在高海拔地区,紫外辐射强烈,占太阳到达大气上界总光谱辐射的 8%[18]。由于大气层的作用,部分紫外辐射被散射和吸收,到达地表时主要剩余长波紫外线(波长为 320～400nm),这部分仅占太阳光谱辐射量的 1%～2%[19]。目前市面上,常用作试验光源的有氙灯和汞灯等,但由于氙灯波段范围较广,因而更适用于模拟太阳光照。为了更好地模拟长波紫外线对复合绝缘片老化特性的影响,本节选用紫外高压汞灯作为试验光源(额定功率为 1kW,长度为 300mm,主波峰为 365nm),其工作电路如图 4.1(b)所示。

(a) 紫外汞灯　　　　　　　　(b) 高压汞灯工作电路

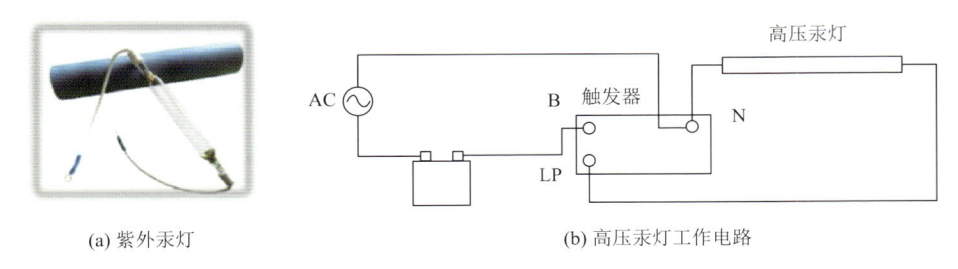

图 4.1　紫外高压汞灯实物及工作电路

此外，以石英玻璃作为滤光片置于载物台上方，石英玻璃具备优良的透紫外线性能，能滤除部分红外线，在保证样品受到充足紫外辐射的同时，还能起到一定的降温隔热作用，有利于保持样品区的温度正常，减少样品受到除紫外线以外的光线干扰。

2）箱体结构

为避免紫外线直接照射人体产生危害，同时使紫外线更大限度地集中到样品区域，平台设计时选用抛光不锈钢材料制成箱体。箱体不仅可以将紫外线密封，防止紫外线泄漏危害实验人员，还能有效反射紫外线使能量聚集在箱内。根据灯管参数及试验要求，设计箱体为长 500mm、宽 300mm、高 500mm 的矩形箱，且具备良好的机械强度、耐腐蚀能力和安全性。人工紫外老化试验平台整体示意图如图 4.2 所示。

为控制工作室温度，使其稳定在 35℃±5℃，本试验采用风冷的方式，在箱体背面和灯管上部装设冷风机。为便于调节载物台高度，在箱底安装手摇式升降载物台，通过调节其高度改变样本表面受紫外辐射的强度，并在箱内安装支撑板，以放置紫外功率密度计[型号 LS123，测量精度为±5%，量程为 0~50000μW/cm²，如图 4.3（a）]、温湿度计[温度量程为-9.9~60℃，相对湿度量程为 0~99.9%，测量时间为 1s，如图 4.3（b）]等检测仪器，便于随时记录试验过程中的环境参数。

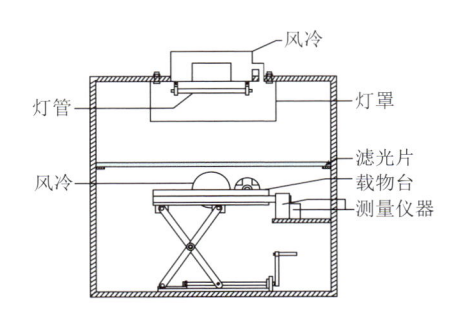

图 4.2　人工紫外老化试验平台示意图

(a) 紫外功率密度计　　(b) 温湿度计

图 4.3　试验环境检测仪器

2. 紫外老化样品制备

1）紫外辐射换算

对于我国青藏地区，每年太阳辐射总量为 6500~6700MJ/m²[20]，光照功率密度用 E 表示，可用式（4.1）计算：

$$E = \frac{H}{(d \times h \times s)} \tag{4.1}$$

式中，H 为年太阳辐射的总量；d 为年辐射天数；h 为日照小时数；s 为 1 小时的秒钟数，此处 d 计 365 天，h 计 8 小时，s 计 3600 秒。

由于环境因素，紫外辐射约占太阳总辐射的 3%[21]，为了将试验箱老化时间的总辐射量与高原自然老化进行换算比较，用紫外功率密度计测得载物台处紫外功率密度，约为 45mW/cm²，换算可得：老化箱 125.9h 的辐射量约为高原上运行 1 年的辐射量。

2）试验样品制备

本次试验样品为从同一块原始 HTV 硅橡胶裁剪而来的绝缘片（50mm×50mm×5mm），其表面呈红色。为确保试验的准确性，准备了两组完全相同的 HTV 硅橡胶样品同时进行试验，以减少偶然误差的产生。每组样品分为 1~6 号，紫外线照射时间分别设置为 0h、100h、200h、300h、400h、500h，即每间隔 100h 放入一个样品直至 500h。老化试验结束后样品情况如图 4.4 所示，可以看出随着老化时间的增加，样品粗糙度逐渐增大、颜色加深变黑、硬度增大并出现裂纹。

图 4.4 紫外老化试验样品图

4.2.2 电晕老化试验

1. 电晕老化试验平台

电晕老化试验装置的搭建如图 4.5（a）所示，包含调压器、变压器、分压器、限流电阻以及针-板电极。电极采用国际大电网会议 CIGRED1.14 组推荐的多针-板电极系统[22]。该系统分为上层和下层，板的材料为环氧树脂，上层板内圈 7 针，长度为 12mm；中圈 12 针，长度为 11mm；外圈 12 针，长度为 9mm，共计 31 针。针焊接在上层板上，直径为 1mm，板大小为 140mm×140mm，厚度为 10mm。下层板为铜板，大小为 10mm×10mm，焊接在 140mm×140mm 的板上并接地，图 4.5（b）为多针-板电极结构图。

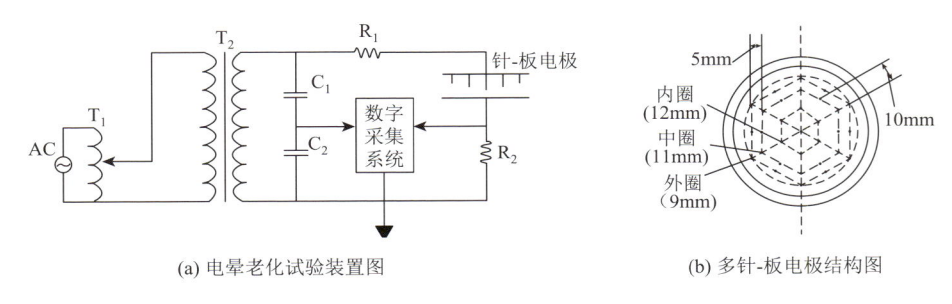

(a) 电晕老化试验装置图　　(b) 多针-板电极结构图

图 4.5　电晕老化试验系统

2. 电晕老化样品制备

试验样品为某厂家的硅橡胶复合绝缘片，共 6 组，其成分主要为甲基乙烯基硅橡胶、硫化剂、白炭黑及氢氧化铝等。裁剪样品尺寸为 80mm×80mm×3mm，将样品使用酒精进行清洗，并在室温下静置 24h，消除绝缘材料表面污秽对试验的干扰。

电晕老化试验电极电压设置为 10kV，频率为 50Hz，设置针板间间距为 6mm。为了防止被 O_3 氧化，试验设备必须置于通风环境下，且整个老化过程连续不间断。每间隔 50h 将试验样品依次放入电晕老化试验系统。

电晕老化结果如图 4.6 所示，由样品表面的形态变化可以看出，老化 100h 后样品表面特征逐渐明晰；而当老化时间小于 100h 时，样品变化不明显。此外，随着老化时间的增加，样品表面黑色物质增多，覆盖面积增加，并呈散射状向边缘扩散。

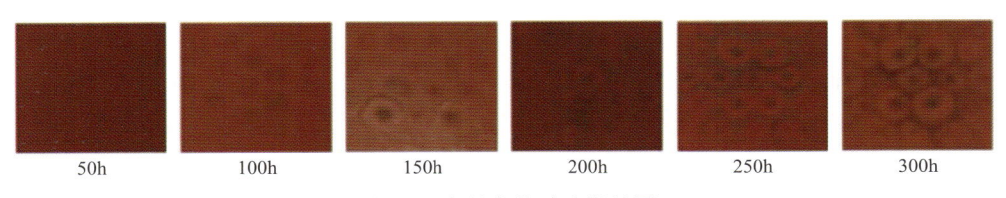

50h　　100h　　150h　　200h　　250h　　300h

图 4.6　电晕老化试验样品图

4.2.3 其他老化试验

1. 热老化试验

由于绝缘子在运行过程中，也经常受到温度等环境应力的影响，因此本节设计了热老化试验。在热老化试验中，恒定加热时间较长，且须同时对多个样品进行老化，故试验箱选用了南通嘉程仪器有限公司的智能恒温烘箱（图4.7），可以满足试验对老化时间和烘箱体积的需求。控温范围为15~250℃，温度波动为±1℃，可通过金属丝加热并鼓风循环的工作方式满足试验对温度的要求。箱体内空间尺寸为1m×0.8m×0.8m（长×宽×高），充足的容量可实现多个样品的同时老化。

样品分为4组，周期设定为一周，即每隔一周加入一组样品到试验箱中，试验箱温度设置为220℃，另设一组未老化样品作为对照。热老化四周后样品如图4.8所示，样品表面粗糙度肉眼分辨无明显区别，即未产生明显斑纹或裂纹，但热老化试验结束时样品颜色有一定加深，静置一段时间待样品性质稳定后，颜色略有恢复。

图4.7 热老化试验箱　　　　　图4.8 热老化样品图

2. 酸碱老化试验

随着工业发展，空气中氮氧化物、硫氧化物的排放量逐渐增加，由此导致的酸雨等情况愈发严重，造成室外绝缘子时常处于酸性环境中；同时，部分地区的绝缘子也会处于碱性环境中。复合绝缘子长期暴露于酸性或是碱性的环境中，材料易发生侵蚀造成老化劣化，因此本节设计酸碱老化试验。所用的酸碱溶液均由3mol/L（物质的量浓度）的溶液配制而成，酸性溶液用3mol/L的硝酸配置，碱性溶液用3mol/L的氢氧化钠配置，中性溶液用去离子水。设置酸碱溶液浓度梯度如表4.1所示。

表 4.1　酸碱溶液浓度梯度设置

溶液	浓度 1	浓度 2	浓度 3
HNO$_3$	3mol/L	1mol/L	0.1mol/L
NaOH	3mol/L	1mol/L	0.1mol/L

制备 1mol/L 的酸性溶液时，采用原硝酸溶液与去离子水以体积比 1∶2 进行稀释。同样地，为了得到 0.1mol/L 的酸性溶液，将原硝酸溶液与去离子水按照体积比 1∶29 进行稀释。对于 1mol/L 的碱性溶液，通过将原氢氧化钠溶液与去离子水按体积比 1∶2 进行混合来制备。类似地，为了制备 0.1mol/L 的碱性溶液，需要将原氢氧化钠溶液与去离子水按照体积比 1∶29 进行混合。将硅橡胶片切割为 50mm×50mm×3mm 大小的样品，分成 7 组，分别置于盛有不同浓度的酸、碱溶液的烧杯中浸泡，老化时间为一周。

酸碱老化试验结束后样品如图 4.9 所示。由图 4.9 可以看出，酸性溶液对复合绝缘子的侵蚀作用强于碱性溶液，且 1mol/L 的硝酸溶液浸泡后样品出现了深色不规则圆斑，3mol/L 的硝酸溶液浸泡后材料有明显的软化现象，同时表面产生裂纹；碱性溶液浸泡后样品表面纹理无明显变化；相较于去离子水浸泡，样品经酸碱溶液侵蚀后会发生褪色现象，而碱溶液浸湿后的样品褪色较显著。

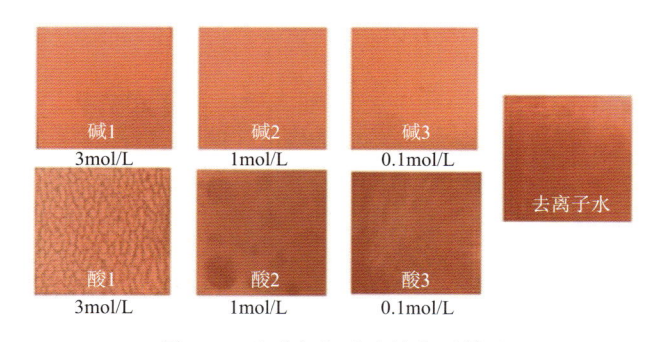

图 4.9　酸碱老化试验结束后样品

4.2.4　特性分析

1. 外观检查

外观检查是电力部门最普遍的巡检方法，运行人员在杆塔下利用肉眼、望远镜或者通过无人机载摄像机拍摄图片或视频来观测复合绝缘子。外观检查主要是查看复合绝缘子是否存在明显的缺陷，例如伞套粉化程度，是否存在裂纹、孔洞、破损；芯棒是否裸露、断裂，以及金具是否滑移。外观检查主要是对复合绝缘子劣化情况做基本的判断，比较简单易行，缺点是外观检查作为一种粗糙的检测手段，只能够发现一些外部明显、需要立即处理的缺陷，无法发现复合绝缘子内部缺陷。

2. 喷水分级法

喷水分级法最早由瑞典输电研究所（Swedish Transmission Research Institute，STRI）提出[23]，采用疏水性等级（hydrophobicity class，HC）来表征试品的憎水性能，分为HC1～HC7共7个等级。等级越低说明憎水性能越好，其中HC3及以下等级为憎水性状态，HC5及以上等级为亲水性状态。测试过程为：首先利用喷水壶向绝缘子表面洒水，然后通过目测观察表面水滴状态来判断HC级别。若绝缘子表面为相互独立、分布均匀的椭球状细小水珠，则说明HC等级低，为憎水性状态；反之，若表面为连续成片水膜，则说明HC等级高，为亲水性状态。由于喷水分级法简便易行，运维人员可直接手持喷壶登塔在线喷水，不需要断电，该法是目前现场复合绝缘子的老化评估中应用最为广泛的方法之一。

3. 扫描电子显微镜分析

扫描电子显微镜（SEM）分析是一种常用的材料分析手段，可对材料进行几十倍至几万倍的放大，实现其表面状况的微观观察。图4.10为新试样和运行10年的复合绝缘子硅橡胶伞裙SEM结果，放大倍数为2000倍[24]。

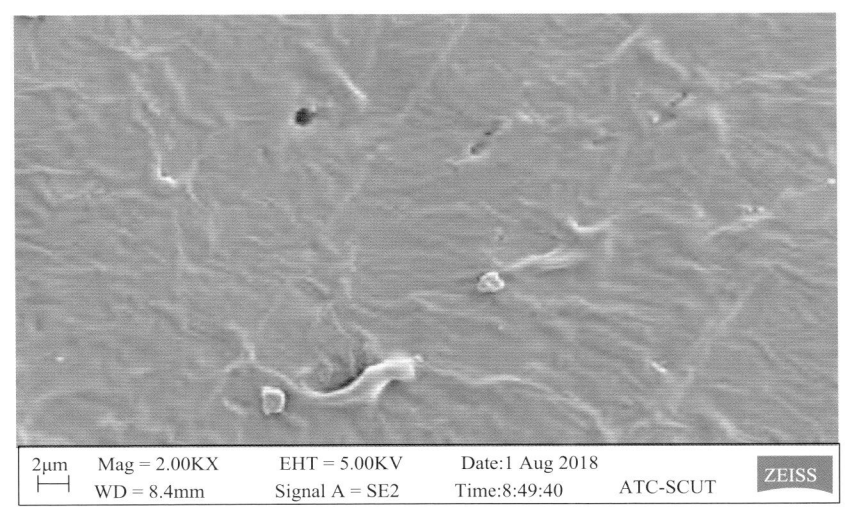

(a) 新试样

(b) 运行10年的绝缘子

图 4.10　不同运行时间的复合绝缘子扫描电镜分析结果

从图 4.10 可以看出，新试样的 SEM 图像表面平整、光洁，未见孔洞、裂纹和颗粒物；而运行 10 年的复合绝缘子伞裙表面基本未见平整的区域，布满了粉化聚集成团的颗粒物，且出现较宽、较深的裂纹，表示该样品已严重老化。上述分析结果说明，可通过 SEM 观察硅橡胶伞裙表面状况来判断复合绝缘子的老化程度，而表面裂纹数量越多、宽度越大、孔洞越密集、颗粒物越明显，其老化程度越高。为了能够量化分析样品的微观形貌，文献[25]指出，可利用 Image-ProPlus6.0 软件测量 SEM 图片中颗粒物及裂纹的几何特征，从而得到样品微观形貌的量化参数。

4. 热刺激电流法

SEM 的结果指出硅橡胶伞裙老化过程中会出现裂纹、孔洞等缺陷结构。热重法（TG）和 FTIR 测试的结果表明，复合绝缘子硅橡胶伞裙老化过程中会发生聚二甲基硅氧烷（PDMS）和氢氧化铝（ATH）的分解，这些表现均会增大样品的陷阱数量与陷阱深度。因此，理论上可以利用样品的陷阱特性参数来表征其老化状态。文献[26]利用热刺激电流法（TSC）表征复合绝缘子伞裙的老化状态，其测试系统见图 4.11。

热刺激电流法的原理是对试品升温至某一温度 T_1，然后在 T_1 下对其施加极化电场，保持该场强，利用液氮系统迅速降温至 T_2，使试品内载流子冻结；撤除极化电场，再对试品线性升温，激发刚刚被冻结的载流子形成电流；记录该电流随温度变化的数据，即得到热刺激电流曲线。可利用热刺激电流法测量硅橡胶在不同湿热老化时长下的陷阱特性。

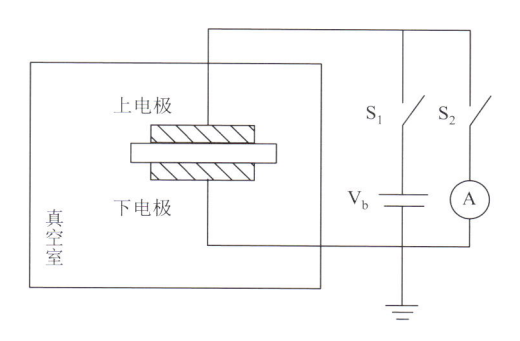

图 4.11 TSC 测试系统

5. 憎水性测试

憎水性是固态材料表面固有的物理属性之一。根据 GB/T10299—2011 标准，憎水性是反映材料耐水渗透性能的指标。目前，对于憎水性的传统测量方法主要为静态接触角法和喷水分级法。由于喷水分级法具有一定的人为主观性，本节选用静态接触角法测量样品憎水性。在气、液、固三相交点处作一条气、液交界面的切线，该切线与固、液交界线间的夹角 θ，称之为静态接触角[27]。通常 θ 越大，则液体与材料表面的接触面积就越小，憎水性能就越好。通过静态接触角法对老化后的样品进行表面憎水性测试，要求将待测复合绝缘子样品置于试验平台上，在绝缘子表面滴 5~10μL 的水滴，随后对球形水珠表面与材料接触处的切线和待测样品平面之间的角度进行测量，即待测样品的静态接触角。

本次试验将复合绝缘子表面与试验平台保持水平，滴入的水滴为 6μL，测量四种老化试验后样品的静态接触角，每种老化方式下老化最严重的样品其静态接触角检测结果如图 4.12 所示，最终角度统计如图 4.13 所示。

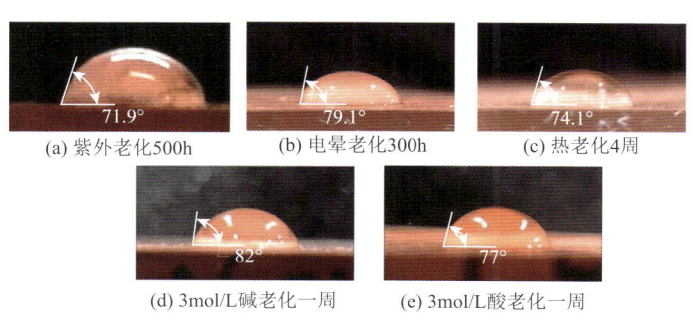

(a) 紫外老化500h 71.9°
(b) 电晕老化300h 79.1°
(c) 热老化4周 74.1°
(d) 3mol/L碱老化一周 82°
(e) 3mol/L酸老化一周 77°

图 4.12 四种老化试验后样品的静态接触角检测结果

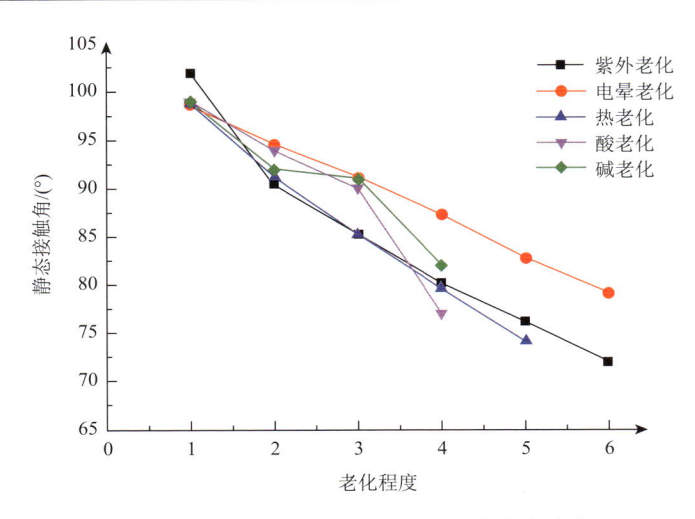

图4.13 不同老化方式下样品静态接触角变化

经过紫外老化试验后，样品静态接触角由最初的101.8°下降到71.9°；经电晕老化试验后，样品静态接触角由100.7°下降到79.1°；经热老化试验后，样品静态接触角由101.6°下降到74.1°；经碱老化后，样品静态接触角由100.1°下降到82°；经酸老化后，样品静态接触角由100.1°下降到77°。结果显示，样品的憎水性均显著降低，老化加深，且经紫外老化的样品老化程度最严重。

6. 傅里叶变换红外光谱仪测试

目前，傅里叶变换红外光谱仪是探究物质微观成分和结构的常用手段之一，其原理是将干涉的红外光聚集射入待测样品，由于化学键的振动及转动会吸收特定频率的光，因此在获得的反射光谱中，会在特定波段出现吸收峰。峰的位置可以表明基团的种类，峰面积的大小可以表明基团的含量，峰产生的偏移可以表明分子间作用力的变化。为了便于分析，通常将反射光谱转换为吸光度光谱，以计算和分析吸收峰的大小、面积等参数。红外光谱的波长范围在0.78~1000μm，分为近红外区、中红外区和远红外区，具体划分如表4.2所示。

表4.2 红外光谱区域划分

区域	近红外区	中红外区	远红外区
波长/μm	0.78~2.5	2.5~25	25~1000
波数/cm^{-1}	12800~4000	4000~400	400~10
频率/Hz	3.8×10^{14}~1.2×10^{14}	1.2×10^{14}~1.2×10^{13}	1.2×10^{13}~3.0×10^{11}

其中，红外区段是各类有机物基团的基频吸收带，常用于检测有机物中基团的种类和含量，表 4.3 展示了硅橡胶中常用基团所对应的波数。

表 4.3 硅橡胶典型基团对应波数

基团类型	特征峰对应波数/cm^{-1}
Si—(CH$_3$)$_2$	870~700
Si—O—Si	1100~1000
Si—CH	1270~1255
—CH=CH$_2$	1601、1598
—COOH 中的 C—OH	2400~2360
—CH$_3$ 中的 C—H	2962~2960
—CH=CH$_2$ 中的 C—H	3059、3056、3020
—OH	3700~3200

为分析样品的微观特性，需要使用傅里叶变换红外光谱仪（FTIR）检测其表面基团的变化，如图 4.14 所示。本节所使用的仪器为赛默飞 Nicolet iS50/Nicolet iS50 傅里叶变换红外光谱仪。对老化后的样品表面进行清洁，并将其置于洁净干燥的环境中，一段时间后待其性质稳定，对其进行 FTIR 测试。选择采样点时以样品对角线的交点为中心点，中心点与各顶角连线的一半位置取出 4 个点，如此每个样品取出 5 个采样点，对其进行 FTIR 光谱采集，每个样品将得到 5 组谱线。对谱线取平均值后，各老化方式下样品的 FTIR 谱线如图 4.15 所示。

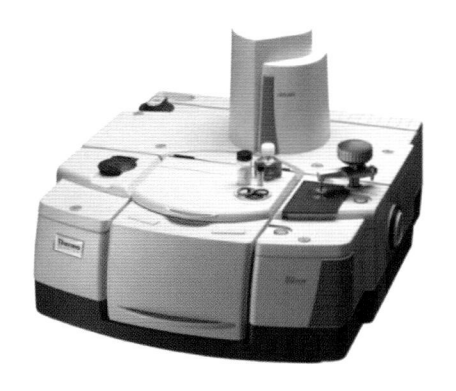

图 4.14 傅里叶变换红外光谱仪

从图 4.15 中可以看出，样品材料经四种类型的老化后，在波数为 600~4000cm^{-1} 傅里叶红外光谱上，随着老化时间的增加，均未出现新的特征峰，各峰的位置在横向上也无明显偏移，即未生成新的基团。傅里叶红外光谱上主波峰显示主要有 5 种基团,包括硅橡胶主链基团 Si—O 键、侧链基团 Si—CH$_3$、甲基中 C—H 键及材料中的 O—H 键。这几种代表基团在光谱上对应的吸收峰峰高和峰面积均发生变化,随着老化程度的加深,几种主要基团的峰高和峰面积呈下降趋势,这是因为老化时间越长,化学键的断裂大于交联,基团的相对含量呈减少趋势。

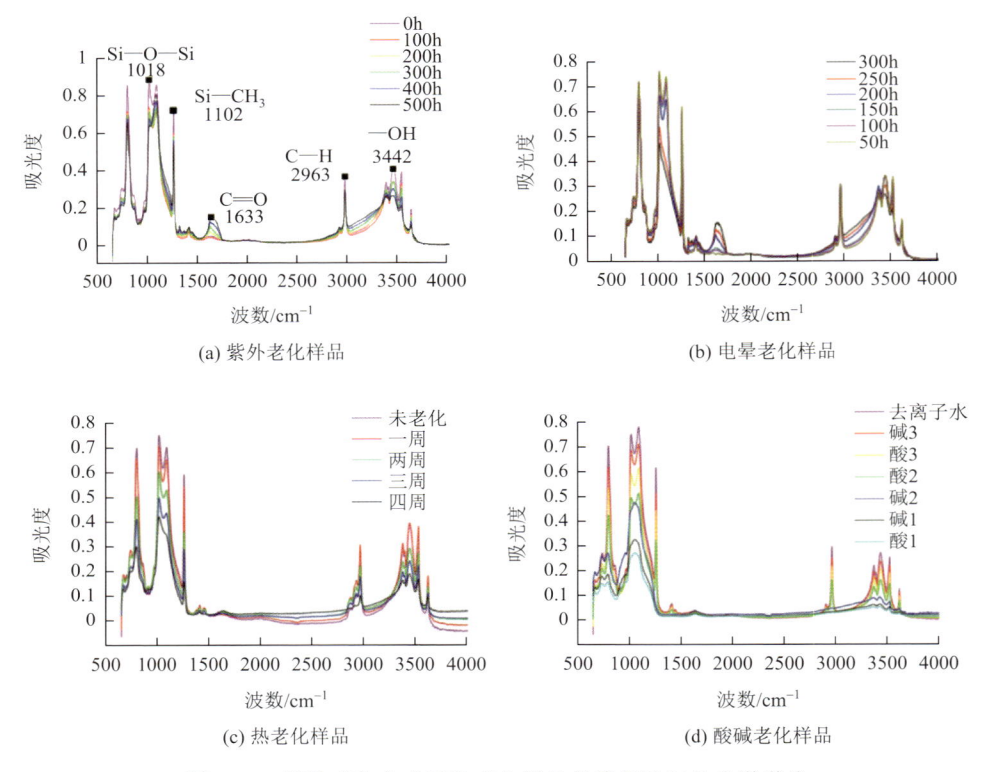

(a) 紫外老化样品

(b) 电晕老化样品

(c) 热老化样品

(d) 酸碱老化样品

图 4.15 四种老化方式下各老化样品的傅里叶红外光谱谱线

7. 直流闪络电压测试

本节依托实验室设备搭建了直流加压系统,对老化样品进行直流闪络电压测试,观测不同老化程度的样品电特性。直流加压系统主要由电源、电阻分压器、保护电阻、示波器等几个部分组成,如图 4.16 所示。加压所用电源为高压直流发生器,其输出电压为 0~120kV,额定电流为 5mA,额定功率为 600W,电压测量精度为 0.1kV,电流测量精度为 0.1μA,具备过压、过流等保护及不接地保护。另外,需要在电路中连接一个保护电阻,其大小采用 50MΩ,以保障操作人员和试验设备的安全。试验中通过分压器获取试样两端电压,分压器为电阻分压器(AC/DC100 kV),阻抗为 400MΩ,DC 精度为±1%。在试样低压侧串联一个小电阻,大小选用 1Ω；将高压探头（Tektronix P6015A）与小电阻并联以获取其两端电压，同时将信号传输到示波器（MDO3000 Tektronix）；其中高压探头最大电压 40kV，带宽 75MHz，输入阻抗为 100MΩ‖3pF，示波器模拟带宽为 100MHz，采样率为 2.5GS/s，记录长度为 10M 点。加压设备满足 IEC60507：1991 标准对试验电压的规定。

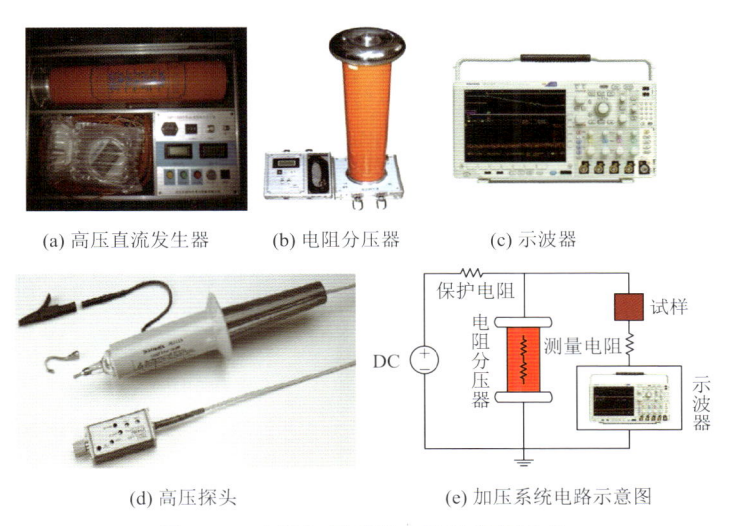

(a) 高压直流发生器　(b) 电阻分压器　(c) 示波器

(d) 高压探头　(e) 加压系统电路示意图

图 4.16　直流加压系统电路及所用设备

试验过程中，根据 IEC 60243-1 标准使用均匀升压法。在绝缘片样品沿面对侧紧密贴附铜箔，形成针板电极，其中针电极为等腰三角形铜箔，板电极为矩形铜箔，分别贴在样品表面对侧，使得沿面针板电极间隙为 1cm。加压时，缓慢均匀升高电压，直至试样沿面出现火花或电弧现象停止，记录此电压。相同试验重复三次以减少误差，取平均值为该试样的闪络电压。所有样品测得的闪络电压如图 4.17 所示。

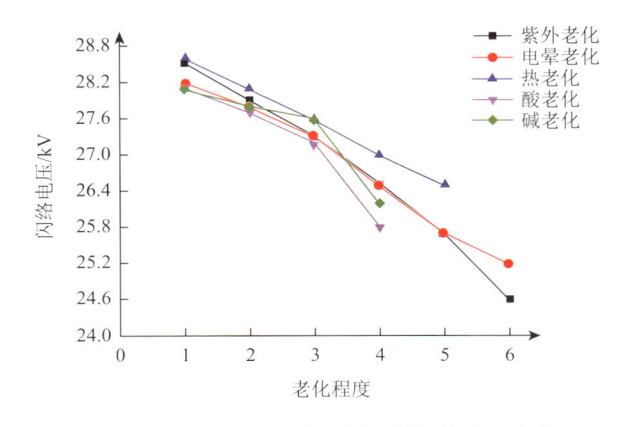

图 4.17　不同老化方式下样品的闪络电压变化

由图 4.17 可知，随着老化程度的加深，老化样品的闪络电压呈逐渐下降的趋势，其中紫外老化样品的闪络电压下降幅度最大，从 28.5kV 下降到 24.6kV；碱腐蚀老化电压下降幅度最小，从 28.1kV 下降到 26.2kV。

4.3 绝缘子老化信息高光谱提取

4.3.1 高光谱老化检测原理

1. 老化机理

复合绝缘子的主要成分为聚二甲基硅氧烷，其三维空间结构如图 4.18 所示，化学结构式为图 4.19 所示，多个长链分子部分位置由乙烯基交联而成，使得整个硅橡胶材料为交联网状结构。在硅氧烷长链中，硅氧键具有强极性，但侧链的甲基为非极性基团，向表面趋向，正好可以屏蔽主链的强极性作用，使得整个分子对外呈现出优良的憎水性能。

图 4.18 聚二甲基硅氧烷三维空间结构　　图 4.19 硅氧烷化学结构式

发生老化时，交联过程和化学键的断裂过程是同时发生的，通过傅里叶红外光谱图可以看出，特征峰的峰高和峰面积基本呈下降趋势，因此断裂过程大于交联过程。在外界环境的作用下，材料会发生老化，这个过程中可能发生的几种反应主要如下：

（1）甲基中的 C—H 键相对含量随老化程度加深而减少，这表明甲基含量也在减少。如图 4.20 所示，由于老化过程中—CH_3 断裂形成自由基，与其他 H 原子结合，生成 CH_4 气体逸出材料。同时，失去—CH_3 与失去 H 原子的硅氧烷分子可在 H 原子脱离处产生交联。逸出甲烷气体为降解过程，材料中有机成分减少，而交联过程使硅氧结合比例相对于硅碳结合比例有所增加[28]。

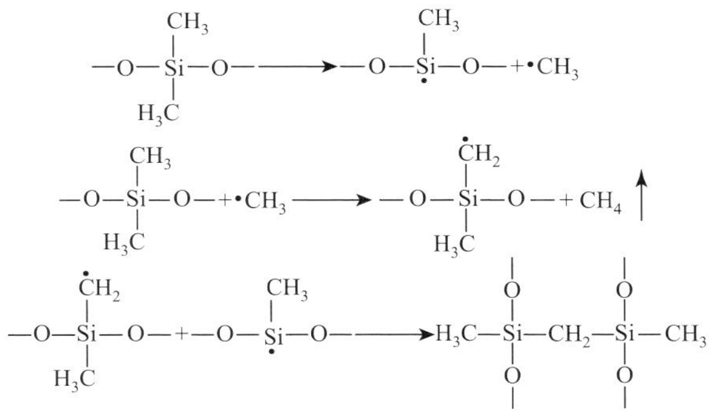

图 4.20　甲基游离及发生交联

（2）傅里叶变换红外光谱仪测试结果显示，—Si(CH$_3$)$_2$ 基团相对含量减少。如图 4.21 所示，硅氧烷分子中，两个 Si—C 键发生断裂后将生成 C$_2$H$_4$ 气体逸出，材料中有机成分减少，同时硅氧比例增加，该反应也属于降解反应。Si—C 键的断裂会减弱对 Si—O—Si 主链的强极性屏蔽作用，因而材料表面的憎水性能降低。

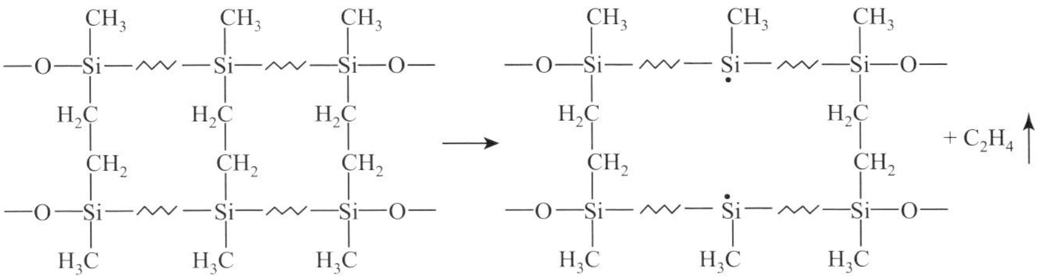

图 4.21　Si—C 交联点断裂

（3）分子侧链的甲基基团会发生氧化反应。如图 4.22 所示，第一种是侧链断裂后，在氧气或是加速老化环境中产生的臭氧氧化作用中，形成亲水性基团—OH；第二种是硅氧烷分子直接被氧化，在原来甲基的位置形成—COOH，并生成 H$_2$。因此，羟基在变化过程中有生成也有断裂，但从傅里叶变换红外光谱可以看出，断裂大于生成。

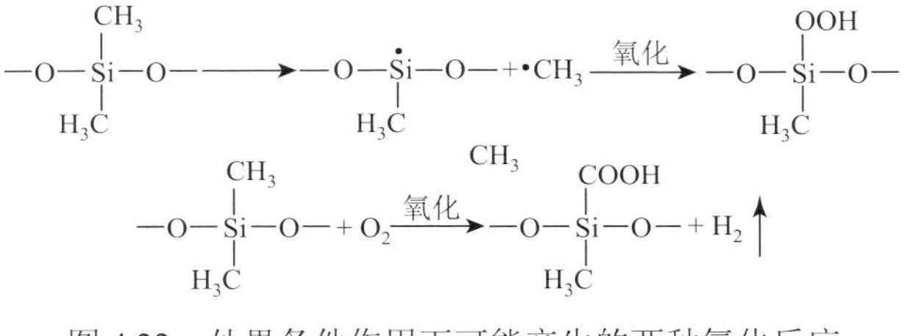

图 4.22　外界条件作用下可能产生的两种氧化反应

2. 检测原理

高光谱是一种反射光谱技术,具有多波段、高光谱分辨率及图谱合一的检测特点。高光谱融合了光学、电子学以及信息和图像处理技术,以图像反映样品大小、形状等外在特征,在基本颜色等外在特征基础上,谱线还能揭示样品的物理结构和化学成分。

不同物质的化学成分和物理结构存在差异,当光线入射样品时,由于电子跃迁、不同化学键的伸缩振动和转动等均不同,不同物质会选择性地吸收和反射不同波长的光子能量,故物质的反射光谱具有"指纹"效应。而样品老化程度不同,物质的化学成分和物理结构必然不同,其近红外反射光谱必有差异。高光谱成像时,每个空间像元的色散形成几十个到上百个约 10nm 带宽的连续光谱,完整且连续的光谱曲线能够更好地反映不同物质之间内在的微观差异,这正是高光谱成像实现物质精细检测的物理基础[29]。

本节对复合绝缘子老化程度进行等级判定,而 400~1000nm 波段高光谱谱线从反射率等特征量上可以实现对老化程度的区分,因而选用此波段进行试验。采用高光谱技术检测老化样品的整体流程如图 4.23 所示。

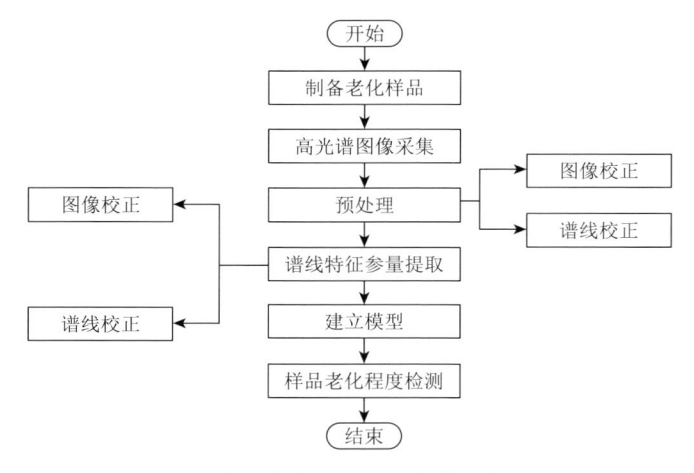

图 4.23　高光谱技术检测老化样品基本流程

4.3.2　绝缘子老化高光谱数据预处理

首先对试验获取的数据进行预处理,包括黑白图像校正和谱线多元散射校正,目的是提升后续数据分析的准确度。

1. 黑白图像校正

用高光谱成像仪采集样品光谱图像后,将数据传输到计算机,用配套软件 Specview 进行初步的查看和处理。此时得到的原始数据是对光的绝对反射值,噪声影响大;同时,相机内的暗电流也会导致光源分布较弱波段处的高光谱图像噪声较大,因此,需对采集的图谱信息进行校正。通过对扫射率为 99% 的标准白板扫描和盖上摄像头盖扫描,分别获得反射率为 1 的全白标定图像和反射率为 0 的全黑标定图像,并进行黑白图像校正。

2. 谱线多元散射校正

黑白图像校正解决了光照不均以及相机内暗电流导致的噪声影响,但是光线散射仍会对谱线造成影响,为了优化谱线结果,增强谱线有效信息,增大光谱信噪比,还需利用算法工具在 Matlab 上完成谱线的多元散射校正。

4.3.3 绝缘子老化高光谱特征参数提取

谱线校正完成后,可以进一步对谱线进行数据提取及分析,为后续老化程度综合定标和建立模型做好准备。诊断性光谱吸收峰或反射峰,是表征物质成分及含量差异的典型特征。由于不同物质对不同波段的光子能量吸收和反射均不同,在高光谱谱线上反映为某些位置有明显的峰或者谷;而某些波段响应较弱,则特征不明显。为了便于分析与物质信息相关的光谱特征,可以着重将谱线中峰或者谷的信息提取出来,即通常分析反射光谱特征峰的特征参数。在此之前首先去除包络线,这个步骤不仅将光谱反射率归一化,而且能有效突出光谱的吸收和反射特征,可用于后续样品特征的分析及模型的建立。

包络线类似于谱线的"外壳",由谱线上各极大值点连接而成,如图 4.24 所示。图中三条曲线为:原始光谱曲线、包络线、结果曲线。结果曲线是原始光谱曲线去包络线后的值。

$$r'(i) = r(i)/h(i) \tag{4.2}$$

式中,各量均为 i 波段的值;$r'(i)$ 为去除包络线的结果值;$r(i)$ 为原始光谱曲线的值;$h(i)$ 为包络线上的对应值。

本节采用外壳系数法做去包络线处理。首先求导,获得原始光谱曲线所有极值点,再比较其大小以获得最大值点;将此点作为包络线的第一个端点,在正、负方向取各极值点作连线,其中正方向上斜率最大的极值点为下一个端点,负方向上斜率最小的极值点作为上一个端点，以此类推，最终形成连续的包络线；最后去除包络线获得结果曲线。随后提取吸收峰的特征参数，主要有以下几个特征参数：

（1）吸收位置（L_v），又称峰谷位置，是吸收峰波段范围内光谱反射值最大或最小处对应的波长。

（2）吸收谷的左肩（L_l）和右肩（L_r），即谱线上吸收峰的起点和终点。

（3）吸收深度（D），为吸收峰波段范围内光谱值最值点与左右肩连线的垂直距离。

（4）吸收宽度（W），为吸收峰左右肩之间的波长间隔。

（5）总面积（A）。吸收峰最值点与左右肩连线作垂线，将峰谷分为左半部分和右半部分，其面积分别记为 A_1 和 A_2，总面积 $A = A_1 + A_2$。

（6）对称度（S）。$A = A_1/A_2$。

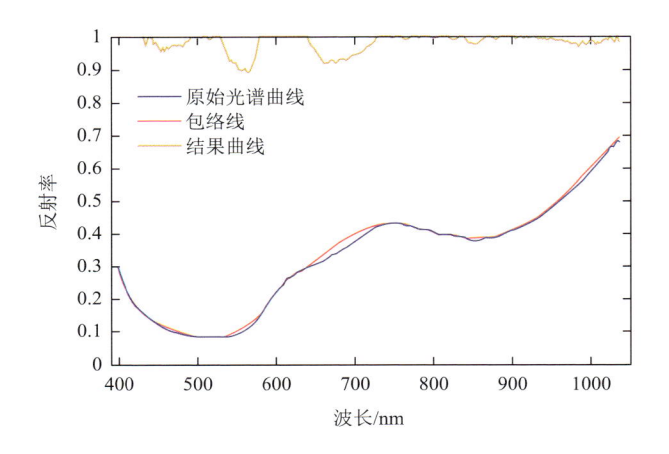

图 4.24　对原始光谱曲线去除包络线后的结果图

4.3.4　绝缘子老化高光谱特征参数分析

对不同老化方式下的样品分别进行高光谱图谱采集，首先经过黑白图像校正，再对每个样品随机提取 20 个感兴趣区域的谱线，如图 4.25 所示。

经黑白图像校正后，谱线毛刺相对减少，平滑度有一定提高。但由于光线散射及噪声等原因，除酸碱老化样品谱线外，其余每个样品的谱线簇在纵向上都比较宽，即偏移量较大，不利于后续分析。为了减小光线散射、光线弱及相机暗电流噪声的影响，对样品高光谱谱线进行多元散射校正，其校正结果如图 4.26 所示。

第 4 章　绝缘子老化高光谱检测

在图 4.26 中，经过多元散射校正（MSC）处理的样品高光谱谱线表现出显著的改善：谱线偏移现象明显减少，即原本分散的谱线簇更加聚集和紧凑。这种优化对于后续的数据处理与分析至关重要，因为它显著提高了谱线数据的一致性和可靠性，增强了后续分析结果的准确性。MSC 技术有效地减少了因样品不均匀和仪器响应差异等因素引起的谱线偏移和失真，为光谱分析打下了坚实的基础。

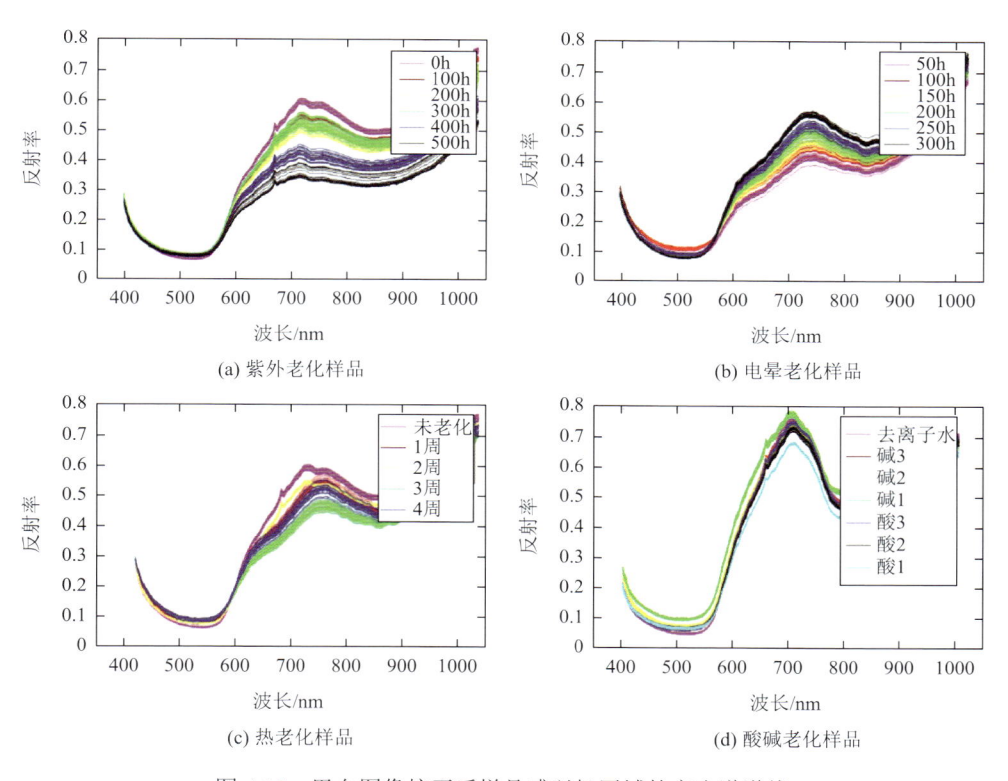

(a) 紫外老化样品

(b) 电晕老化样品

(c) 热老化样品

(d) 酸碱老化样品

图 4.25　黑白图像校正后样品感兴趣区域的高光谱谱线

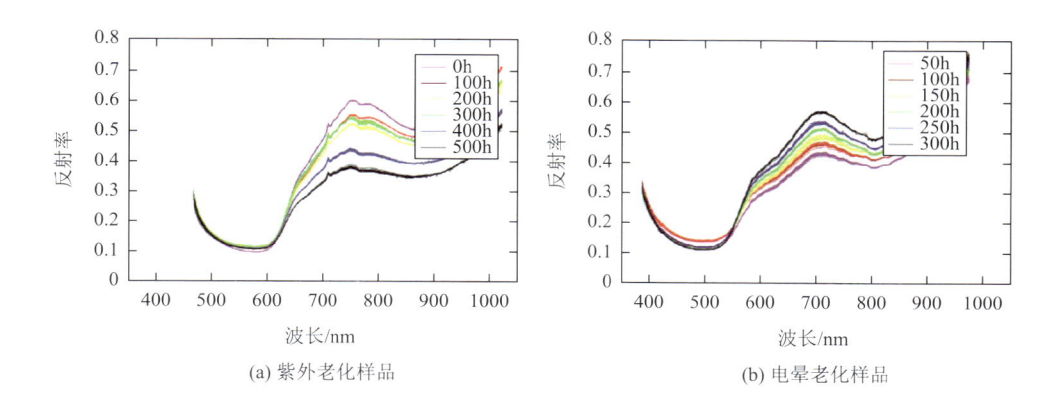

(a) 紫外老化样品

(b) 电晕老化样品

(c) 热老化样品　　　　　　　　(d) 酸碱老化样品

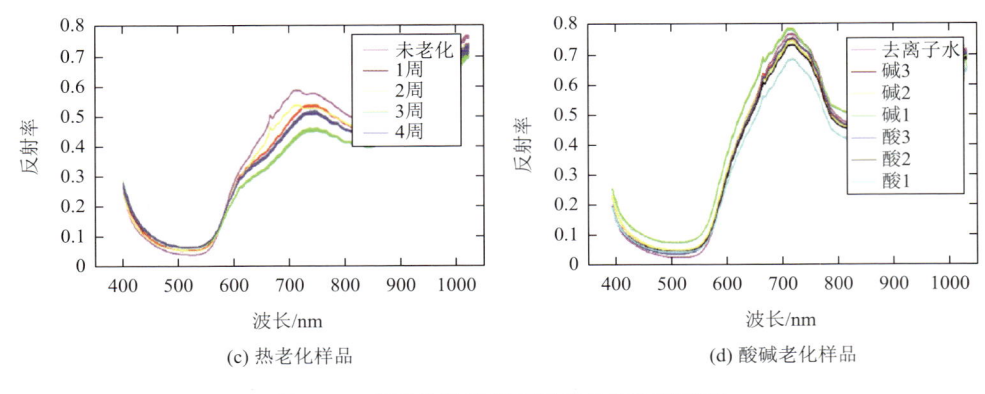

图 4.26　多元散射校正后样品的高光谱谱线

对校正后的谱线去除包络线，再提取高光谱谱线特征参数。本节提取了吸收位置、吸收峰左右肩、吸收深度、吸收宽度、总面积、对称度共 6 个特征参数。4 种老化方式样品特征参数统计结果如表 4.4～表 4.7 所示。

由各表数据可知，对于不同老化方式下不同老化程度的复合绝缘子，其高光谱特征参数有所区别，如电晕老化和酸碱老化的主要吸收位置有 3 个，而紫外老化和热老化有 2 个，且每个吸收峰的大小、面积和对称度皆有所不同。综合这些特征参数及特性测试数据，并对老化程度进行划分，可以实现较为客观的老化程度综合定标。而后可将这些特征参数应用于复合绝缘子老化程度评估模型，以提高模型的准确性。

表 4.4　紫外老化样品特征参数

老化时间	吸收位置/nm	左右肩/nm	吸收深度	吸收宽度/nm	总面积	对称度
0h	557.5	526.6、603.4	0.3762	76.8	7.4894	0.4607
	687	669.6、714.5	0.024	44.9	0.722	0.5292
100h	557.5	524.2、601	0.3275	76.8	6.284	0.4658
	687	669.6、714.5	0.017	44.9	0.6129	0.5676
200h	555.2	524.2、593.7	0.2172	69.5	5.643	0.4587
	687	669.6、714.5	0.005	44.9	0.5675	0.6121
300h	557.5	528.9、581.6	0.1444	52.7	4.9852	0.4627
	687	669.6、719.5	0.005	49.9	0.4383	0.6251
400h	557.5	528.9、579.2	0.1157	50.3	4.218	0.4597
	687	669.6、714.5	0.003	44.9	0.3512	0.6831
500h	557.5	528.9、579.2	0.1148	50.3	3.5563	0.4533
	687	669.6、714.5	0.006	44	0.2319	0.7856

第4章 绝缘子老化高光谱检测

表 4.5 电晕老化样品特征参数

老化时间	吸收位置/nm	左右肩/nm	吸收深度	吸收宽度/nm	总面积	对称度
50h	552.8	514.7、596.1	0.3394	81.4	6.9619	0.5059
	664.7	637.6、742.2	0.073	104.6	1.7234	0.269
	805.9	757.4、865.6	0.018	108.2	1.3494	0.4410
100h	552.8	510、593.7	0.2927	83.7	6.1760	0.5348
	664.7	642.5、732.1	0.055	89.6	1.5293	0.2452
	805.9	757.4、870.8	0.045	113.4	1.184	0.4257
150h	545.6	531.3、567.1	0.03	35.8	0.4154	0.5581
	689.5	687、714.5	0.008	27.5	1.2136	0.2128
	780.3	757.4、870.8	0.016	113.4	0.1128	0.4019
200h	550.4	531.3、562.3	0.03	31	0.3027	0.6079
	689.5	684.5、724.5	0.009	40	0.0734	0.1217
	852.5	757.4、870.8	0.029	113.4	0.1086	0.3936
250h	540.8	531.3、567.1	0.017	35.8	0.1525	0.5267
	689.5	674.6、727	0.016	52.4	0.0512	0.1163
	852.5	757.4、870.8	0.026	113.4	0.1013	0.3821
300h	540.8	531.3、557.5	0.015	26.2	0.0793	0.6892
	689.5	657.2、742.2	0.013	85	0.0378	0.1092
	805.9	757.4、849.9	0.007	92.5	0.0898	0.3494

表 4.6 热老化样品特征参数

老化时间	吸收位置/nm	左右肩/nm	吸收深度	吸收宽度/nm	总面积	对称度
未老化	548	526.6、603.4	0.3012	76.8	7.015	0.5312
	687	637.6、742.2	0.058	104.6	1.2382	0.4792
1周	548	526.6、596.1	0.2826	69.5	6.1367	0.5814
	689.5	642.5、742.2	0.047	99.7	1.0847	0.4628
2周	548	528.9、593.7	0.2597	64.8	5.5636	0.5723
	689.5	642.5、742.2	0.039	99.7	0.8168	0.4821
3周	548	528.9、593.7	0.2064	64.8	4.6758	0.5715
	689.5	642.5、742.2	0.024	99.7	0.5735	0.4657
4周	548	531.3、593.7	0.1762	62.4	3.2811	0.5807
	689.5	657.2、732.1	0.018	74.9	0.2697	0.4921

表 4.7 酸碱老化样品特征参数

老化样品	吸收位置/nm	左右肩/nm	吸收深度	吸收宽度/nm	总面积	对称度
去离子水	562.3	505.3、669.6	0.4756	164.3	13.5089	0.5115
	687	669.6、722	0.067	52.4	0.8104	0.4424
	790.5	727、811.1	0.1526	84.1	2.7543	0.7730
碱 3	564.7	517.1、669.6	0.4051	152.5	12.8472	0.5837
	687	669.6、722	0.062	52.4	0.6852	0.5328
	793.1	732.1、842.1	0.1489	110	0.2535	0.6822
碱 2	562.3	517.1、652.3	0.2937	135.2	9.3851	0.5732
	687	669.6、714.5	0.048	44.9	0.5881	0.5832
	793.1	732.1、839.5	0.1347	107.4	0.1937	0.632
碱 1	572	552.8、610.7	01837	57.9	6.0234	0.6027
	687	669.6、712	0.041	42.4	0.3627	0.4927
	780.3	729.6、800.8	0.098	71.2	1.3027	0.5823
酸 3	564.7	517.1、659.7	0.3974	142.6	12.1174	0.5837
	687	669.6、717	0.048	47.4	0.6456	0.5732
	793.1	732.1、842.1	0.1438	110	2.3350	0.6271
酸 1	562.3	517.1、640	0.2849	122.9	9.127	0.5732
	687	669.6、714.5	0.041	44.9	0.5728	0.5832
	793.1	732.1、839.5	0.1321	107.4	1.8326	0.6328
酸 1	572	552.8、588.8	0.1463	36	5.5885	0.6429
	687	669.6、712	0.034	42.4	0.3578	0.5337
	793.1	732.1、824	0.091	91.9	1.2998	0.5724

4.4 绝缘子老化程度评估

4.4.1 老化评定指标

目前研究中尚未有一种明确定量的复合绝缘子老化程度划分标准，针对这一现状，本节提出一种绝缘子老化程度综合定标方法，能对获取的样品特性测试分析数据、高光谱谱线特征参数及样品外观形貌信息进行综合分析。其中，特性测试分析包括理化特性和电特性测试，理化特性测试又包括憎水性测试及傅里叶变换红外光谱仪测试，电特性测试为闪络电压测试。综合分析信息内容，按绝缘子质量为优品、良品、中品、差品、废品，分别将样本老化程度标定为 1～5 共 5 个等级。

结合获得的样品测试信息，其中紫外老化样品老化程度最严重，500h 紫外老化、300h 电晕老化、热老化四周和浓度 3mol/L 酸碱老化 7 天的样品,其憎水性经喷水分级法测定达到 HC4 及以上。此时的绝缘片已为半亲水半憎水甚至亲水状态,若继续加深老化将完全亲水,其性能已不再满足实际运行要求,因此研究中将老化程度 HC4 定为最高等级。4 种老化方式中,老化最严重的样品可划分为等级 5,全新的或老化十分轻微的样品划分为等级 1,其余样品通过特性测试数据及高光谱谱线特征参数综合分析,等级划分情况如表 4.8 所示。其中,紫外老化 0~500h 样品分别用 1-1~1-6 表示;电晕老化 50~300h 样品用 2-1~2-6 表示;热老化 0~4 周样品用 3-1~3-5 表示;酸碱老化中去离子水样品用 4-1 表示,酸老化样品用 4-2~4-4 表示,碱老化样品用 4-5~4-7 表示。

表 4.8 老化样品老化程度等级划分表

老化等级	样品	综合特征
1	1-1, 2-1, 3-1, 4-1	全新或老化轻微,憎水性及电特性优良
2	1-2, 2-2, 3-2, 4-2, 4-5	光泽度减小,—OH 基团数量下降快,其余基团也有明显变化,闪络电压下降
3	1-3, 2-3, 2-4, 3-3, 4-3,	粗糙度增加,憎水性下降,主链断裂多,闪络电压下降,谱线吸收深度及吸收面积等大幅下降
4	1-4, 1-5, 2-5, 3-4	光泽变暗,硬度、粗糙度增加,颜色加深变黑,憎水性下降,—OH 基团数量下降最快,闪络电压下降
5	1-6, 2-6, 3-5, 4-4, 4-6, 4-7	—OH、主链大量断裂,颜色或加深变黑(老化褪色),裂纹多,憎水性基本消失,闪络电压下降

对所有样品进行老化程度等级划分,便于后续老化评估模型的建立以及最终评估效果的实现。为了能够更加快速准确预测复合绝缘子老化程度,本节建立基于深度极限学习机的老化程度评估模型,实现对待测样品老化程度的评估。

4.4.2 深度学习原理

与单层感知机(single layer perceptron,SLP)和支持向量机(support vector machine,SVM)相较而言,极限学习机(extreme learning machine,ELM)对反向传播算法(backward propagation,BP)进行了改进,在学习速率和泛化能力上具有明显优势。

在 5 种老化等级样品的高光谱数据中,每种随机选择 40 个(共 200 个)采样点作为原始光谱,数据包含 224 个波段,即输入矩阵有 224 维。按照第 3 章所述的预处理方法进行图像和谱线的处理后,首先采用主成分分析(principal component analysis,PCA)算法对矩阵进行数据处理,使原始数据去相关性。在 200 个样品数据中,每级别选取 30 个,共 150 个数据作为训练数据,建立深度极限学习(DELM)

的分类模型；再将剩余的每类 10 个，共 50 个数据作为测试集，用以测试 DELM 模型的分类效果。

本节将该模型与其他模型进行对比，对全波段数据分别采用支持向量机（SVM）和 BP 神经网络模型区分样品的老化程度，并将预测效果与 DELM 模型进行比较。

4.4.3 结果对比分析

由算法原理可知，以上几种算法都具有处理较大数据量的能力，但每种算法的特点仍有不同，具体如表 4.9 所示。

表 4.9 SVM、BP、DELM 特点比较

算法	优点	缺点
SVM	避免"维数"灾难，小样本学习	对大规模训练集难以实施，解决多分类问题存在困难
BP	非线性映射能力强，较强的自学和推广概括能力	需数据充分，学习速度和效率较低，过学习或欠学习会导致训练失败
DELM	数学建模简单，训练速度快，可求得全局最优解，泛化性能好	被动映射

将相同的 150 个训练集数据输入待训练模型，再将相同的 50 个测试集数据输入已训练好的模型进行测试，检测模型的准确率并对模型训练和测试时长进行观察记录。

SVM 和 BP 神经网络模型的预测结果如图 4.27 所示。其中，对于 SVM 模型，50 个样品测试点中有 5 个点分类预测有误，模型分类准确率达到 90.00%，整个

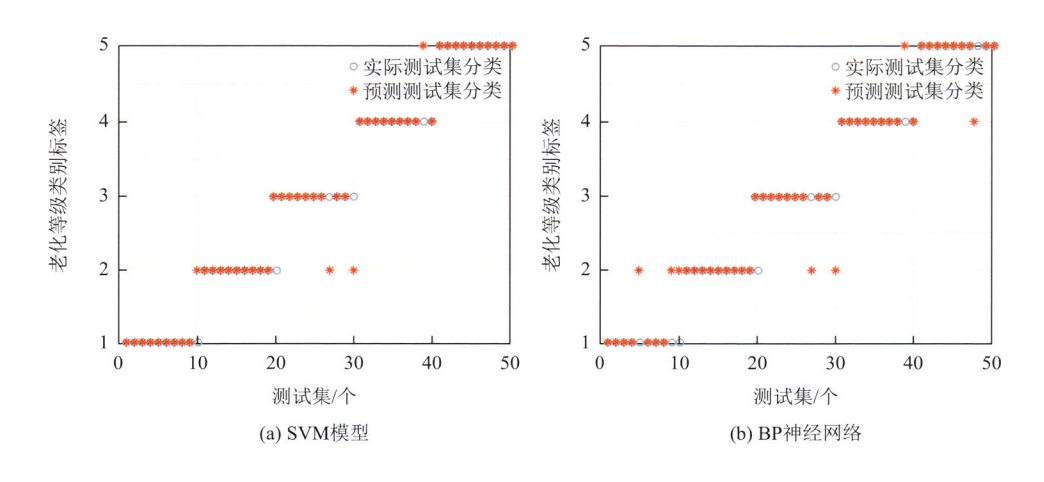

(a) SVM模型

(b) BP神经网络

(c) DELM模型

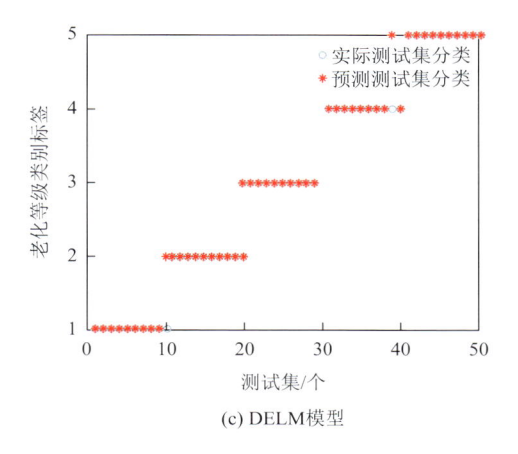

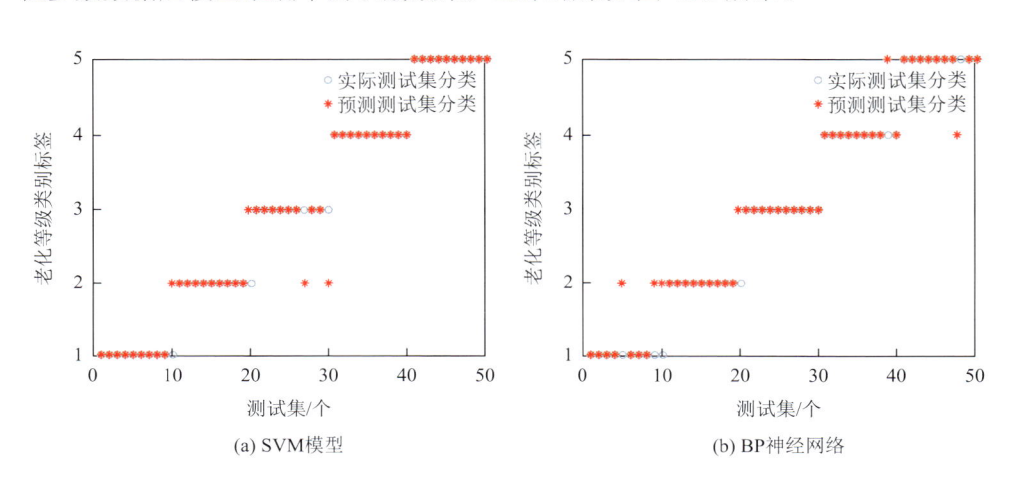

图 4.27　不同算法模型绝缘子老化程度预测结果

模型的训练时间及测试时间合计达 7.76s；由于本节数据维度高、数据量较大，因此其训练时间较长、速度较慢，但总体准确率较好。对于 BP 神经网络模型，50 个样品测试点中有 8 个点分类预测有误，模型分类准确率达到 84.00%，整个模型的训练时间以及测试时间合计仅有 2.35s；虽然 BP 神经网络训练时间很短、速度快，但总体准确率偏低，因而 BP 神经网络模型不适合本节数据的处理分析。

深度极限学习机（DELM）模型的老化程度预测效果如图 4.27（c）所示，可以看出共 50 个样品测试点中只有 2 个点分类预测有误，模型分类准确率达到 96.00%。并且整个模型的训练时间及测试时间合计仅有 3.62s，其训练时间较短、速度快、效果好，因此，DELM 分类模型可以很好地实现绝缘子老化程度的等级识别。

将原数据输入矩阵，再加入谱线特征参量，形成新的输入矩阵，观察加入特征参数数据后模型准确率的识别效果，显示结果如图 4.28 所示。

(a) SVM模型　　　　　　　　　　(b) BP神经网络

(c) DELM模型

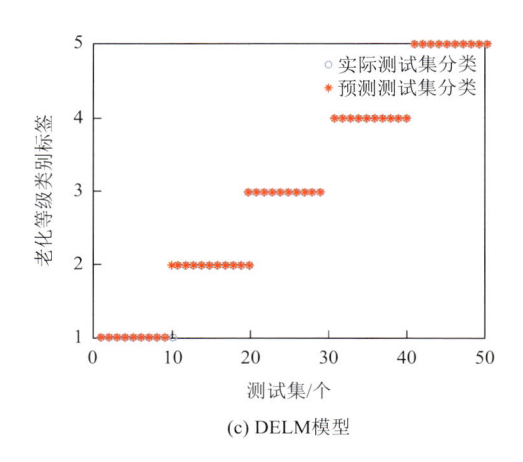

图 4.28　不同算法模型绝缘子老化程度加入特征参量预测结果

将三种算法模型的训练及测试时长,以及加入和不加入特征参量的预测准确率进行统计,结果如表 4.10 所示。结果表明,SVM 处理数据量大的老化数据时,速率较低,总体准确率较好,但仍低于 DELM。BP 神经网络对于维度高的数据泛化性能不高,在数据处理时需强制减少算法中循环次数,其耗时虽少,但误差较大,准确率低。总体而言,DELM 分类模型能够在较短的时间里达到较高的准确率,它在学习速率和泛化能力上具有优势,可以快速准确地对不同老化程度的复合绝缘子进行分类,能对绝缘子老化程度的在线检测提供技术参考。同时可以发现,在输入矩阵中加入特征参量能使数据特征更加突出。由于几组特征参量的数据量相对于整个数据来说并不大,因此耗时虽有一定的增加,但依然在可接受范围内,而模型的最终预测结果得到明显优化:SVM 可以达到 92.00%的正确率,BP 神经网络可以达到 88.00%,DELM 可以达到 98.00%。

表 4.10　不同算法效果及加入特征参量预测准确率比较表

算法	加入前时间/s	加入前准确率	加入后时间/s	加入后准确率
SVM	7.76	(45/50) 90.00%	7.92	(46/50) 92.00%
BP	2.35	(42/50) 84.00%	3.05	(44/50) 88.00%
DELM	3.62	(48/50) 96.00%	3.77	(49/50) 98.00%

注:括号中数据代表分类正确样品数和总样品数。

4.5　本 章 小 结

输电线路绝缘子的老化会造成绝缘子性能下降,最终引发电网故障,通常需要检测绝缘子的老化状态,制定合理的巡检及更换方案。传统绝缘子老化检测方法多为离线检测手段,而输电线路跨越地区地形复杂、环境多变,很多经过山地

第 4 章 绝缘子老化高光谱检测

等偏僻地区，检测人员巡检和操作都很困难；并且涉及的绝缘子数量巨大，采用传统检测方法不仅需要投入大量的人力和物力，耗时长，且难以兼顾工程所需检测的准确性和时效性。因此，本章通过人工紫外老化、电晕老化、热老化和酸碱腐蚀老化 4 种典型人工加速老化试验平台，对 HTV 硅橡胶绝缘子样品进行加速老化试验；对老化样品进行了憎水性测试、傅里叶变换红外光谱仪测试和闪络电压测试，获得样品的理化特性及电特性；用高光谱技术对加速老化后样品的老化状态进行了数据采集，探究不同老化程度与高光谱谱线的关系，获得各老化方式下不同老化程度高光谱谱线变化的基本规律；同时提取谱线特征参数，结合特性测试数据对样品进行老化程度综合定标，建立深度极限学习机分类模型，对老化样品进行老化程度等级评估，并与常用的支持向量机和 BP 神经网络模型进行对比，得到以下结论：

（1）人工加速老化试验会使样品的外观形貌发生改变，老化后样品的表面会出现粗糙度增大、颜色逐渐加深及变黑、硬度增大或产生裂纹等现象；此外，样品表面憎水性降低，最后逐渐趋于亲水；材料经老化后没有产生新的基团，但其中几个主要的共价键均发生断裂；绝缘片的闪络电压也会随老化程度的加深而下降。

（2）在典型老化方式下，不同老化程度的样品反映在高光谱谱线上有显著差异，其高光谱谱线的吸收峰、反射峰位置、峰高及峰面积、峰的左右肩及对称度等特征参数表现有明显不同，如电晕老化和酸碱老化的主要吸收位置有 3 个，而紫外老化和热老化主要有 2 个；且每个吸收峰的大小、面积和对称度皆不同。但谱线总体变化趋势相似，全波段反射率随老化时间增加而降低。

（3）基于全波段数据的深度极限学习机分类模型，可以实现对不同老化时长下复合绝缘子的表面老化程度分类，准确率可达 98.00%，且其训练速度快、泛化性好，为绝缘子老化状态的在线检测提供新思路。同时，将支持向量机和 BP 神经网络模型进行比较，BP 神经网络在测试时表现出来的准确性较差，难以满足老化数据的处理需求；而 SVM 虽在耗时上存在一定劣势，但正确率较高，可以成为备选模型之一。

（4）对高光谱数据进行预处理是十分必要的。经黑白图像校正后，谱线中毛刺会相对减少，平滑度有一定提高。因此，在高光谱数据的处理和分析过程中，可以合理选择恰当的预处理手段，在不削弱光谱数据特征的情况下，提高检测准确率。

（5）提取谱线特征参数是高光谱分析处理的关键步骤。对原始光谱曲线先进行去包络线处理，使谱线吸收峰特征明显化；再提取谱线特征参数，让绝缘子老化程度综合定标更加客观；将特征参数作为老化评估模型输入，可以明显提高模型输出的准确率。

本章研究基于高光谱技术的复合绝缘子老化程度检测方法，所述检测评估方法适用于各种环境下绝缘子老化程度的检测。本章在建立模型的过程中，使用了4种人工加速老化方式下的样品，其中包括了全新样品和憎水性等各种性能不满足实际运行的样品。在实际检测中若发现存在挂网绝缘子老化程度更严重的样品，则可以采集其高光谱谱线数据，更新训练数据，重新训练模型。如此，以后所遇待测样品的老化程度均在最新和最老化之间，模型可以准确输出老化等级。若需检测其他材料，即使材料成分和老化效果与本章有差别，复合绝缘子的老化检测方法与流程也均可复制。另外，本章采集的高光谱图像是在实验室补光条件下完成的，补光时光线的均匀度、光照强度（光源与样品距离）等均会对高光谱谱线造成一定的影响，因此在实验室补光拍摄的过程中，可尝试类似于医用无影灯的方式，多方向光源、多角度进行多次拍摄，避免由于补光条件不合理造成阴影，或者由于光线不均对数据产生影响。在后续高光谱技术应用于工程实际的检测过程中，也需要注意光照强度问题，在一定的照度下才能得到较好的图谱信息，在现场时也可以针对绝缘子情况进行换角度拍摄。

参 考 文 献

[1] 赵翻选, 赵书荣, 王联章, 等. 高海拔地区紫外辐射对硅橡胶复合绝缘子老化的影响[J]. 华北电力技术, 2009(3): 10-13.

[2] 李国芳, 覃永雄, 杨瑞, 等. 复合绝缘子紫外辐射加速老化的试验方法[J]. 辐射研究与辐射工艺学报, 2015, 33(3): 37-43.

[3] 李欣, 桂德, 徐一伦, 等. 基于FTIR的复合绝缘子硅橡胶伞裙在不同酸碱环境下老化性能分析[J]. 绝缘材料, 2020, 53(4): 70-75.

[4] 高岩峰, 王家福, 梁曦东, 等. 交直流电晕对高温硫化硅橡胶性能的影响[J]. 中国电机工程学报, 2016, 36(1): 274-284.

[5] 梁英. 高温硫化(HTV)硅橡胶电晕老化特性及机理的研究[D]. 保定: 华北电力大学(河北), 2008.

[6] 王建国, 刘洋, 方春华, 等. 交流电晕对高温硫化硅橡胶性能的影响[J]. 高分子学报, 2009(4): 331-337.

[7] 王黎明, 张中浩, 成立, 等. 复合绝缘子护套受潮对端部异常温升的影响[J]. 电网技术, 2016, 40(2): 608-613.

[8] Wang S H, Jiang T Y, Li W, et al. Infrared and UV imaging characteristics of insulator strings containing a zero-value insulator based on experiment and multi-physics simulation[J]. IEEJ Transactions on Electrical and Electronic Engineering, 2021, 16(3): 374-382.

[9] 汪佛池, 马建桥, 律方成, 等. 污秽和水分对瓷支柱绝缘子发热的影响[J]. 高电压技术, 2015, 41(9): 3054-3060.

[10] 王家福, 高岩峰, 梁曦东. 复合绝缘子芯棒在表面微电流作用下的水解[J]. 高电压技术, 2014, 40(3): 843-852.

[11] 邵颖彪, 卢明, 马德英, 等. 河南电网一起500kV复合绝缘子断裂故障分析[J]. 电瓷避雷器, 2016(1): 34-39.

[12] 曾磊磊, 张宇, 童超, 等. 复合绝缘子HTV硅橡胶伞套的湿热老化特性研究[J]. 电瓷避雷器, 2020(1): 214-221.

[13] 倪伟, 蔡晶, 梁斌, 等. 耐热硅橡胶绝缘材料热寿命浅析[J]. 光纤与电缆及其应用技术, 2020(2): 41-42.

[14] Wang X, Kumagai S, Yoshimura N. Contamination performances of silicone rubber insulator subjected to acid

rain[J]. IEEE Transactions on Dielectrics and Electrical Insulation, 1998, 5(6): 909-916.
- [15] 孙伟忠. 温度、酸碱对复合绝缘子憎水性的影响[J]. 云南电力技术, 2016, 44(5): 48-51.
- [16] 彭向阳, 汪政, 许志海, 等. 酸碱老化对硅橡胶复合绝缘子憎水性能的影响[J]. 广东电力, 2017, 30(6): 110-114.
- [17] International Electrotechnical Commission. Insulators for overheadlines Composite suspension and tension insulators for a. c. systems with an ominal voltage greater than 1000V—Definitions, test methods and acceptance criteria: IEC-61109-2008. [S].Geneva: International Electrotechnical Commission, 2008.
- [18] 胡行俊. 紫外光与合成材料的光老化[J]. 装备环境工程, 2006, 3(2): 37-41.
- [19] 王晶, 侯红英. 青岛地区太阳紫外线辐射研究[J]. 中国海洋大学学报(自然科学版), 2006, 36(4): 671-676.
- [20] 郑小波, 王学锋, 罗宇翔, 等. 1961—2005年云贵高原太阳辐射变化特征及其影响因子[J]. 气候与环境研究, 2011, 16(5): 657-664.
- [21] 刘云鹏, 王秋莎, 律方成, 等. 紫外辐射对高温硫化硅橡胶性能影响初探[J]. 高电压技术, 2010, 36(11): 2634-2638.
- [22] Yu G, Peng B, Jiang N, et al. Influence of rotating dielectric barrier on discharge characteristics in multi-needle-plate DBD[J]. Plasma Processes and Polymers, 2024, 21(4): 2300176.
- [23] Gulachenski E M, Levitsky F J, Gillespie D J, et al. Salt water spray canal contamination of overhead transmission lines[J]. IEEE Transactions on Power Apparatus and Systems, 1977, 96(2): 485-495.
- [24] 杨晓辉. 基于傅立叶变换红外光谱测试的复合绝缘子老化评估方法研究[D]. 北京: 华北电力大学, 2013.
- [25] 曾磊磊, 张宇, 邓志斌, 等. 复合绝缘子芯棒湿热老化特性研究[J]. 电瓷避雷器, 2020(2): 196-203.
- [26] 张辉, 屠幼萍, 佟宇梁, 等. 基于TSC测试的硅橡胶复合绝缘子伞裙材料老化特性研究[J]. 中国电机工程学报, 2012, 32(19): 169-174.
- [27] 甘永叶. 复合绝缘子运行发热及热老化机理研究[D]. 广州: 华南理工大学, 2017.
- [28] 刘俊. 典型气候条件下复合绝缘子的老化特性研究[D]. 北京: 华北电力大学, 2018.
- [29] 李恒超, 谭蓓, 杨刚, 等. 基于高光谱成像技术的绝缘子污秽度预测[J]. 西南交通大学学报, 2019, 54(4): 686-693.

第 5 章　杆塔腐蚀状态高光谱检测

鉴于我国资源在自然环境中的分布不均，国家实施了一系列令人瞩目的重大工程，如南水北调、西电东送和西气东输等，这些工程成功缓解了资源分配不均的难题，显著提升了国家资源的整体利用效率。我国西北地区拥有充足的风能、光能、煤炭资源，但是西北地区的经济发展较为薄弱，而东南和沿海城市拥有较好的经济基础和发达的工业，需要大量的资源和用电量，西电东送项目解决了国内发电量和用电量差异较大及不平衡的问题。在远距离送电过程中，输电线路面临着各种各样且复杂多变的自然环境，对输电线路的腐蚀防护成为电网运行安全亟待解决的问题。输电线路系统中，输电杆塔作为线路的支撑机构，起到了非常关键的作用，除地质灾害和恶劣天气造成杆塔的损伤外，最为常见的缺陷是杆塔腐蚀[1]。杆塔的金属关键部分一旦发生腐蚀与断裂，其支撑能力将显著下降，进而可能引发杆塔断裂、倒塌，这不仅可能导致电网运行发生故障，而且还严重威胁到人员安全，带来的经济损失不可估量[2, 5]。

5.1　杆塔腐蚀的背景与研究

5.1.1　杆塔大气腐蚀背景与机理

5.1.1.1　杆塔大气腐蚀背景

我国和国际电力领域对输电线路杆塔防腐蚀的主要方法是对杆塔的钢结构冷镀锌处理，但随着电网的快速发展和输电线路的铺设，庞大的电力系统网络对杆塔的要求不断提升，其成本显著增加。然而，随着工业化环境污染和自然环境的化学反应，杆塔基层涂层被加速破坏。当前采取的检修措施是定期对输电杆塔进行人工巡视，因杆塔地理位置偏远，多采用周期巡视及不同情况下的特殊巡视。工作人员在例行巡视中，主要依靠以往检修经验和肉眼观察塔脚及杆塔下部的外观缺陷来判断当前杆塔的运行状况，有着极大的局限性，难以在日常检修中发现杆塔隐蔽区域，尤其是塔体上部的腐蚀缺陷。而对于服役于复杂环境的杆塔，一旦表面防护涂层失效，腐蚀会在较短的时间内出现并快速发展，塔体会受到严重的腐蚀破坏[6, 7]。杆塔基材表面镀锌层的完整性影响其腐蚀速率，若在移动或建设中造成镀锌层破损，在不同自然条件和气候环境下，基材内部的金属就会与空气中的元素发生反应[8]。在电网的日常检修维护中，不同地理环境下投运的杆塔有着不同的腐蚀状态，甚至同一杆塔的不同部位，受结构、高度等因素的影响，腐蚀环境可能发生变化，从而导致腐蚀状态存在显著的差异，杆塔的典型腐蚀案例如图 5.1 所示。

图 5.1 杆塔的典型腐蚀图

因杆塔运行环境腐蚀状况复杂，影响因素较多，难以针对性地对区域内各杆塔甚至同一杆塔不同位置的腐蚀状态进行精确检测。我国幅员辽阔，气候环境差异巨大，目前尚缺乏针对不同气候环境下运行输电杆塔整体腐蚀状态的深入研究，导致日常检修中难以制定统一的输电杆塔防腐维护方案[9]。工作人员在检修维护时，对输电杆塔不同部位钢结构的腐蚀因素及腐蚀区域分布缺乏了解，同时缺少便捷、可靠的腐蚀状态判别方法，难以预防因腐蚀导致的输电线路突发事故。

5.1.1.2 杆塔大气腐蚀机理

在大气腐蚀初期，碳钢表面在空气中吸附水汽形成液膜，氧气溶于水后与碳钢表面构成原电池，从而开启碳钢的电化学腐蚀过程。随着反应的继续进行，中间腐蚀产物也会进行电化学反应，最终生成热力学性质较为稳定的一系列腐蚀产物。腐蚀的发展过程即为腐蚀产物间的转化，以及一系列的水解、形核、结晶、沉淀、析出、热转化、脱羟基等反应过程[10]。不同的大气腐蚀环境对碳钢的腐蚀机制和腐蚀产物有很大的影响。

Evans 等[11]通过无机化学实验得到碳钢在普通大气环境下的腐蚀机理，提出大气腐蚀模型可用如下电化学反应式表述：腐蚀初期，碳钢表面润湿形成液膜，阳极发生铁的氧化，即 $Fe \rightarrow Fe^{2+} + 2e^-$，生成基本腐蚀产物 FeOOH；阴极则是铁锈的还原过程，即 $Fe^{2+} + 2FeOOH \rightarrow Fe_3O_4 + 2H^+$；随着液膜消失，腐蚀产物变干燥，少量氧气通过疏松的腐蚀层将 Fe_3O_4 再次氧化，即 $Fe_3O_4 + 3/2O_2 + H_2O \rightarrow 3\gamma FeOOH$。后来 Dünnwald 等[12]修正了 Evans 等的腐蚀模型，修正后腐蚀反应过程如下：首先 Fe^{2+} 氧化后生成 Fe^{3+}，得到中间腐蚀产物 $Fe(OH)_3$，即 $Fe^{2+} \rightarrow Fe^{3+} + e^-$；此后大部分 $Fe(OH)_3$ 脱水生成 FeOOH，即 $Fe(OH)_3 \rightarrow FeOOH + H_2O$；部分 $Fe(OH)_3$ 在干燥环境下脱水生成 Fe_2O_3；FeOOH 结晶后生成 γ-FeOOH 和 α-FeOOH；生成的 γ-FeOOH 可以还原为 $Fe(OH)_2$，$Fe(OH)_2$ 也可以氧化为 γ-FeOOH；反应进行时碳钢表面电解质膜的厚度减小和氧气的扩散速率加快，2γ-FeOOH + $H_2O \rightleftharpoons 2Fe(OH)_2 + 2H^+ + 0.5O_2 + 2e^-$。Stratmann 等[13]研究发现在高湿环境下，$Fe(OH)_2$ 可与 γ-FeOOH 继续反应生成 Fe_3O_4，即 $Fe^{2+} + 2FeOOH \rightarrow Fe_3O_4 + 2H^+$。Misawa 等[14]通过分析碳钢的室外暴晒试验结果，发现部分 γ-FeOOH 逐渐转变为非晶态的氢氧化物后，最终转变为性质更加稳定的 α-FeOOH，即 γ-FeOOH $\rightarrow FeO_X(OH)_{3-2X} \rightarrow \alpha$-FeOOH。Evans（埃文斯）模型修正如图 5.2 所示。

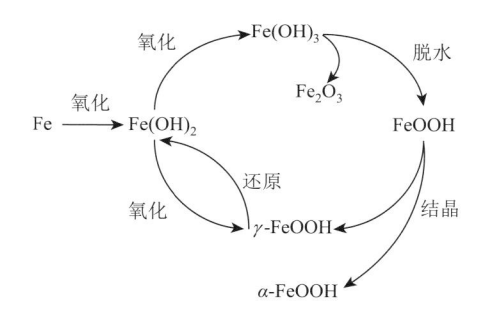

图 5.2 Evans 模型修正图

工业大气环境中的 SO_2 溶于碳钢表面液膜，使其呈酸性，从而加速腐蚀进程；在海洋大气环境下，空气中氯盐的浓度较高，氯盐溶解于碳钢表面液膜后形成电解质溶液，在腐蚀初期生成 $FeCl_2$ 和 $FeCl_3$，随后水解生成 β-FeOOH；碳钢腐蚀是一个复杂的过程，碳钢表面锈层由疏松多孔的外锈层和致密的内锈层共同组成。外锈层质地疏松，易脱离，且多空洞和裂纹，为氧气等腐蚀元素的进入提供了通道，对基材无保护作用。部分学者探究发现，外锈层疏松多孔，会加长碳钢在大气腐蚀过程中的湿润时间，使氧气更多地溶于液膜，加快腐蚀速率；而内锈层组织细密，稳定性好，可以抑制碳钢基材的进一步腐蚀[15]。碳钢腐蚀过程中生成腐蚀产物的主要成分及性质如表 5.1 所示。

表 5.1 碳钢腐蚀主要腐蚀产物及性质

分子式	颜色	晶系	分子式	颜色	晶系
$Fe(OH)_3$	红褐色	/	$\beta\text{-FeOOH}$	淡褐色针状	斜方晶
Fe_2O_3	红棕色	菱形晶	$\gamma\text{-FeOOH}$	橙黄色针状	斜方晶
Fe_3O_4	黑色四面体	尖晶石	$FeCl_2$	绿色	单斜晶
$\alpha\text{-FeOOH}$	黑褐色针状	正方晶	$FeCl_3$	黑棕色	立方晶

5.1.2 碳钢大气腐蚀试验

目前针对碳钢大气腐蚀行为的研究方法主要为室外大气暴露试验和室内加速模拟腐蚀试验。

5.1.2.1 室外大气暴露试验

室外大气暴露试验通常是把金属试片悬挂在特定地理环境下，模拟长时间周期下工作金属的腐蚀进程。在完成试验周期后，可对试样进行失重量测量，使用扫描电子显微镜进行表面腐蚀形貌表征，以及利用 X 射线衍射技术分析腐蚀产物含量等，从而针对该地区的腐蚀特点进行合理选材和制定防腐方案。该试验条件与现场工作金属的腐蚀环境接近，有较好的应用性[16]。但室外大气暴露试验的试验周期较长，一般以年计，过长的试验周期下室外挂片腐蚀试样易损坏，影响对试样的分析。此外，由于自然大气腐蚀影响因素极多，该试验中对各影响因素的腐蚀效果也难以进行有效区分。

5.1.2.2 室内加速模拟腐蚀试验

室内加速模拟腐蚀试验能够自由选择试样的大小，通过控制试验变量深入研究某种腐蚀影响因素的腐蚀作用，如湿度、温度、污染物等，从而快速获得腐蚀试验结果，该试验的可重现性好。进行室内加速模拟腐蚀试验需要考虑同实际自然环境的模拟，但室内加速模拟腐蚀试验更偏重对不同环境下腐蚀本质规律的探索，而不是完全对腐蚀现象的模拟，即室内加速模拟腐蚀只加速腐蚀进程，而不改变腐蚀的过程，与实际自然环境的腐蚀机制应一致。目前室内加速模拟腐蚀试验按照腐蚀盐溶液成分的不同通常有以下几种：中性盐雾试验、乙酸盐雾试验、铜加速乙酸盐雾试验等。

5.1.3 碳钢腐蚀试验分析方法

5.1.3.1 腐蚀动力学分析

通过测量不同腐蚀周期下试样单位面积的失重量，能够准确地揭示金属在大气环境中的腐蚀动力学特性。分析失重量及其增长速率，可以初步评估金属的腐蚀状态，并预测简化条件下金属的剩余使用寿命。这种方法尤其适用于均匀腐蚀的金属材料。

在进行失重量检测时，首先使用细毛刷去除表面腐蚀产物；随后用酒精进行二次清洗并吹干，再置于干燥器中干燥24h；最后使用电子天平进行精确称重。为了减少误差，通常采用未腐蚀的标准试样作为参考，并计算多个平行试样的失重量平均值作为最终数据。

5.1.3.2 电化学分析

电化学阻抗谱法通过施加小振幅的正弦波电位或电流扰动信号于电极，进而测量电极对此信号的响应，从而探究腐蚀过程中电极电化学参数的变化。此方法能揭示电荷转移电阻、界面电容等关键参数，通过分析电极反应动力学、推算电层参数及研究扩散过程，深入理解电极的腐蚀行为和腐蚀机理[17]。对通过电化学阻抗法获取的腐蚀过程电化学参数，进一步通过电阻、电容等元件构成的等效电路进行拟合，实现对腐蚀信息的量化分析。需要注意的是，这些等效电路元件的使用并不具备直接的物理意义，它们更多的是为了拟合试验数据而设立的。因此，采用不同电极时，即便反应原理相同也可能得到截然不同的等效电路拟合结果。此外，该法分析仪器昂贵，测量费时，数据处理复杂。

电化学噪声法关注的是电化学系统自身产生的噪声，这一现象由利沃森在1968年首次发现并记载。腐蚀环境的温度变化、腐蚀产物的形成与变化、锈层的增厚与脱落等因素均会触发可记录的电化学噪声。当前，电化学噪声的主要测量技术分为两类：一类是通过控制电极的电流，并监测此过程中电极电势波动的恒电流测量法；另一类是控制电极的电位，同时测量不同电位下电流密度的恒电位方法。电化学噪声法常用于评估局部腐蚀的速率和类型。然而，由于电化学噪声的出现具有随机性，当前尚未有标准的噪声数据分析方法，且其测量结果易受外部因素干扰。

5.1.3.3 腐蚀产物分析

当X射线穿过晶体时会产生衍射现象，在空间中形成由不同晶面衍射线构成的图谱，该图谱能够有效揭示物质的晶体结构，常被用作分析固体物质成分及其含量的手段。然而，X射线衍射分析不仅成本高昂，而且耗时较长，并且在采集腐蚀产物样本时，可能对所分析的目标造成一定程度的损害。综上所述，碳钢的腐蚀是一个复杂过程，需要综合使用多种传统检测方法才能对碳钢的腐蚀进程、腐蚀因素等进行较为粗糙的分析。高压输电线路常常跨省，杆塔所处地理环境复杂，导致杆塔的腐蚀因素变化多样，而传统的腐蚀检测方法耗时长、价格昂贵，以及对分析材料具有破坏性的特点，难以应用于输电杆塔腐蚀状态现场检测。因此，输电杆塔的检修维护急需一种准确、高效、非接触的现场检测方法，实现输电杆塔腐蚀状态的可靠分析。

5.2 人工试验平台与样品

试验材料为杆塔常用基材 Q235 碳钢。首先通过干湿复合式盐雾试验机进行室内模拟加速腐蚀试验，设置不同的腐蚀周期；获取碳钢在不同腐蚀周期下的试样后，使用高光谱数据采集平台对试样表面腐蚀产物进行高光谱数据采集；数据采集完成后，刮下试样表面腐蚀产物，测量试样失重量。随后，采用 X 射线衍射分析确定腐蚀产物的主要成分。接着，为了获取单一腐蚀成分的光谱特征，购买相应的粉末进行压片处理，并计算其全像元均值化光谱数据，这些数据将作为纯净端元光谱数据。基于这些纯净光谱数据，构建腐蚀成分的高光谱标准波谱库。最后，基于波谱库利用高光谱技术识别腐蚀产物成分，并进行相应的丰度反演。试验分析流程如图 5.3 所示。

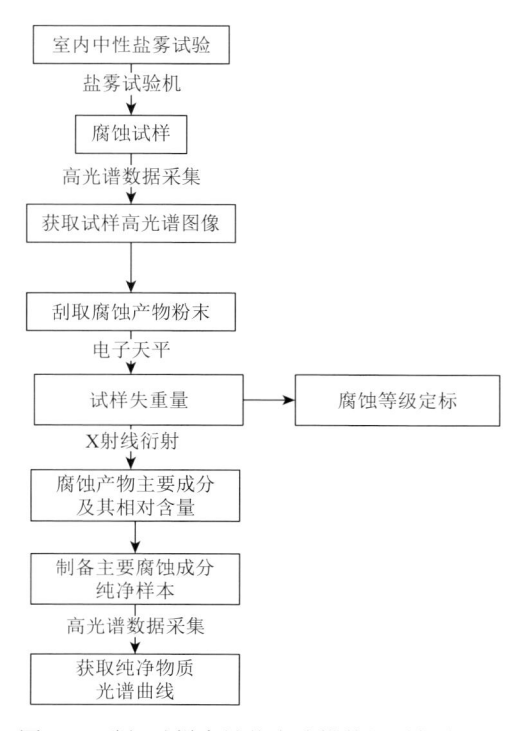

图 5.3 碳钢试样腐蚀状态建模数据采集流程图

5.2.1 中性盐雾试验平台

本章使用阿仪仪器科技（上海）有限公司的 FH-90AB 干湿复合式腐蚀试验机进行试样制备，腐蚀试验机技术规格参数如表 5.2 所示。

表 5.2 盐雾试验机技术规格参数表

项目	参数
标准	GB/T5170.8、GB/T10587、GJB150.11A、GB/T10125、GB/T2423.17、JIS H 8502
试验空间（$W \times D \times H$）	900mm×600mm×500mm
电源	380V；6kW；50HZ；最大 30A
空气压力	一段：2～2.5kg/cm^2；二段：1kg/cm^2
喷雾方式	伯努利原理吸取盐水而后雾化，雾化程度均匀
喷嘴	喷雾量大小和喷出角度可调
入水系统	自动加水补充系统

5.2.2 试样制备与分析

参考国家标准 GB/T 10125-2021《人造气氛腐蚀试验盐雾试验》进行试样制备。具体盐雾试验条件设置如下：试验使用化学纯级别 NaCl 试剂溶解于蒸馏水中，配置喷雾液浓度为(50±5)g/L，环境温度为 25℃时，溶液密度为 1.029～1.036kg/m^3。使用测量精度不大于 0.3 的精密 pH 试纸对溶液进行 pH 值检测，保证溶液 pH 值应为 6.5～7.2。将溶液加入盐雾试验箱内，自动喷雾的同时控制箱内温度保持在(35±2)℃。Q235 碳钢试样所含元素比例如表 5.3 所示。试样板厚(5±1)mm，尺寸为 50mm×50mm，表面经金相试样抛光机打磨平整，无明显孔隙、划痕及氧化物，抛光处理完成后所有样品表面涂防锈油进行保存。试验时试样表面用丙酮、无水乙醇擦拭，去除表面油污，随后吹热风干燥，放入盐雾试验箱。调整样品放置角度，使样品倾斜地平面 30°，此外注意合理放置试样，避免喷淋后溶液在碳钢样品表面积聚。

表 5.3 Q235 碳钢样品元素含量表

牌号	等级	化学成分（质量分数）/%				
		C	Mn	Si	S	P
Q235	A	0.14～0.22	0.30～0.65	0.30	0.05	0.045

设定试验周期分别为 24h、48h、96h、168h、240h；每个腐蚀周期设置 5 个平行试样。室内人工加速模拟腐蚀试验得到的试样在不同腐蚀周期下表面腐蚀状态变化情况如图 5.4 所示。随着腐蚀时间增加，试样表面腐蚀区域由点状腐蚀扩大为整面腐蚀，腐蚀产物逐渐覆盖整个试样表面，并且试样表面颜色也由棕红逐渐加深。

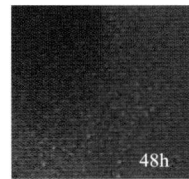

图 5.4　不同腐蚀周期下试样表面状态图

对腐蚀样品进行高光谱数据采集后，依据 ISO 8407：2021 规定方法去除样品表面锈层，使用清洁软刷轻刷试样表面，在 20%（质量分数）分析纯级别的柠檬酸二铵溶液中浸泡 10min，取出后使用乙醇清洗试样，干燥后称重，不同腐蚀周期试样单位面积失重量变化趋势如图 5.5 所示。

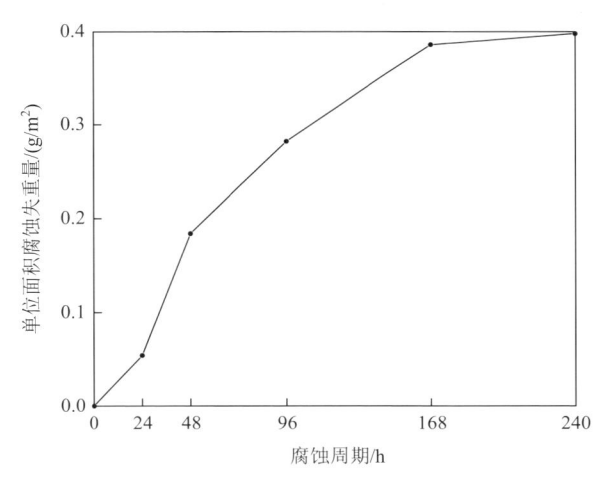

图 5.5　试样腐蚀失重量变化趋势图

由于目前国内外对于碳钢腐蚀等级尚无明确划分标准，本书按照人工加速腐蚀试验周期（24h、48h、96h、168h、240h）标定试样的腐蚀等级，共分为五个腐蚀等级，由低到高依次是：D1、D2、D3、D4、D5。如图 5.5 所示，在腐蚀前期试样失重量快速增长，48h 时失重量增长率达到峰值，随后增长率逐渐降低，在 240h 时达到最低。碳钢腐蚀机理研究表明，腐蚀后期会生成致密的内锈层，抑制基体的继续腐蚀，造成腐蚀速率减缓，即腐蚀进入稳定状态，这与图 5.5 的试验结果相符。本书设定的室内试验腐蚀周期能够较好地模拟碳钢在普通大气环境下整体的腐蚀过程,依据室内试验腐蚀周期标定试样的真实腐蚀等级较为合理。

采集室内人工加速腐蚀试样表面的高光谱数据后,建立基于高光谱技术的腐蚀成分识别及含量反演模型,使用 X 射线衍射技术分析试样表面腐蚀产物的成分及含量比例作为真实数据标签,从而获取主要腐蚀成分的纯净端元光谱数据。并以此建立标准波谱库,再对试样全像元高光谱数据进行解混。不同腐蚀等级试样的腐蚀产物 X 射线衍射结果表明,试样腐蚀过程中主要产物有 $Fe(OH)_3$、γ-FeOOH、α-FeOOH、Fe_3O_4、Fe_2O_3。

经软件计算得到的腐蚀产物各物相含量结果如图 5.6 所示。对试样进行 X 射线衍射半定量分析,其原理是试样中各物相的衍射强度随着该物相含量的增加而增加,但是由于试验条件如环境、试样物相晶粒大小、杂质等因素影响,衍射强度并不严格与物相含量呈线性关系。使用 X 射线衍射结果对腐蚀产物各成分含量进行计算,其目的是得到各腐蚀时间下试样腐蚀产物成分的含量比例与变化规律,计算误差一般为 5%~10%。计算结果显示,在腐蚀初期腐蚀产物主要为γ-FeOOH 和 $Fe(OH)_3$,随着腐蚀反应继续进行,腐蚀产物α-FeOOH 含量持续增加;$Fe(OH)_3$ 的含量在 D2 腐蚀等级达到峰值后持续降低;γ-FeOOH 的含量在腐蚀初期出现大幅降低,随后基本保持不变。结果表明:$Fe(OH)_3$ 逐渐向更稳定的γ-FeOOH 和 α-FeOOH 转化;γ-FeOOH 作为不稳定的腐蚀产物,也逐渐向α-FeOOH 和 Fe_3O_4 等稳定腐蚀产物转化。在腐蚀中后期,γ-FeOOH 的含量出现动态平衡。Fe_2O_3、Fe_3O_4 由于性质稳定,在腐蚀反应中呈缓慢增加趋势。各腐蚀成分含量变化趋势符合碳钢的大气腐蚀机理。值得注意的是,Fe_2O_3 含量在 168h 后含量出现少许降低,可能是计算误差所致。

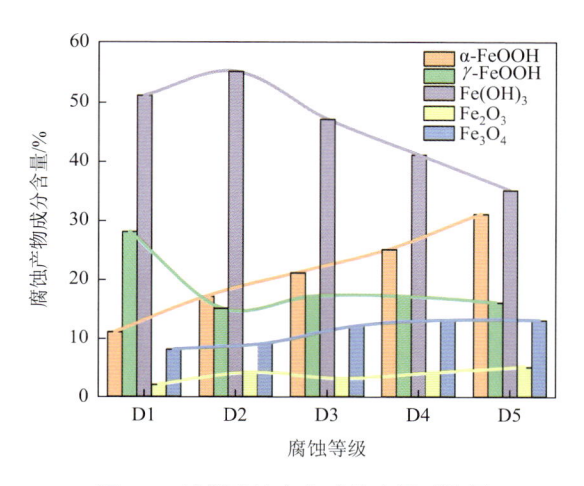

图 5.6 试样腐蚀产物成分含量对比图

5.3 碳钢腐蚀等级分类及区域分布可视化

高压输电杆塔腐蚀等级的非接触检测对于降低电网工作人员现场巡检维护难度，提高检测效率和准确度，合理制订维护计划有着重要意义。本章通过搭建的高光谱数据采集平台对室内中性盐雾试验制备试样进行光谱数据采集，分析不同腐蚀等级试样的高光谱图谱特征，建立碳钢腐蚀等级分类模型。同时，对试样腐蚀区域进行细分，使用模型对细分区域的腐蚀等级分类后进行可视化处理，实现碳钢腐蚀等级的无损识别及区域分布可视化。对现场杆塔腐蚀区域进行准确的腐蚀等级分类，将其可视化后，得到腐蚀等级分布的特点。

5.3.1 试样图像特征分析

5.3.1.1 合成伪彩色图像最优波段分析

对试样腐蚀产物的 X 射线衍射分析发现，在腐蚀过程中试样表面腐蚀产物的成分和含量都在发生变化，变化特点如图 5.6 所示。随着试样腐蚀周期的增长，试样表面颜色和纹理也发生改变，颜色由早期的浅红到红棕再到棕黑色，腐蚀区域由初始点状逐渐扩散为连接成片的锈斑，即腐蚀试样具有其独特的图像特征。因此，结合高光谱的图谱特征，能够更精确地建立碳钢腐蚀等级分类模型。由于高光谱图像有上百波段信息，包含了不同物质的波谱特征信息，在进行图像特征分析时，需要在这些波段中选出 3 个波段，将波段反射率数据转化为灰度值后，按照 RGB 三通道合成伪彩色图像，并且合成图像需要保留完整的图像特征和较好的视觉效果。最优波段组合遵循以下原则选取。

（1）本章设定腐蚀等级为 D1~D5，采集试样高光谱图像后得到不同腐蚀等级试样的平均反射率光谱数据，反射率数值范围为 0~1。使用波段反射率数据合成 RGB 伪彩色图像时，图像的反射率数值需转化为灰度级为 255 的灰度值，转换公式如下：

$$g_i = \frac{g_i - g_{i\min}}{g_{i\max} - g_{i\min}} \times 255 \qquad (5.1)$$

式中，g_i 为图像平均光谱波段 i 处的反射率数据；$g_{i\max}$ 为图像平均光谱波段 i 处的最大反射率数据；$g_{i\min}$ 为图像平均光谱波段 i 处的最小反射率数据。

（2）得到图像平均光谱反射率数据转化的灰度值后，设定 $P_{\max}$、$P_{\min}$ 为五种腐蚀等级在波段 P 处的最大灰度值和最小灰度值。当两个腐蚀等级在波段 P 处的

灰度值之差大于 L 时，认定其彼此离散，记为离散值 1，L 计算公式如式（5.2）所示。因此，各波段下五种腐蚀等级的最大彼此离散值为 10，将不同腐蚀等级的实际彼此离散值与最大彼此离散值之比记为散度 K，按照各波段 K 值大小排列，选取 K 值最大的三个波段作为最佳波段组合。

$$L = \frac{P_{\max} - P_{\min}}{5} \tag{5.2}$$

如图 5.7 所示，在波段 722nm 处不同腐蚀等级间的灰度值充分离散，达到了最大散度 1.0，而散度为 0.9 的波段个数多达 55 个，主要集中在 707～765nm 和 1081.49～1215.98nm。这是因为对于高分辨率的高光谱图像，其相邻波段的反射率数值极为接近，如果 P 波段散度大，相邻波段的散度一般也较大，即出现散度集中现象。对于 RGB 合成伪彩色图像，如果三波段的灰度谱分布极为相似，即三波段相关性较高，则合成图像接近为黑白图像。因此，应在散度为 0.9 的波段中选取与波段 722nm 相关性最小的两个波段。

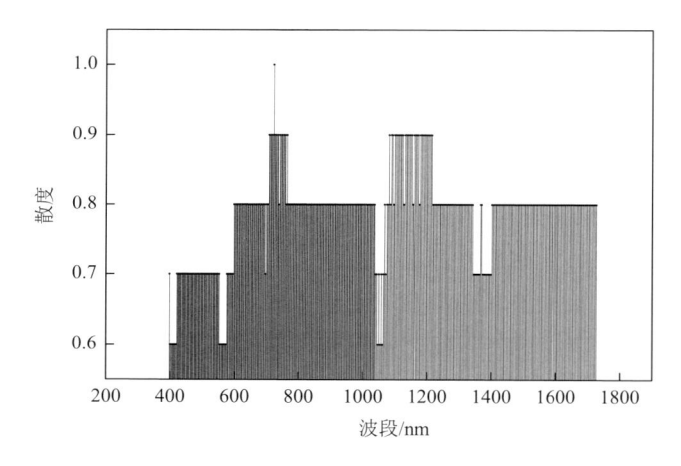

图 5.7　各腐蚀等级试样全波段光谱反射率散度图

设定其余两波段分别为 m、n，不同腐蚀等级在波段 m 处的灰度值为 m_1、m_2、m_3、m_4、m_5，波段 n 处的灰度值为 n_1、n_2、n_3、n_4、n_5，相关性分析公式如式（5.3）～式（5.6）所示：

$$r_{mn} = \frac{S_{mn}}{\sqrt{S_{mm} \cdot S_{nn}}} \tag{5.3}$$

$$S_{mn} = \sum_{i=1}^{5}(m_i - \overline{m})(n_i - \overline{n}) \tag{5.4}$$

$$S_{mm} = \sum_{i=1}^{5}(m_i - \overline{m})^2 \qquad (5.5)$$

$$S_{nn} = \sum_{i=1}^{5}(n_i - \overline{n})^2 \qquad (5.6)$$

式中，S_{mm} 为波段 m 的方差；S_{mn} 为波段 m 和 n 的方差；S_{nn} 为 n 的方差；r_{mn} 为波段 m、n 的相关系数；下标 i 为试样第 i 个腐蚀等级，$i = 1, 2, \cdots, 5$。

散度为 0.9 的 55 个波段两两排列组合共有 1485 种波段组合，722nm 波段与其余波段的相关系数如图 5.8（a）所示，其余 55 个波段两两组合的相关系数如图 5.8（b）所示，三波段相关系数之和结果如图 5.8（c）所示，计算得到在第 1018 个组合标号处三波段相关系数之和最小，此波段组合包含的三波段为：722nm、1092.02nm、1207.95nm。

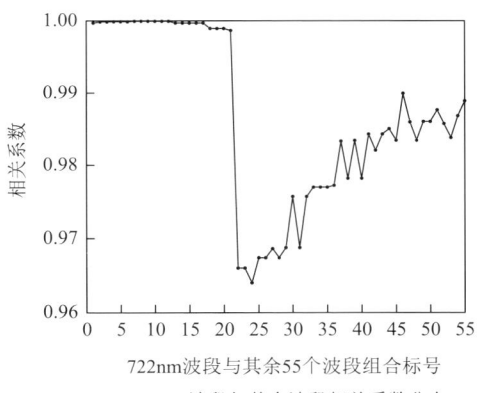

(a) 722nm波段与其余波段相关系数分布

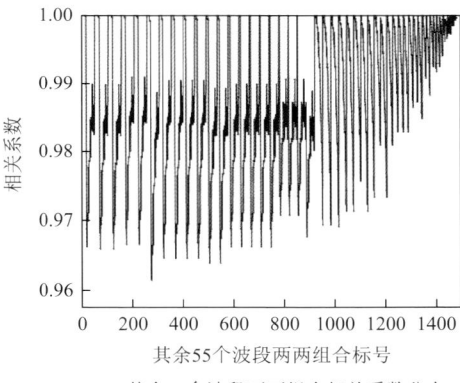

(b) 其余55个波段两两组合相关系数分布

(c) 三波段组合相关系数之和分布

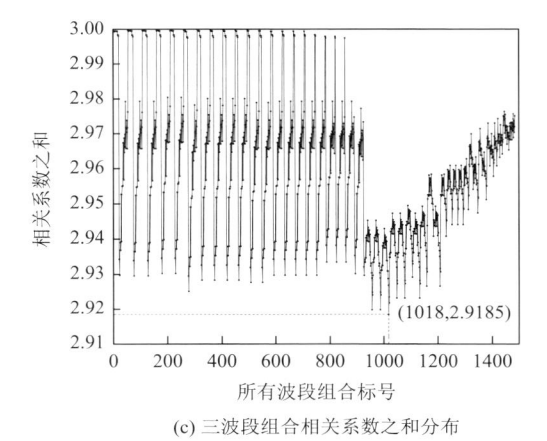

图 5.8　试样伪彩色图像三波段相关系数计算结果图

选用 722nm、1092.02nm、1207.95nm 三波段反射率数据转化为灰度级为 255 的灰度值作为 RGB 三通道合成伪彩色图像。如图 5.9 所示，三波段反射率数据合成的试样伪彩色图像表面腐蚀区域颜色及纹理差异明显，可用于后续的颜色统计特征分析和纹理特征分析。

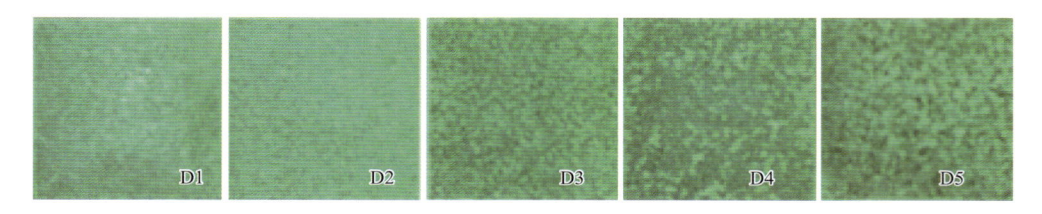

图 5.9 选取波段组合合成试样伪彩色图像

5.3.1.2 图像去噪

使用高光谱仪拍摄采集试验样品的光谱数据，该过程受传感器材料属性、工作环境和电路结构等影响，会产生不同的干扰噪声，进而对光谱数据产生影响，导致基于光谱数据特征波段组合而成的碳钢腐蚀样品伪彩色图像出现噪点，影响后续图像特征的提取及分类。因此，在合成伪彩色图像后首先选用图像滤波算法去除噪声。

一般的图像去噪算法在去除图像噪点时，会对图像细节信息造成破坏，导致图像变得模糊。而双边滤波算法对图像空间区域坐标的距离信息及变换域的灰度信息进行加权平衡，可以达到保持边缘、去除噪点、保留细节的效果。试样伪彩色图像选用双边滤波去噪结果如图 5.10 所示。

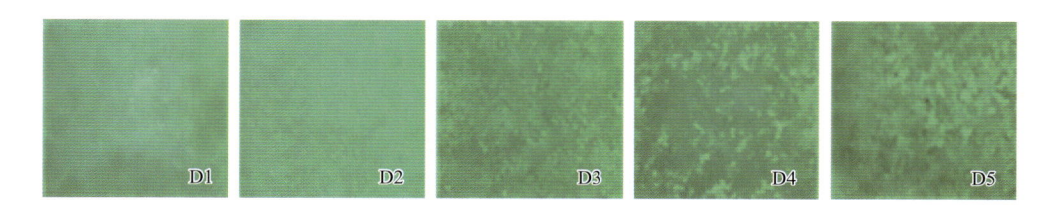

图 5.10 试样伪彩色图像采用双边滤波去噪结果

5.3.1.3 颜色统计特征

腐蚀等级变化会导致样品表面颜色发生变化，但是颜色变化的过程极为复杂且杂乱，人眼对当前腐蚀状态难以直接判断。因此，可利用计算机针对图像灰度值的高识别度，提取不同腐蚀等级样品图像的颜色特征值进行分析。颜色矩是由 Stricker 和 Orengo 提出的一种图像颜色特征描述方法[18]，这种方法的数学基础是图像中任何颜色的分布都可以用它的矩来表示。由于图像的颜色分布信息主要集中在低阶矩中，用颜色直方图特征的一阶矩（均值）、二阶距（方差）和三阶距（斜度）就可以表达图像的颜色特征。其中，颜色的 3 个低阶矩的计算公式如下所示：

一阶颜色矩，反映图像明暗程度，即

$$\mu_i = \frac{1}{n}\sum_{i=1}^{n} h_{i,j} \tag{5.7}$$

二阶颜色矩，反映图像颜色分布范围，即

$$\sigma_i = \left[\frac{1}{n}\sum_{i=2}^{n}(h_{i,j}-\mu_{i,j})^2\right]^{\frac{1}{2}} \tag{5.8}$$

三阶颜色矩，反映图像颜色分布对称性，即

$$\xi_i = \left[\frac{1}{n}\sum_{i=2}^{n}(h_{i,j}-\mu_{i,j})^3\right]^{\frac{1}{3}} \tag{5.9}$$

以上三式中，$h_{i,j}$ 为第 i 个颜色通道分量中灰度值为 j 的像素出现的概率；n 为图像的灰度级。

3 个低阶矩阵各有 3 个颜色分量，图像颜色特征共 9 个分量。对各腐蚀等级试样提取颜色矩特征值如表 5.4 所示。试样颜色矩变化趋势如图 5.11 所示，不同腐蚀等级碳钢样品的二阶颜色矩和三阶颜色矩初始呈上升趋势，在 D2 等级达到最大；随着腐蚀等级的继续增大，二阶颜色矩和三阶颜色矩呈下降趋势；而一阶颜色矩与腐蚀等级并没有明显的相关变化关系。因此，图像颜色统计特征选取二阶颜色矩和三阶颜色矩共 6 种特征参数。

表 5.4 不同腐蚀等级试样颜色矩特征值统计表

颜色矩	D1	D2	D3	D4	D5	颜色矩	D1	D2	D3	D4	D5
μ_i^R	77.70	93.13	77.58	92.27	79.02	ξ_i^G	4.23	4.69	4.49	4.24	4.21
σ_i^R	5.13	5.23	4.49	3.67	2.21	μ_i^B	125.6	150.9	121.4	155.1	128.3
ξ_i^R	3.74	4.15	3.73	3.31	2.67	σ_i^B	6.44	6.96	4.89	4.07	3.83
μ_i^G	163.1	184.8	163.1	194.5	172.3	ξ_i^B	3.95	4.64	4.39	4.06	3.54
σ_i^G	7.72	7.82	7.37	6.51	5.39						

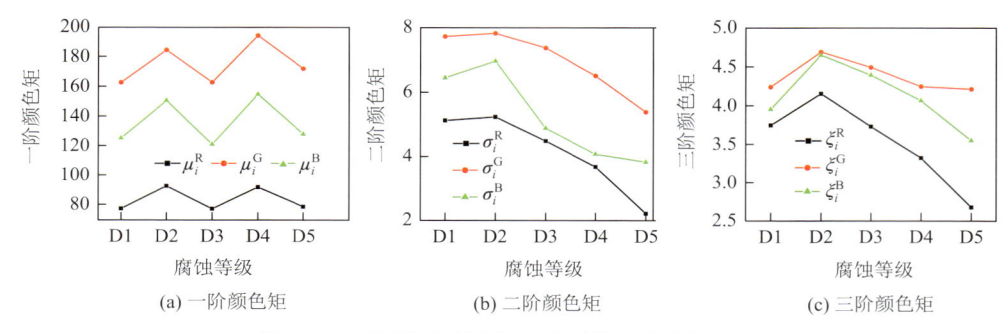

(a) 一阶颜色矩　　　　(b) 二阶颜色矩　　　　(c) 三阶颜色矩

图 5.11　试样各阶颜色矩随腐蚀等级变化趋势图

5.3.1.4　纹理特征

物质表面的灰度值或颜色分布在空间上存在着重复性，并且有着某种隐藏的规律性，这被定义为图像纹理。纹理特征通常用来描述物质表面的粗糙度和重复方向。碳钢在腐蚀过程中，表面由点状腐蚀逐渐连通，形成其独特的腐蚀区域纹理。使用相关图像处理算法，可得到不同腐蚀等级试样的图像纹理特征。

灰度共生矩阵（gray level co-occurrence matrix，GLCM）是如今比较常用的一种图像纹理分析方法，由 Haralick 等[19]于 1973 年提出，它是由图像灰度级之间的联合概率密度 $P(i, j, \theta, \delta)$ 所构成的矩阵。设定图像中某一像素点坐标值为 (x, y)，此像素点的灰度值为 i；在 θ 方向上距离此像素点为 δ 的像素点坐标值为 $(x+a, y+b)$，像素点的灰度值为 j；两像素点的灰度值组合为 (i, j)。图像的灰度级为 N，则灰度值组合的可能性共有 N^2 种，可以得到图像每种灰度值组合 (i, j) 占所有组合可能的归一化概率 $f(i, j)$，而各灰度值组合发生的概率构成灰度共生矩阵。但是，通过灰度共生矩阵并不能直接得到图像的纹理特征，需要在灰度共生矩阵的基础上对定量描述图像纹理特征的统计属性进行提取，常用的有 8 种统计特征参量分别是均值（mean）、方差（variance）、同质性（homogeneity）、对比度（contrast）、异质性（dissimilarity）、熵（entropy）、角二阶矩（angular second moment）和相关性（correlation）。

试样图像的灰度共生矩阵统计特征值计算步骤如下。

（1）对经过降噪预处理的试样伪彩色图像进行灰度化处理，结果如图 5.12 所示。

图 5.12　各腐蚀等级试样灰度图

把试样伪彩色图像灰度化后,将各腐蚀等级试样全像素点的灰度级作为 Z 轴,可得到试样表面因孔洞内外灰度级范围不同而间接反映出的腐蚀形貌特征,如图 5.13 所示。腐蚀初期试样表面各像素点灰度值接近;D3 腐蚀等级时,灰度分布最为复杂,出现众多灰度值尖峰,对应腐蚀中间过程产生的大量小蚀孔;随着腐蚀等级再次提升,灰度值接近的小蚀孔相连,形成面积较大的孔洞,试样表面灰度值分布复杂度逐渐减小。对碳钢腐蚀的大量研究表明,在腐蚀初期,首先在碳钢划痕处开始腐蚀,出现大量蚀孔;并且随着腐蚀等级的提升,表面蚀孔的腐蚀产物逐渐覆盖试样表面并相互连接,蚀孔平均孔面积扩大为腐蚀空洞,造成试样表面凹凸不平,粗糙度增大。

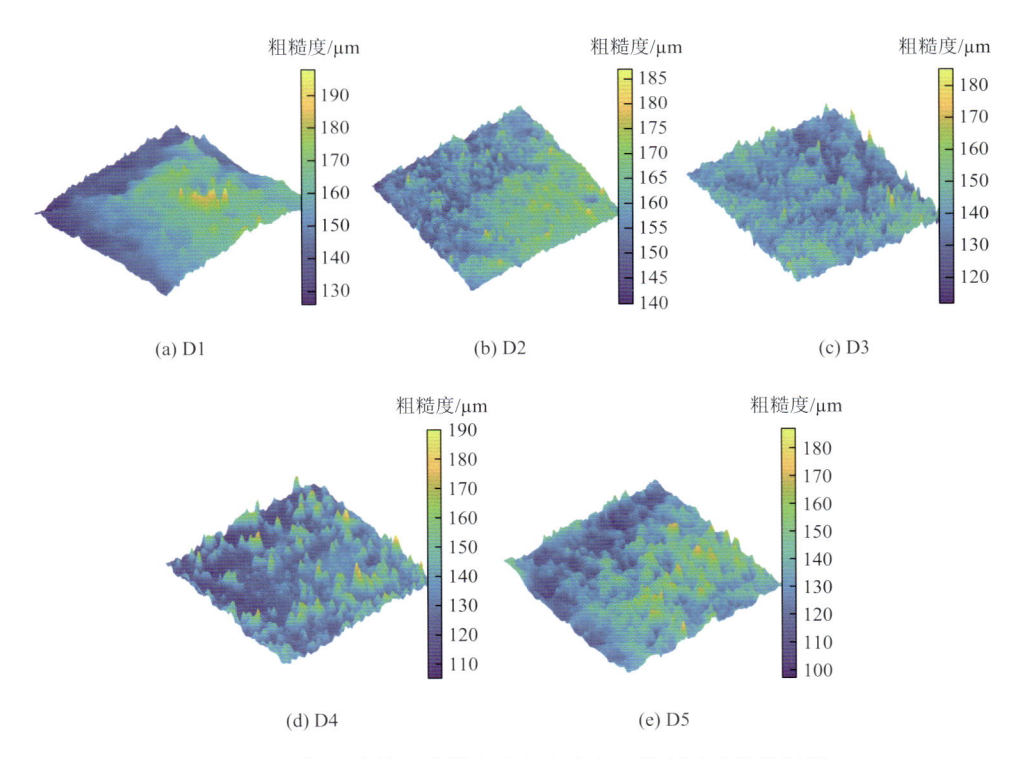

(a) D1　　　　　　　　(b) D2　　　　　　　　(c) D3

(d) D4　　　　　　　　(e) D5

图 5.13　各腐蚀等级试样表面灰度分布三维腐蚀形貌特征图

(2) 使用 ENVI 5.3.1 灰度共生矩阵算法,设置方向为 45°,像素点距离为 1。采用滑动窗口法,像素点邻域窗口区域大小设置为 6 像素×6 像素,可以得到各像素点的统计特征值。以 D4 腐蚀等级试样为例,获取各像素点的统计特征值后使用 Matlab 画出全像元各特征参量的灰度图,如图 5.14 所示。不同的灰度共生矩阵特征参量体现了图像的不同纹理特征类型。

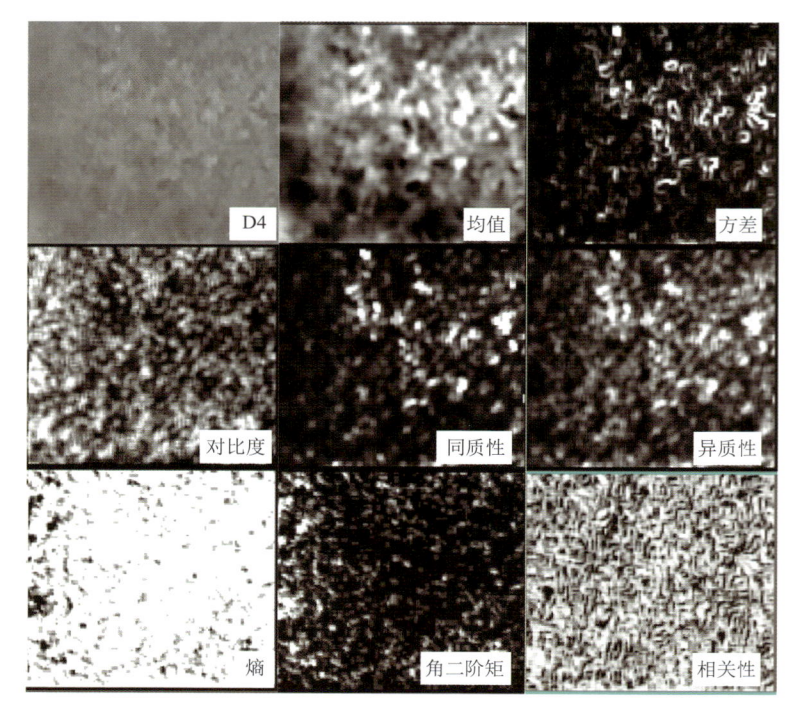

图 5.14 D4 腐蚀等级试样 GLCM 特征参量可视化灰度图

获取试样全像素点的特征参量后进行均值化，得到各腐蚀等级试样图像的整体统计特征值，然后进行对比分析，如图 5.15（a）所示。

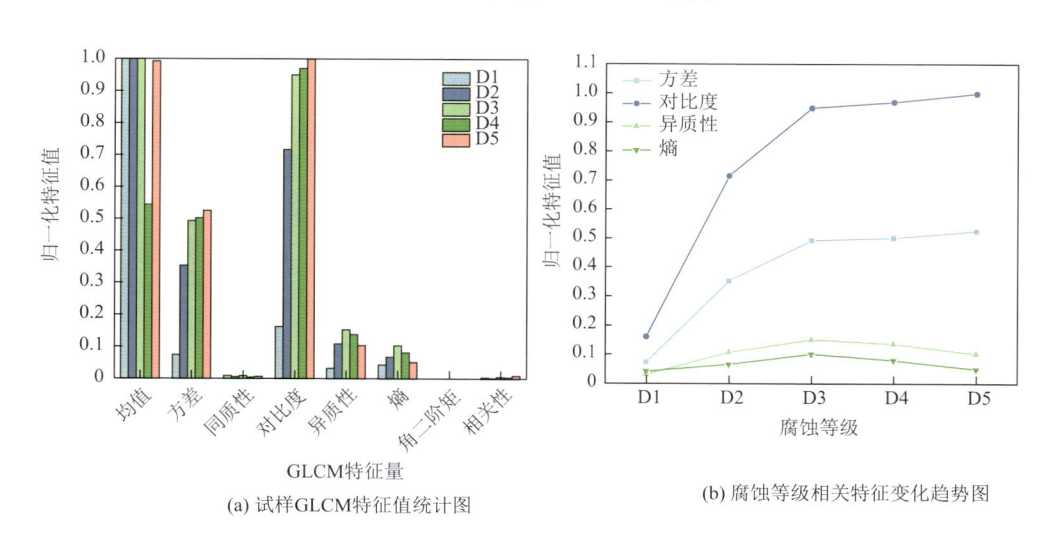

(a) 试样GLCM特征值统计图

(b) 腐蚀等级相关特征变化趋势图

图 5.15 试样腐蚀纹理特征随腐蚀等级变化趋势图

纹理特征随腐蚀等级升高的变化趋势如图 5.15（b）所示，可看出方差、对比度、异质性、熵等 4 种特征值与腐蚀等级存在紧密相关的变化趋势。对比度和方差反映了图像的清晰度和纹理的沟纹深浅，在碳钢腐蚀等级达到 D5 时，试样表面粗糙度最大，由此产生的纹理沟纹最明显，即图像的对比度和方差在 D5 腐蚀等级同时达到最大。异质性和熵体现了图像灰度分布的复杂程度：在腐蚀中期，试样表面蚀孔最多，单位面积的图像灰度分布最为复杂；到腐蚀后期，蚀孔相连为孔洞，区域内像素点的灰度值逐渐趋近，灰度分布复杂度减小。其他纹理特征参量无明显变化趋势，因此选用上述 4 种与腐蚀等级相关的图像纹理特征作为后续分类模型建立所需要的纹理特征参量。

5.3.2 试样腐蚀等级分类

处理分析上述原始数据，提取得到试样一系列与腐蚀等级相关的图谱特征，如光谱波段数据特征、颜色特征、纹理特征等，使用监督学习算法建立腐蚀等级分类识别模型。腐蚀等级分类是一个多分类问题，对于此类问题，如果原始训练样本线性可分，则可以找到一个线性函数表示的分类超平面对样本进行准确分析。但线性可分对样本数据要求比较苛刻，因此通常采用核函数方法（表 5.5），将原始特征数据通过某种变换映射到一个线性可分的特征空间内，再简单地对样本进行分类识别，即监督学习分类算法核函数法。

表 5.5 常用核函数表达式统计表

名称	表达式	参数
线性核函数	$k(\boldsymbol{x}_i, \boldsymbol{x}_j) = \boldsymbol{x}_i^\mathrm{T} \boldsymbol{x}_j$	$\boldsymbol{x}_i$，$\boldsymbol{x}_j$ 为样本特征向量
多项式核函数	$k(\boldsymbol{x}_i, \boldsymbol{x}_j) = \left(\boldsymbol{x}_i^\mathrm{T} \boldsymbol{x}_j\right)^d$	d 为多项式的次数，$d \geqslant 1$
高斯核函数	$k(\boldsymbol{x}_i, \boldsymbol{x}_j) = \exp\left(-\dfrac{\|\boldsymbol{x}_i - \boldsymbol{x}_j\|^2}{2\sigma^2}\right)$	σ 为高斯核的带宽，$\sigma > 0$
拉普拉斯核函数	$k(\boldsymbol{x}_i, \boldsymbol{x}_j) = \exp\left(-\dfrac{\|\boldsymbol{x}_i - \boldsymbol{x}_j\|^2}{\sigma}\right)$	$\sigma > 0$
Sigmoid 核函数	$k(\boldsymbol{x}_i, \boldsymbol{x}_j) = \tanh\left(\beta \boldsymbol{x}_i^\mathrm{T} \boldsymbol{x}_j + \theta\right)$	β 为控制输入数据的幅值调节参数，θ 为控制映射阈值的位移参数

由于试样的光谱波段数据特征，如颜色统计特征、纹理特征、光谱特征等图谱特征是异构特征，不同的特征所对应最佳的核函数不一定相同，而多核学习

（multiple kernel learning，MKL）算法能够通过核函数组合将不同的光谱特征映射到不同的高维特征空间，得到最佳映射。MKL算法结构框架如图5.16所示。

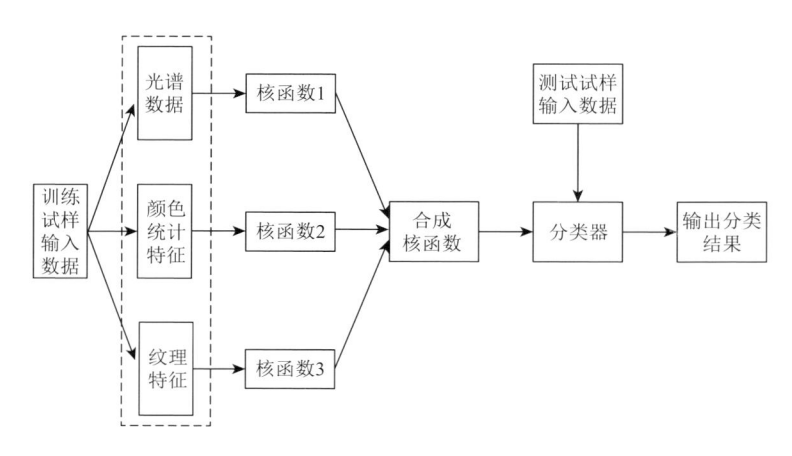

图5.16 MKL算法结构框架图

MKL算法通过寻找不同的权重系数得到最优的核函数组合，进而能够达到较好的分类效果，使最终的组合空间能够最为准确地对试样腐蚀等级进行分类识别。受限于制备的试样个数，为了提供更多的训练图谱特征数据以建立腐蚀等级分类模型，将试样以2:3的比例划分为训练集与测试集，同时把测试集单个试样的高光谱图像均分为两部分，可获得双倍的训练集样本。本节试样共有20个训练集样本和30个测试集样本。结合试样测试集的高光谱谱线数据和图像特征数据，使用MKL算法建立腐蚀等级分类模型，并对测试集试样进行分类。分类结果如表5.6所示，全试样腐蚀等级分类精度达到96%。

表5.6 试样腐蚀等级预测准确度

算法	腐蚀等级预测准确度/%		
	训练集	测试集	全试样
MKL	100	93.3	96

5.3.3 试样腐蚀区域可视化

现场运行的输电线路杆塔受到当地大气环境因素的影响，不同区域杆塔的腐蚀状态存在较大差异，甚至同一杆塔的不同位置由于结构、高度等条件不同而存在腐蚀状态差异极大的情况。通过无人机搭载高光谱仪可快速、高效地采集偏远地区输电线路杆塔整体的高光谱数据，进而对目标杆塔进行区域细分；随后分区域提取高光谱图谱特征进行腐蚀等级识别并将各区域腐蚀等级可视化,从而得到各区域的腐蚀分布特点。本节将验证对人工制备试样进行小区域划分,然后进行腐蚀等级分类方法的可行性。

实验室内制备的试样虽然整体腐蚀状态较为均匀,但碳钢样品的表面缺陷或划痕具有随机性。缺陷处首先开始进行腐蚀反应,并出现腐蚀产物,随着腐蚀时间的增加,腐蚀程度加深,腐蚀区域由起始腐蚀点逐渐向外扩散。在同等的腐蚀周期下,试样表面不同像元位置由于腐蚀进程不同,腐蚀等级会存在差异,因此对人工制备试样进行区域细分可用以模拟投运杆塔不同位置处的腐蚀状态。腐蚀区域细分流程图如图 5.17 所示,把前述双边滤波处理后的伪彩色图像划分为 4 像素×4 像素的小区域,对细分区域进行高光谱图谱特征提取,使用前述训练后的模型对测试集样本进行腐蚀等级分类,获得各细分区域腐蚀等级分类结果,随后按照各区域分类结果对不同腐蚀等级赋色后进行可视化展示,如图 5.18 所示。不同腐蚀等级下碳钢的腐蚀区域分布清晰,试样整体腐蚀等级取决于数量占优势的区域腐蚀等级,与其标签的真实腐蚀等级相符。

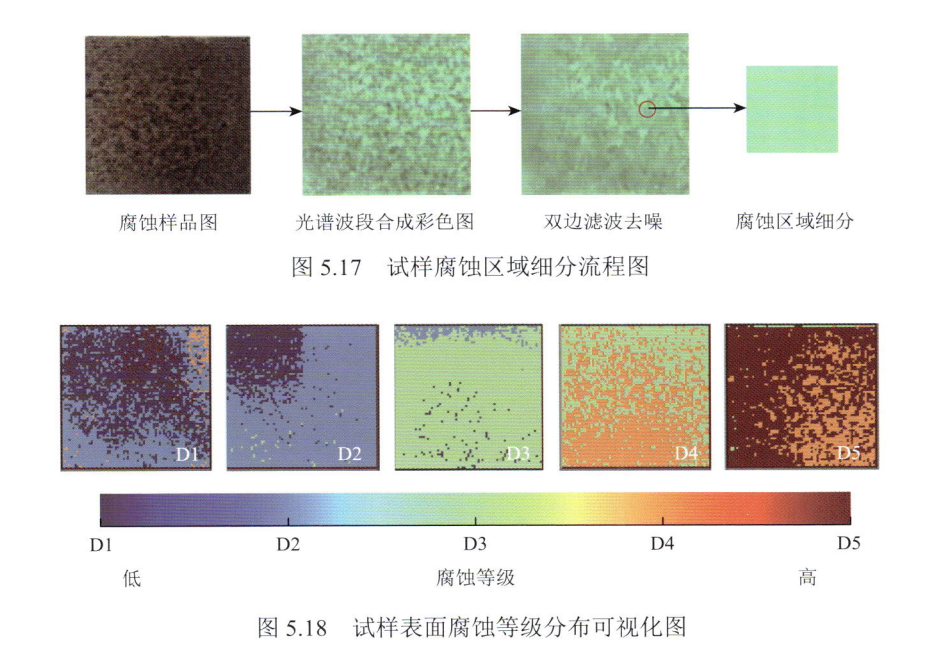

图 5.17 试样腐蚀区域细分流程图

图 5.18 试样表面腐蚀等级分布可视化图

5.4 碳钢腐蚀成分识别及含量反演

准确识别输电线路杆塔基材碳钢表面腐蚀产物的成分及其含量,对于制定杆塔的检修维护对策有着重要的指导意义。本章重点基于高光谱技术研究不同腐蚀等级下试样表面腐蚀产物的成分及其含量的变化规律。首先对试样腐蚀产物进行 X 射线衍射分析，得到不同腐蚀等级试样表面腐蚀产物的主要成分及其相对含量，该物质变化过程符合腐蚀进程机理，即向生成热力学稳定的腐蚀成分方向进行。将高光谱技术采集得到单一腐蚀成分的光谱曲线作为纯净端元光谱数据，并建立标准波谱库，分析得到各成分的光谱响应机制，以及人工对各腐蚀产物进行混合后物质的光谱特征。最后使用线性光谱混合模型对试样表面腐蚀产物高光谱图像进行全像元高光谱数据解混，建立基于高光谱技术的碳钢腐蚀产物成分及其含量识别模型。

5.4.1　混合像元分解

高光谱数据解混通常包括端元提取和丰度反演。由于高光谱传感器的空间分辨率较低，而在微观像元中物质存在混合现象，因此单个像元的光谱曲线数据通常是多个物质贡献的结果。对试样表面腐蚀产物成分及含量进行分析，首先需要确定单个像元所包含的物质种类，然后对混合像元中各物质所占比例进行计算，即丰度反演。试样全像元高光谱数据解混流程如图 5.19 所示。

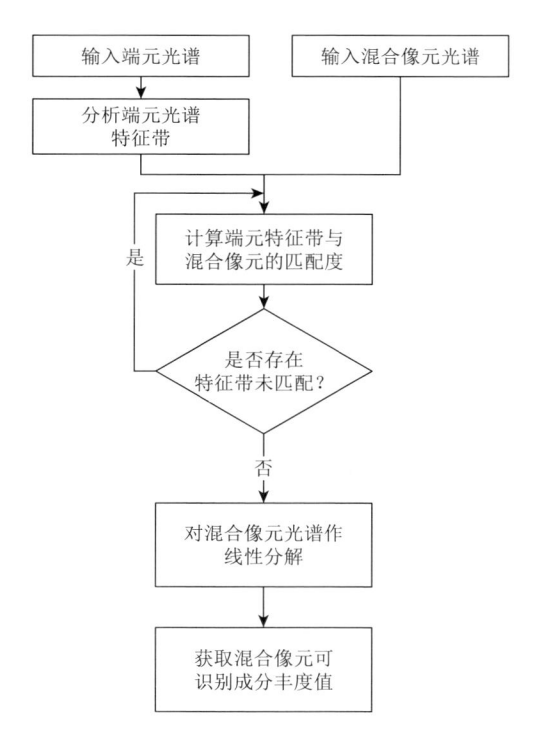

图 5.19　试样全像元高光谱数据解混流程图

5.4.2 腐蚀成分光谱响应特征分析

端元选取的"纯净"程度决定了线性光谱混合模型的拟合精度，为了能够更清晰、准确地识别混合像元中的物质成分及其丰度，端元应尽可能包含腐蚀产物中所有可能存在的成分。使用 X 射线衍射对不同腐蚀等级下的试样进行分析，发现中性盐雾环境下腐蚀产物的主要成分为 $Fe(OH)_3$、因此因此因此 γ-FeOOH、α-FeOOH、Fe_2O_3、Fe_3O_4 五种物质。由于不同腐蚀产物的分子结构、元素组成、晶体构型不同，对不同波段光能量的吸收特性不同，因此呈现出高光谱谱线的"指纹效应"，形成特有的标准谱线。对五种物质的纯净粉末进行压片处理，并获取其高光谱曲线数据，单一产物压片外观图和未腐蚀的 Q235 碳钢如图 5.20 所示。

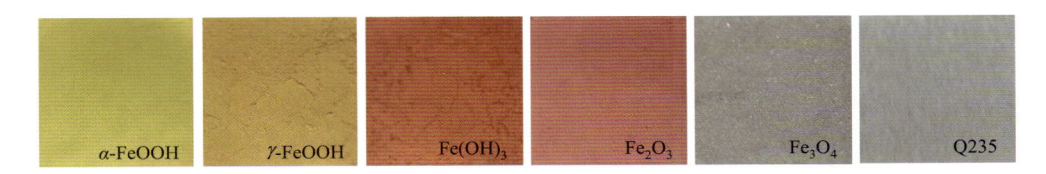

图 5.20　主要腐蚀产物单一成分和未腐蚀的 Q235 碳钢外观图

本书使用波段为 400~1000nm 的 GaiaField-F-V 10 高光谱仪对单一成分试样进行光谱数据采集，如图 5.21 所示。

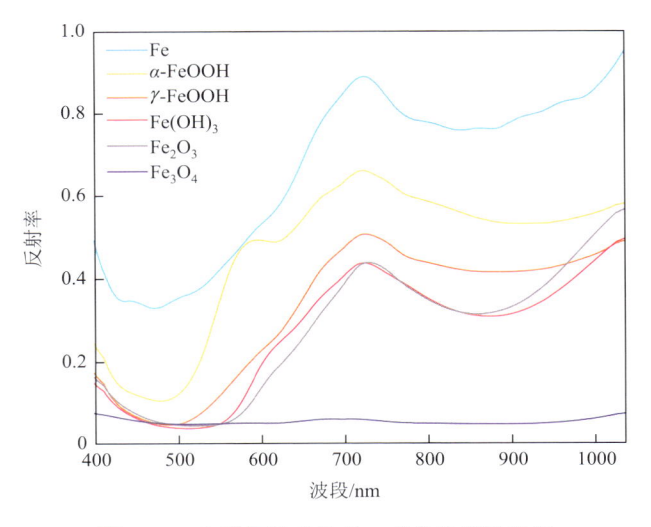

图 5.21　主要腐蚀产物单一成分光谱数据图

图 5.21 显示 α-FeOOH 在 590nm、720nm 处存在明显的吸收峰，吸收带较窄，反射率特征明显。Fe(OH)$_3$ 和 Fe$_2$O$_3$ 波形相似，在 720nm 处存在明显的吸收峰，吸收带较宽；Fe$_3$O$_4$ 在可见光波段范围内呈现出极强的光能量吸收特征，光谱曲线整体反射率较低，波形平缓，无明显特征波峰、波谷。各主要腐蚀成分纯净端元光谱曲线吸收带、波形等特征都明显不同，将单一成分表面的全像元光谱数据进行平均化处理，获得纯净端元光谱曲线。基于这一曲线，构建腐蚀产物的标准波谱库，进而利用高光谱技术实现腐蚀产物成分的准确识别与丰度反演。

由于碳钢在不同腐蚀阶段的表面腐蚀产物成分复杂且分布不均匀，单一腐蚀成分的光谱曲线难以体现出多成分混合后的光谱特征，因此将 5 种中性盐雾环境下的主要腐蚀成分按 1∶1 的质量比例进行两两混合，共有 10 种混合形式，混合物光谱曲线如图 5.22 所示。

两种成分等比例混合的光谱响应特征如下：①α-FeOOH 在与其他腐蚀成分进行等比例混合时会保留其在 590nm 处的特征峰；单一腐蚀成分光谱曲线在 720nm 处的特征峰发生向右偏移，偏移至 760nm 处成为混合物的特征峰；②Fe(OH)$_3$ 和 Fe$_2$O$_3$ 波形相似，与其他腐蚀成分混合物的光谱曲线也相似，除了包含 Fe$_3$O$_4$ 的混合物，Fe(OH)$_3$ 与剩下 3 种腐蚀成分的混合物的光谱曲线都会出现 780nm 处的特征峰；③因为 Fe$_3$O$_4$ 具有极强的光能量吸收特征，因此与其他腐蚀成分混合时，光谱曲线在 600nm 及以后的波段基本无明显的特征峰，整体波形趋于平滑。

将 5 种腐蚀成分按照 1∶1∶1∶1∶1 的质量比例进行混合，获取人工腐蚀成分混合物的光谱曲线如图 5.23 所示。混合物光谱曲线在 760nm 波段处出现特征峰，同时光谱曲线波形整体趋于平缓。混合物的光谱特征由单一腐蚀成分的光谱组合贡献而成。

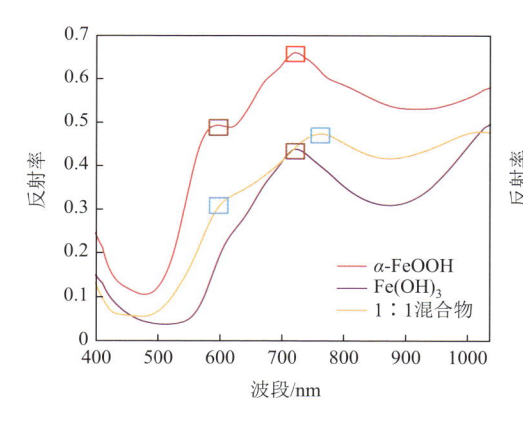

(a) α-FeOOH 和 Fe(OH)$_3$ 混合谱线对比

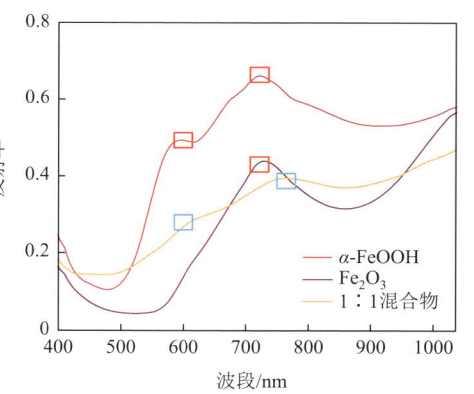

(b) α-FeOOH 和 Fe$_2$O$_3$ 混合谱线对比

(c) α-FeOOH和γ-FeOOH混合谱线对比

(d) α-FeOOH和Fe$_3$O$_4$混合谱线对比

(e) γ-FeOOH和Fe$_2$O$_3$混合谱线对比

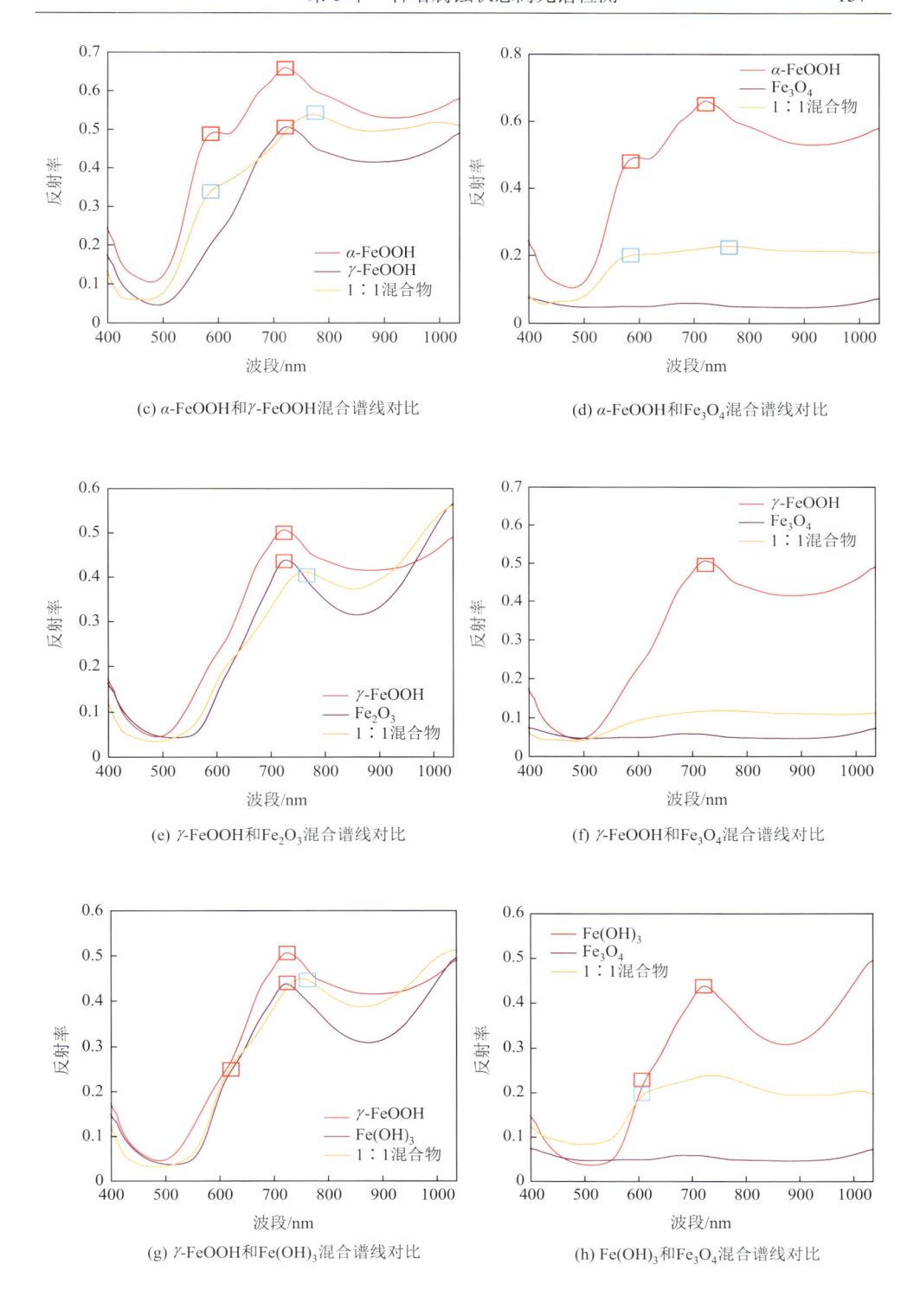

(f) γ-FeOOH和Fe$_3$O$_4$混合谱线对比

(g) γ-FeOOH和Fe(OH)$_3$混合谱线对比

(h) Fe(OH)$_3$和Fe$_3$O$_4$混合谱线对比

(i) Fe(OH)$_3$和Fe$_2$O$_3$混合谱线对比　　　　　(j) Fe$_2$O$_3$和Fe$_3$O$_4$混合谱线对比

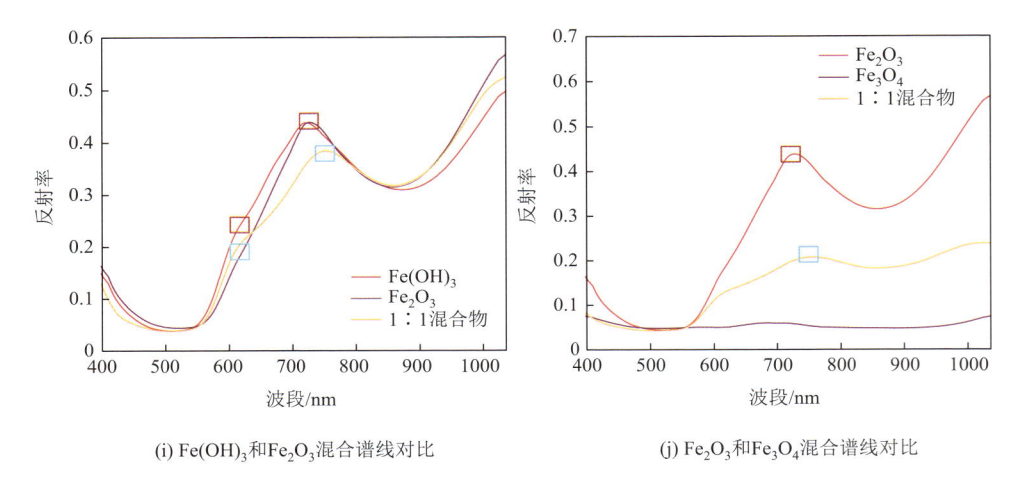

图 5.22　不同混合物光谱曲线图

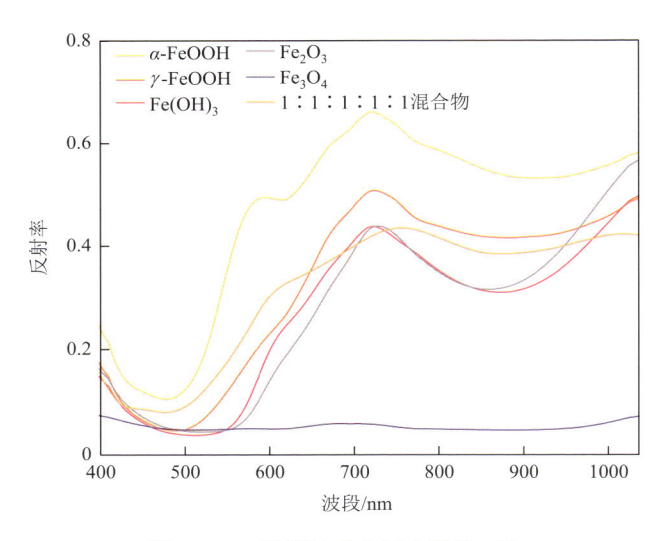

图 5.23　5 种腐蚀成分混合谱线对比

5.4.3　混合像元高光谱解混结果分析

5.4.3.1　线性光谱混合模型原理

线性光谱混合模型在高光谱解混中有着广泛的应用，模型假定混合物质在光源的作用下反射的光子不发生散射，各物质之间不发生反应，反射一次就进入成像仪的传感器中，混合物的光谱数据是它所包含全部物质成分的光谱数据的线性组合，权重就是各物质占混合物的比例。

线性光谱混合模型原理是将高光谱图像中单个像元的光谱数据作为研究对象，研究混合像元内各物质组成，以及其不同比例的光谱响应的线性关系。式（5.10）为线性光谱混合模型分解公式：

$$P_m = \sum_{i=1}^{n} f_i P_{mi} + \mathrm{EP}_m \tag{5.10}$$

式中，P_m 为高光谱图像中某个混合像元在 m 波段的光谱反射率；n 为此混合像元中包含的端元个数；P_{mi} 为此混合像元中包含的第 i 个端元 m 波段的光谱反射率；f_i 为端元 i 在此混合像元中的比例（丰度）；EP_m 为线性光谱拟合模型在 m 波段的拟合误差。各像元由选取的端元组合而成，因此比例系数 f_i 应满足以下约束条件：

$$\sum_{i=1}^{n} f_i = 1 \quad (0 \leqslant f_i \leqslant 1) \tag{5.11}$$

5.4.3.2 高光谱解混结果分析

图 5.24 是对各腐蚀等级试样全像素点高光谱数据进行高光谱解混后得到的各腐蚀成分丰度值生成的可视化灰度图。可以发现，Fe(OH)$_3$ 作为一种基本腐蚀产物在腐蚀过程中几乎覆盖了整个试样表面，同时在腐蚀起始阶段可看到图中出现

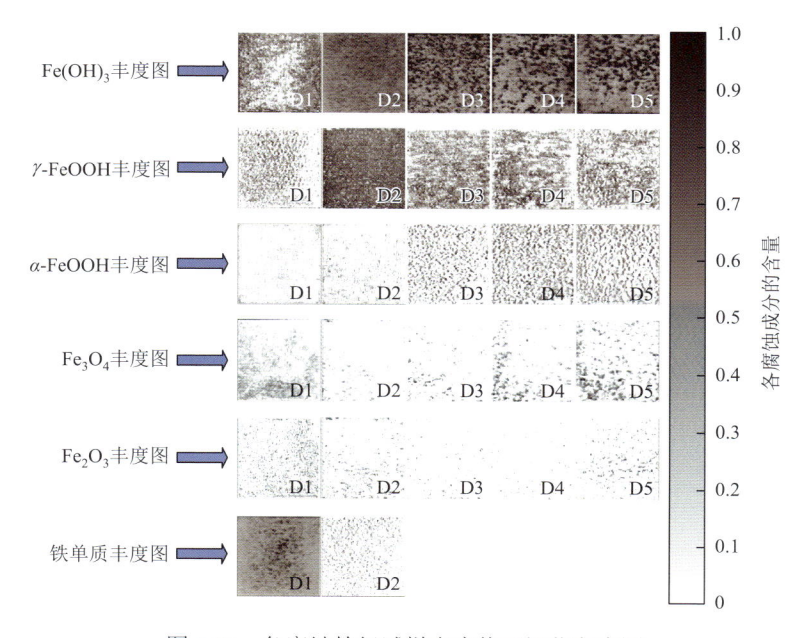

图 5.24 各腐蚀等级试样丰度值可视化灰度图

了铁单质，试样发展到 D3 腐蚀等级后，铁单质完全消失。这是因为在腐蚀起始阶段，腐蚀产物并未完全覆盖表面，部分像素点包含未腐蚀的碳钢外表面。在光谱数据采集过程中，部分混合像元的光谱曲线由腐蚀产物各成分和铁单质的光谱曲线线性组合而成。在腐蚀中后期，腐蚀产物几乎完全覆盖试样表面，试样表面全像元的光谱曲线基本由腐蚀产物组合贡献而成，几乎不存在铁单质。

对不同腐蚀等级腐蚀产物全像素点的丰度反演结果进行统计，高光谱识别统计结果如图 5.25 所示。高光谱识别结果显示，腐蚀过程的中间腐蚀产物 $Fe(OH)_3$ 含量最高，在 D3 腐蚀等级处达到峰值，然后缓慢降低；γ-FeOOH 含量变化趋势与 $Fe(OH)_3$ 相似；α-FeOOH 的含量随腐蚀等级的提高而先增后降，峰值为 11.5%。此三种含量最高的腐蚀成分的含量变化趋势与 X 射线衍射分析结果相似。Fe_2O_3、Fe_3O_4 的含量在 D2、D3 腐蚀等级下出现异常降低趋势，而这两种化学成分性质稳定，正常腐蚀反应进程中含量应随腐蚀周期的延长而增加，识别结果出现误差。在 D1、D2 腐蚀等级时，试样表面存在外露的铁单质像元，且高光谱识别含量较高；进入中期 D3 腐蚀等级后，腐蚀产物覆盖试样表面，铁单质对混合像元光谱曲线的贡献消失，造成 D3、D4、D5 腐蚀等级下高光谱识别铁单质含量结果为 0。

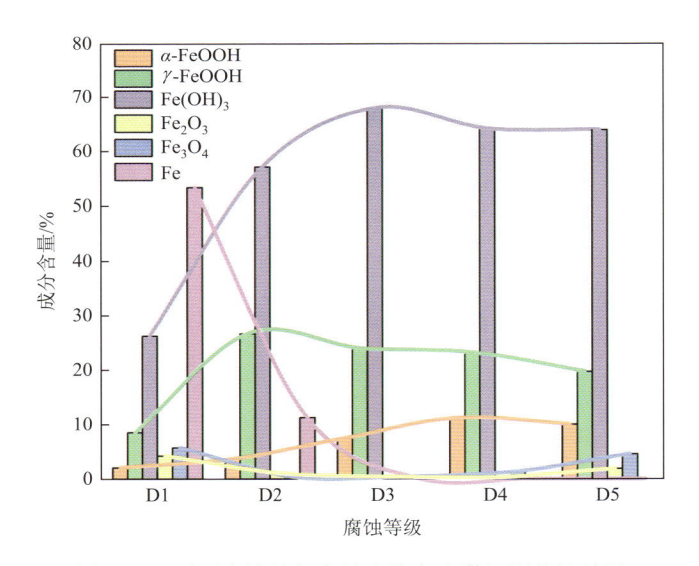

图 5.25 不同腐蚀等级腐蚀产物高光谱识别统计结果

X 射线衍射分析得到的腐蚀各成分含量与试样高光谱混合像元丰度反演结果误差分析如图 5.26 所示，结果显示高光谱识别的 $Fe(OH)_3$ 含量较 X 射线分析的结果偏高，误差较大，且误差随腐蚀等级的升高而先增后降，误差峰值达到 55%；

第 5 章 杆塔腐蚀状态高光谱检测

γ-FeOOH 识别误差峰值出现在 D1 腐蚀阶段，达到 29%；α-FeOOH 在全腐蚀等级下识别含量都低于分析结果，误差峰值出现在 D5 腐蚀等级下，为 31%；Fe_2O_3 除在 D1 腐蚀等级外，在其余等级下识别误差都偏高，在 D5 等级达到误差峰值 5%；Fe_3O_4 在 D4 等级达到误差峰值 12.5%，但 Fe_2O_3 和 Fe_3O_4 腐蚀成分在全部腐蚀产物中占比较小，识别误差更多地与 X 射线衍射软件计算结果有关。

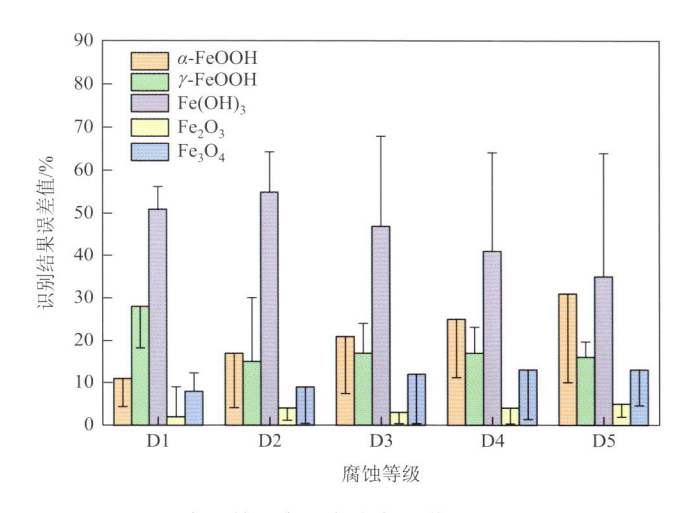

图 5.26 不同腐蚀等级腐蚀产物高光谱识别结果误差分析图

针对 α-FeOOH 和 Fe_3O_4 的高光谱含量识别出现异常偏低的现象，分析原因如下：在腐蚀前期，碳钢表面锈层主要腐蚀成分为 γ-FeOOH 与 $Fe(OH)_3$，随着腐蚀时间延长，γ-FeOOH 向性质更加稳定的 α-FeOOH、Fe_3O_4 转化。α-FeOOH 结构为层板块状，片状腐蚀产物间相互叠加，形成致密且连续的内锈层，对基体有着保护作用；Fe_3O_4 具有优良的动力学稳定性，同样是一种性质稳定且有致密性的腐蚀产物。这两种物质作为内锈层的主要腐蚀产物，使碳钢腐蚀逐渐稳定，即碳钢腐蚀产物增长速率降低。腐蚀后期，试样失重量增速明显减缓，腐蚀进入稳定状态。由于大部分 α-FeOOH、Fe_3O_4 处于内锈层，而高光谱成像仪在可见光波段范围内几乎没有透射能力，此时高光谱图像混合像元的光谱主要由外锈层物质的光谱曲线组合而成。然而，X 射线衍射分析是刮下所有腐蚀产物粉末，压片后再进行腐蚀成分的半定量计算，而高光谱技术只对外锈层及腐蚀凹坑内的腐蚀产物进行分析，这导致部分内锈层物质如 α-FeOOH、Fe_3O_4 等高光谱识别含量较分析结果偏低，而多存在于外锈层的 $Fe(OH)_3$、γ-FeOOH 高光谱识别腐蚀成分含量偏高，即高光谱含量识别和 X 射线衍射分析对不同物质成分出现了较大的识别误差。高光谱识别结果虽然与真实结果存在一定误差，但各腐蚀等级下腐蚀产物成分的变化趋势符合真实腐蚀发展情况。误差主要由内锈层成分难以识别造成，而内锈层腐蚀成分性质稳定，后续可进行大量试样腐蚀产物检测，以确定各腐蚀等级下内锈层产物的含量，从而减小高光谱的识别误差，实现更为精确的碳钢腐蚀成分及其含量的非接触检测。

5.5 某500kV直流输电线路杆塔高光谱遥测分析

5.5.1 输电杆塔遥测光谱数据采集

使用高光谱技术对室内中性盐雾试验制备的试样进行腐蚀等级及表面腐蚀产物成分分析，得到了较为良好的预测结果。为验证高光谱技术对投运杆塔表面腐蚀状态的识别效果，在某500kV直流输电线路进行杆塔高光谱数据采集及分析。试验时此输电线路已进入断电检修期，且已进行试验测试报备。由于杆塔所在位置山路崎岖，难以携带无人机、近红外光谱仪等设备近距离遥感测量拍摄杆塔全景，需在距离较远的平台处操控无人机进行遥测拍摄。为了安全起见，防止出现无人机撞塔、挂线等事故，拍摄期间无人机距杆塔直线距离保持在10m左右，光谱采集时光照强度为35023 lx。现场杆塔外观如图5.27所示。

图5.27 某500kV直流输电线路现场杆塔外观图

5.5.2 输电杆塔遥测光谱数据处理

使用机载近红外光谱仪获取杆塔高光谱图像后，对高光谱图像全像素点的光谱数据进行黑白校正、大气校正等预处理。由于现场是无人机遥测拍摄图片，难以与实验室内拍摄试样一样，无法确保有单一的目标区域，尤其杆塔结构错综复杂，杆塔钢结构区域与背景植被、天空、土地等在二维图像中存在交错叠加，因此需要使用图像分割方法尽可能准确地得到杆塔区域在图像中的准确二维坐标，才能单独提取杆塔区域的高光谱数据。本节中，首先对杆塔高光谱数据均值化后的灰度图进行亮度增强，然后使用最为常用的背景分割算法（即最大类间方差法）来获取二维坐标。但经过试验测试分析发现，一维最大类间方差法背景分割效果不理想，存在许多背景区域错分，进而使用改进后的二维最大类间方差法进行背景分割，分割效果得到明显增强。将杆塔图像的背景分割后，提取杆塔区域在图像中的二维坐标，然后再单独提取杆塔区域的高光谱数据，对其余背景物质坐标处的像素点进行掩膜处理，将背景光谱数据置 0，最后对杆塔区域像元光谱数据进行腐蚀等级分类。现场杆塔遥测光谱数据处理流程如图 5.28 所示。

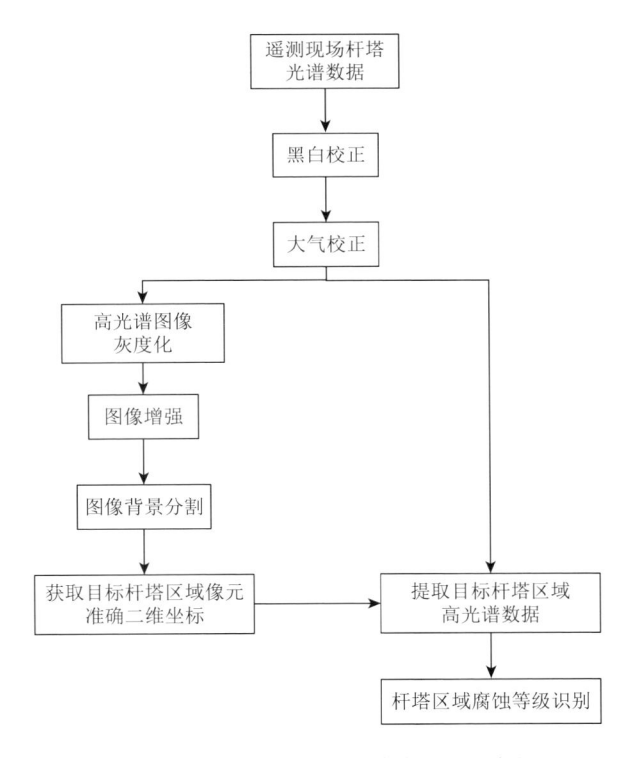

图 5.28 现场杆塔遥测光谱数据处理流程

5.5.2.1 遥测光谱数据大气校正

与实验室内对试样的高光谱数据进行预处理的方法有所不同，现场采集得到高光谱数据后需要进行大气校正。这是因为现场采集输电杆塔的高光谱图像是由无人机搭载高光谱成像仪飞到一定高度后拍摄获取的，图像会受当日大气和水汽等因素的影响。为消除影响，在拍摄杆塔区域的高光谱图像之前，需要在拍摄区域放置一块经中国计量科学研究院标定过的漫反射参考灰布，该灰布反射率为20%、面积为1.5m×2m。无人机升空后拍摄现场灰布放置如图5.29所示。

图 5.29　漫反射参考灰布现场放置图

无人机升空后拍摄获取一幅包含标准参考灰布的高光谱图像，按照下列公式得到消除大气、水汽等当天拍摄情况下的环境干扰因素。光谱反射率校正公式如式（5.12）所示：

$$R_{\text{fixed}} = \frac{R_{\text{ref}} \times R_{\text{std}}}{R_{\text{gref}}} \tag{5.12}$$

式中，R_{fixed} 为消除大气等现场干扰因素的光谱反射率；R_{ref} 为经黑白校正后的光谱反射率；R_{std} 为漫反射参考灰布的标定光谱反射率；R_{gref} 为漫反射参考灰布经黑白校正后的光谱反射率。

5.5.2.2　图像增强

由于无人机停留拍摄的位置与杆塔距离较远，高光谱图像中会存在大量同杆塔无关的背景区域，如天空、植被、土地等。为了去掉背景，单独提取目标杆塔部分的高光谱数据。首先对现场杆塔高光谱图像的全像元光谱数据进行全波段均值化，将全像元平均反射率数值转化为0~255灰度级，生成杆塔灰度图，如图 5.30（a）所示。但与正常 RGB 三通道合成伪彩色图均值化后生成的灰度图不同，高光谱成像仪的光谱分辨率很高，相邻光谱波段的反射率接近，导致全波段高光谱反射率数据均值化后生成的灰度图中各像元灰度级接近，在视觉感知中表现为均值化灰度图不同区域间的亮度差异较小，各背景与目标杆塔区域难以进行区分。

(a) 高光谱全波段反射率均值化灰度图　　　　(b) 图像增强后灰度图

图 5.30　原始图像与图像增强后灰度图对比

视觉感知并不能充分说明背景与目标区域间的区分程度，而图像的灰度直方图则是一种能够通过灰度值统计数据直接体现出图像的对比度大小、图像明暗程度的方法。灰度图像直方图源于对图像中每一个灰度级出现的频率统计，即展示了不同灰度级的像素点的分布情况。如果一幅图像灰度直方图的大部分像素点集中在某个小范围内，则说明这些像素点在灰度值上的差别很小，物体之间的界限不够清晰。如果图像的灰度直方图全灰度级像素点的个数近乎均匀分布，表明图像有着较大的灰度动态范围和比较高的对比度，更易于突出物体之间的差异。

杆塔全波段均值化灰度图的灰度直方图如图 5.31（a）所示，图像像元灰度值集中在 50～125 灰度级，说明图像整体对比度较差，这导致目标区域和背景难以进行区分。为了后续有效分离图像背景区域，采用特定算法调整原始图像的灰度范围，增强图像的对比度，以改善图像的视觉效果，凸显图像中目标杆塔与背景区域的灰度差异。在图像增强领域，对比度受限自适应直方图均衡化（contrast limited adaptive histogram equalization，CLAHE）算法能够有效地改变图像的对比度，更好地展现图像细节，并且能够有效抑制图像中噪点灰度值的放大。

(a) 原始图像灰度直方图　　(b) CLAHE图像增强结果灰度直方图

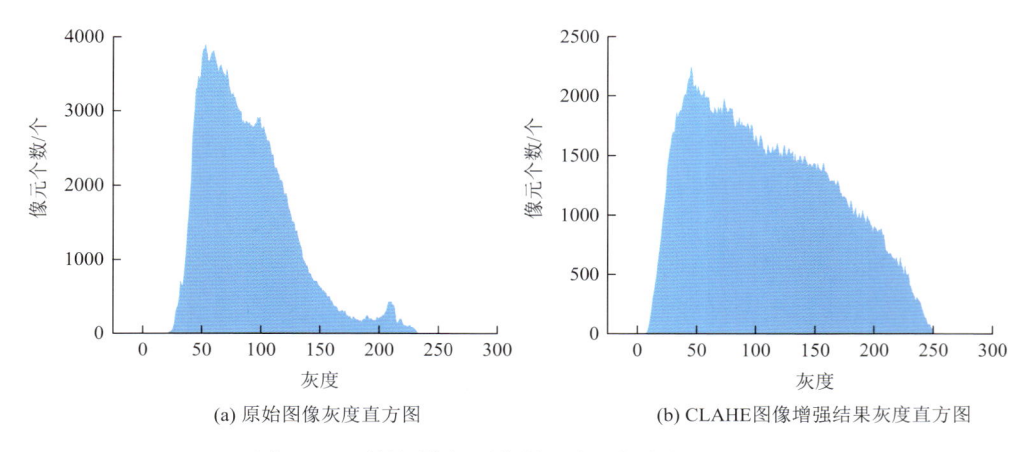

图 5.31　原始图像与图像增强结果灰度直方图对比

CLAHE 算法计算流程如下：

（1）把源图像进行分割，单区域大小相等且互不重叠。子区域的数量会影响到图像的增强效果，子区域数量越多，图像的增强效果越显著，同时图像损失的细节也越多，因此需要对数量的选取有所取舍。假定各子区域所包含的总像素值为 S，得到各个子区域的灰度直方图 $M_{ij}(k)$，k 表示子区域的灰度级。

（2）计算直方图的受限值 β。

$$\beta = \frac{S}{N}\left[1 + \frac{\alpha}{100}(L_{\max} - 1)\right] \tag{5.13}$$

式中，N 表示子区域中可能出现的最大灰度级；$L_{\max}$ 为最大斜率，它决定了对比度增强的幅值，一般取整数，范围为 1~4；α 取 100 时，β 取得最大值 $SL_{\max}/N$，大多数情况下此时对比度拉伸的效果最佳。

（3）由式（5.13）计算得到受限值 β 后，对子区域的直方图 $M_{ij}(k)$ 进行剪切，再将剪切下的像素点数重新分布到子区域直方图的各灰度级上；不断重复上述过程，直到分配完所有被剪切的像素值。此时子区域的灰度直方图由 $P_{ij}(k)$ 表示。

（4）对 $P_{ij}(k)$ 进行直方图均衡化处理，将子区域的灰度直方图拉伸至全部灰度级范围，此时子区域灰度直方图由 $T_{ij}(k)$ 表示。

（5）使用双线性插值法重构灰度值。

使用 CLAHE 算法对灰度图像进行图像增强处理后的灰度直方图结果如图 5.31（b）所示，当图像灰度直方图的灰度级扩大到全部灰度级，全像元灰度值在整个灰度级范围内分布均匀。由新的灰度值得到增强后的灰度图如图 5.30（b）所示，图中视觉感知对比度显著增大，目标杆塔与背景间的差异更加凸显，有利于后续进行背景分割。

5.5.2.3 背景分割

无人机拍摄现场杆塔区域的原始图像中存在许多无关背景，为了对目标杆塔区域的腐蚀状态进行识别，需要对图像进行背景分割。背景分割是基于图像灰度特征、图像边界特征等信息，去除背景后，保存目标区域。本节对使用 CLAHE 算法提高对比度后的灰度图使用背景分割算法，提取杆塔区域的二维图像坐标，从而在全像素点的光谱数据中精确提取杆塔光谱数据作为测试集，使用一维大津法（Ostu）进行杆塔腐蚀状态识别。

5.5.3 输电杆塔腐蚀等级识别

对图像进行背景分割后，绝大部分塔体与背景都得到了有效分离，杆塔区域的提取达到了较好效果。但是因为无人机的拍摄角度问题，图像中绝缘子与塔体交错，且绝缘子区域的灰度值与杆塔接近，背景分割无法去除图像的绝缘子部分，导致后续进行杆塔腐蚀等级分类时会对绝缘子区域进行误分。但绝缘子区域光谱曲线与塔体光谱曲线存在明显差异，谱线差异特征如图 5.32 所示。

图 5.32 绝缘子与塔体光谱曲线差异对比

通过提取绝缘子区域的部分光谱曲线作为训练集，对掩膜处理后的高光谱图像进行二分类，有效地去除了绝缘子区域，如图 5.33 所示，绝缘子区域被整体去除。因无人机在现场进行光谱数据采集时，会造成部分点位光谱数据畸变，导致极少部分像元点位的塔体被误识别，但该识别误差极小，整体识别效果依然良好，能完整保留塔体区域。

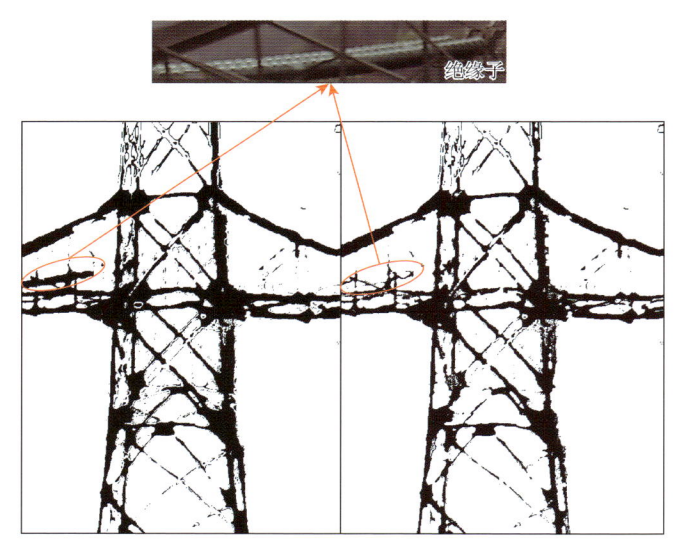

图 5.33 杆塔绝缘子区域去除前后对比图

由于无人机搭载近红外光谱仪与现场杆塔的直线距离在 10m 左右，且近红外光谱仪的图像分辨率较低，只有 640 像素×482 像素，因此单个像元覆盖塔体的区域较大，即单像元所占空间面积较大。而高光谱图像特征的提取要求目标腐蚀区域大小至少应占据图像多个像元，所以在本次对现场拍摄杆塔进行腐蚀等级识别时，不进行塔体识别区域的区域分割，以单个像元的光谱数据作为测试样本进行分析。因此，不使用塔体分区域的高光谱图像特征，仅把实验室内试验得到的各腐蚀等级谱线作为标准谱线，对现场杆塔进行腐蚀等级分类。分类结果如图 5.34 所示。

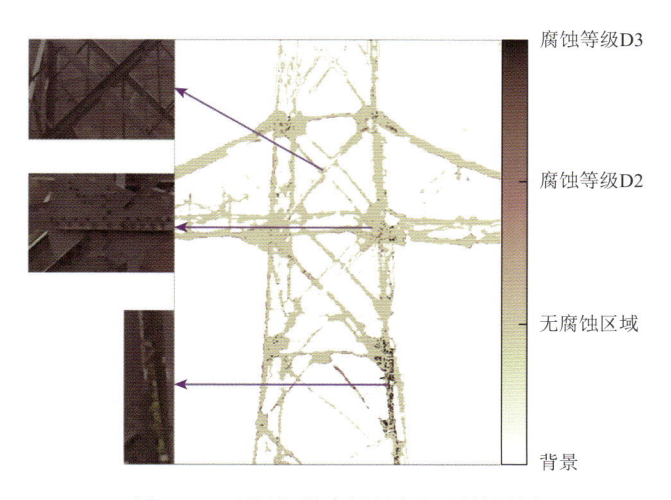

图 5.34 现场杆塔腐蚀等级识别结果图

高光谱识别结果显示塔体大部分区域未腐蚀，腐蚀区域多位于杆塔的横担螺丝处、塔体下部的右侧及塔体边缘。螺丝处和塔体边缘的腐蚀等级较低，多为 D2 腐蚀等级，塔体下部多为 D3 腐蚀等级。识别结果分析如下：杆塔所用角钢在安装前经过镀锌处理，同时本次进行遥测试样的输电线路运行时间不长，杆塔基材表面的镀锌层较为完整，大部分区域尚未腐蚀，但横担螺丝在安装时表面镀锌层遭到破坏，较早地进入腐蚀状态。杆塔下部腐蚀区域为连接两根主杆的横杆处，由于遥测高光谱图像中塔体出现了轻微的几何畸变，横杆位置在二维图像中与主杆位置重合，而横杆可能在安装时镀锌层破裂，其表面又易产生雨水积聚，从而发生腐蚀。将识别结果与腐蚀区域的现场拍摄照片进行对比，证明腐蚀区域识别结果与实际相符。由于本次针对的是投运杆塔进行无人机遥测高光谱数据，受条件限制，无法采集塔体表面腐蚀区域处的腐蚀产物进行单位面积失重量计算、X 射线衍射分析等来判断腐蚀区域的真实腐蚀等级，但高光谱识别结果与杆塔投运时间基本相符，即腐蚀区域应处于腐蚀初中期。

5.6 本章小结

杆塔的腐蚀是影响高压输电线路安全稳定运行的一个关键问题。传统的腐蚀检测方法只能通过分析杆塔所处地理区域内碳钢挂片的腐蚀情况，对运行杆塔整体腐蚀状态进行估测，但是对于结构复杂的输电杆塔，不同位置甚至不同高度的腐蚀状态都可能因腐蚀因素的不同而形成差异。本书通过采集实验室内人工制备的腐蚀试样表面的高光谱数据，基于高光谱技术分别建立碳钢腐蚀等级分类模型和碳钢腐蚀成分识别及丰度反演模型；然后使用无人机对现场杆塔遥测，获得杆塔的高光谱数据，验证高光谱技术对现场输电杆塔腐蚀等级分类的可行性。

参 考 文 献

[1] 陈强, 王建, 熊小伏, 等. 一种降雨诱发滑坡灾害下输电杆塔的监测与预警方法[J]. 电力系统保护与控制, 2020, 48(3): 147-155.

[2] Larsen K R. Assessing galvanized steel power transmission poles and towers for corrosion[J]. Materials Performance, 2016, 55(12): 24-28.

[3] 周经中, 何学敏, 孙阔腾, 等. 强腐蚀地区输电线路腐蚀及监测防护的研究现状[J]. 腐蚀与防护, 2021, 42(4): 1-8.

[4] Rodger J, Bartlett S, Atrens A. Corrosion of the galvanizing of galvanized-steel electricity transmission towers[J]. Materials and Corrosion, 2017, 68(8): 902-910.

[5] 刘爽, 胡新芳. 输电线路铁塔腐蚀等级评定规则[J]. 腐蚀与防护, 2017, 38(12): 969-973.

[6] 康迅洽. 高压输电线路状态检修及维护技术分析[J]. 科技创新与应用, 2015(24): 193.

[7] Woo S K, Youn B D, Kim K J, et al. Development of the corrosion deterioration inspection tool for transmission

tower members[J]. Journal of the Korea Institute for Structural Maintenance and Inspection, 2016, 20(4): 77-83.

[8] 刘爽, 高明德, 李圣争, 等. 输电线路铁塔腐蚀等级评定规则研究[J]. 山东电力技术, 2016, 43(11): 28-31, 50.

[9] 王栋, 孙永杰, 马祥飞, 等. 沿海地区输电铁塔的腐蚀监测[J]. 山东电力技术, 2018, 45(10): 32-36.

[10] 刘雨薇. 碳钢在南沙大气环境中的腐蚀行为与机理研究[D]. 合肥: 中国科学技术大学, 2020.

[11] Evans U R, Taylor C A J. Mechanism of atmospheric rusting[J]. Corrosion Science, 1972, 12(3): 227-246.

[12] Dünnwald J, Otto A. An investigation of phase transitions in rust layers using Raman spectroscopy[J]. Corrosion Science, 1989, 29(9): 1167-1176.

[13] Stratmann M, Bohnenkamp K, Engell H J. An electrochemical study of phase-transitions in rust layers[J]. Corrosion Science, 1983, 23(9): 969-985.

[14] Misawa T, Asami K, Hashimoto K, et al. The mechanism of atmospheric rusting and the protective amorphous rust on low alloy steel[J]. Corrosion Science, 1974, 14(4): 279-289.

[15] Alcántara J, Fuente D, Chico B, et al. Marine atmospheric corrosion of carbon steel: A review[J]. Materials, 2017, 10(4): 406.

[16] 宋玉, 陈小平, 王向东, 等. Q235B 钢和含 Cr 耐候钢在文昌海洋大气暴露的锈层特征与耐蚀性[J]. 腐蚀与防护, 2019, 40(9): 638-643, 649.

[17] 王佳, 贾梦洋, 杨朝晖, 等. 腐蚀电化学阻抗谱等效电路解析完备性研究[J]. 中国腐蚀与防护学报, 2017, 37(6): 479-486.

[18] Stricker M A, Orengo M. Similarity of color images[C]//SPIE Proceedings of Storage and Retrieval for Image and Video Databases III. San Jose, CA, SPIE: 1995.

[19] Haralick R M, Shanmugam K, Dinstein I. Textural features for image classification[J]. IEEE Transactions on Systems, Man, and Cybernetics, 1973, SMC-3(6): 610-621.

第 6 章　高光谱输电线路走廊树障检测

6.1　输电走廊树障概述

随着我国科技的快速进步和社会的不断发展，电力能源已经成为国家社会经济高速发展的重要支撑，并且随着经济的持续增长，我国各地区用电量也呈逐年快速上涨的趋势，显然电能已经成为人们日常生活中不可或缺的一部分。在我国的电网架构中，长距离高电压架空输电线路占据了显著地位，如图 6.1 所示，这些线路因特殊需求而广泛铺设于山区。山区地形复杂多变，植被繁茂多样，部分植被生长迅速，可能迅速超出输电线路及其周边环境的安全距离。这种情况不仅威胁着线路的稳定运行，严重时还可能导致树木与线路接触放电，从而引发树闪、火灾、人身触电事故，甚至导致电力系统停运，造成经济损失[1, 3]。

图 6.1　山区高电压架空输电线路

如图 6.2 所示，山区输电线路面临的主要威胁之一是树障[2]。其中，高杆树木是这类威胁的主要来源，它们的生长会给线路带来横、纵两个方向的入侵风险。横向入侵指的是树木树冠水平伸展至线路安全距离内，而纵向入侵则是指线路下方的树木垂直生长超过安全范围。尽管输电线路的架设高度在初期已通过严谨计算，不易受树木生长影响，但山区复杂的地势和多样的植被类型，特别是春夏季节树木的快速生长，使得原本不受影响的线路也面临树障的威胁。早期的巡检对树木种类关注不够，一些长势快、冠层高的树种在一定期限内对线路潜在威胁大，人工排除难度高。若等到树木生长到足以威胁线路运行的高度或者宽度时再进行巡检并砍伐，一方面，巡检难度大，在建设面积如此大的输电走廊内发现树障威胁十分困难，而巡检人员的人身安全也难以得到保护；另一方面，排除树障威胁也十分不便[3]，因为人工砍伐高大的树木容易发生倾倒，从而损坏输电走廊设施。

图 6.2 输电线路树障

目前，树障灾害防治主要分为两个部分：一是对线路植被进行安全距离即时测量，及时排除线路运行的潜在威胁；二是构建输电走廊的树障灾害动态监测与预警系统[4, 5]，该系统旨在长期追踪并监测区域内潜在的树障隐患。通过收集植被的生长信息、高度数据、树木种类及生长环境等关键信息，该系统能在潜在事故发生前发出预警，并提供预警的具体地理位置和相关详细信息，从而及时为运维提供有力支持。上述方法在一定程度上减轻了树障威胁，帮助电力部门提高运维效率，但树障检测及清理的工作量十分繁重，巨大的经济成本也是制约树障灾害防治的根本原因。人工巡检已经不足以支撑电力部门的树障灾害防治工作，现阶段多采用雷达等遥感设备对输电走廊的植被进行高度测量[4]。雷达等能够获取树木的冠层和线路的三维结构信息，但无法对树木的种类进行有效识别[6, 9]。在当前的电网建设与维护中，如何结合现有技术，既精确测量距离确保输电线路安全，又实现树木种类的快速、广泛识别，已成为业界极为关注的焦点。

国内外学者利用不同遥测技术对树种识别进行了大量的研究，大多采用光谱成像技术提取单木的树冠光谱特征。研究初期，人们使用机载多光谱遥感获取植被光谱反射信息[10, 11]，识别树木种类，但由于缺乏更加丰富的谱线特征，单木识别的准确率偏低。随后高光谱成像技术进入了研究人员的视野，其极高的波谱分辨率（最高达纳米级别）和极宽的波长范围（一般为 400～1000nm），能够更准确地探测到树冠之间细微的光谱差异，因此得到了广泛使用。激光雷达技术可以获取高精度树冠三维结构，能从大片的植被中分割出单木树冠，提取出单木树冠的高度、直径、面积等空间特征[12, 14]，但其丰富的空间特征仍有待于研究。

目前，国内外针对地物分类、树种识别已经开展了不少研究，科研人员多采用高光谱成像技术、激光雷达或者多系统混合方式进行地物识别与树种分类研究，具体研究如下文所述。

6.1.1 高光谱树种识别

国内外学者利用高光谱遥感进行树种识别已经有诸多研究，他们主要从叶片和冠层两个角度开展树种识别的可行性、识别潜力与识别特征研究，如图 6.3 所示。研究数据主要基于实测高光谱数据和航空航天光谱成像仪高光谱数据。高光谱遥感森林树种识别技术主要包括基于光谱特征、基于光谱匹配和基于统计分析的方法[15]。

(a)　　　　　　　　　　　　　(b)

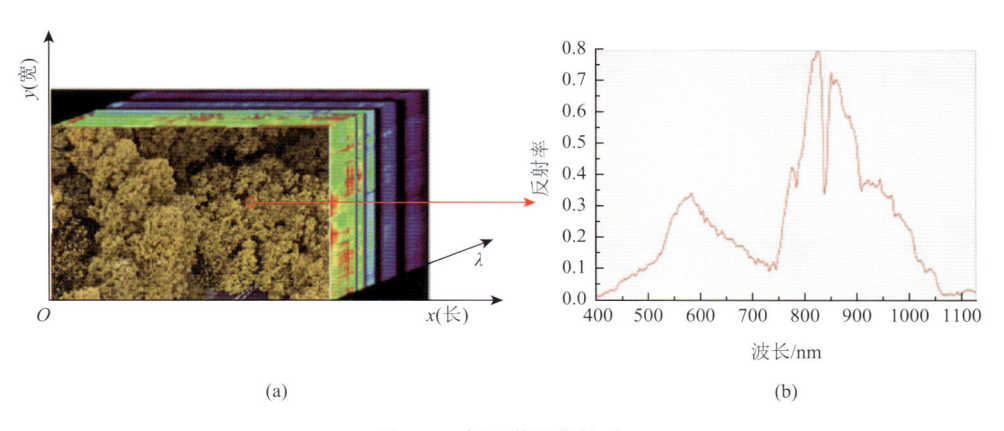

图 6.3　高光谱图像构成

研究人员尝试从叶片层面开展树种的识别工作。文献[16]通过获取不同树种叶片的高光谱数据，比较不同高光谱预处理方法和不同分类方法下树种的识别效果，最终实现了高精度树种叶片种类的识别工作，并从中得出高光谱树种识别的最优波段区间为 400～2500nm。

文献[17]从 7 种树木中获得高光谱反射率谱线共 161 条波带，范围在 437～

2434nm，并从叶片、像元和冠层尺度对树木进行了分类。发现近红外带（700～1327nm）是所有尺度上的重要区域，而可见光区（437～700nm）和短波红外波段（1994～2435nm）在像素和树冠尺度分类中效果突出。最终，叶片尺度和冠层尺度分别得到了100%和88%的整体识别率，结果表明叶片尺度的树种识别精度高于像元和冠层尺度。

从叶片层面开展树种识别的方式使得高光谱数据的获取更便捷，对象更直观，针对数据的一系列预处理和校正工作也十分简洁。但是在实际运用中，高光谱常常被用于大范围快速采集信息，如利用无人机机载的方式采集树种数据，因此通常获取的是树木冠层的光谱数据。由于树木冠层的反射特征和树叶光谱存在一定差异，目前更多的研究人员从树木冠层层面开展树种识别工作。

文献[18]在光谱测量中发现，树木的分类可以从叶片和冠层两种尺度进行。研究人员对6种植物叶片和冠层的反射率进行了测量，采用双样本t检验来评价叶片和冠层指数之间是否存在显著差异，并对树种识别的效果进行对比。结果表明高光谱仪器可以实现物种的分类工作，并且指出树木的冠层指数比叶片指数更适用于高光谱树种识别。文献[19]分别利用Hyperion高光谱传感器、多光谱传感器采集了加拿大维多利亚地区的5种森林树种的冠层光谱影像，对原始数据进行辐射校正后，利用特征选择和统计变换将Hyperion特征空间从198个通道减少到11个特征，对比其他两种数据分类识别效果发现，在冠层尺度中高光谱相较于多光谱数据更适合用于树种识别。黄锦等[20]利用HR-1024型高光谱成像仪获取三江平原洪河国家级自然保护区5种植物的冠层光谱数据，对数据进行大气校正后，从原始光谱中提取了25种效果较好的植被指数，并进行分类精度评价，结果表明利用高光谱植被指数进行湿地植物分类的精度总体为85%，高光谱植被指数可以作为植物分类的依据。徐念旭等[21]利用Hyperion传感器采集了我国安徽省黄山市五城镇林区的马尾松和杉木的高光谱数据，通过一阶、二阶微分变换后，再组合原始数据中的部分波段区间的反射率构成特征向量矩阵，结合支持向量机对树木种类进行识别，结果表明原始数据、一阶微分、二阶微分的总体识别率分别为76.5%、81.4%、88.5%。

高光谱因为优异的物种分类识别性能，而被广泛运用在相关领域。国内外目前主要在农业监测和森林资源调查方面开展了大量的高光谱树种识别工作。研究表明，对冠层高光谱数据进行特征提取，再与神经网络算法相结合，可以有效提高单木种类的识别精度。目前已有研究人员将高光谱运用在电气领域，开展输电线路走廊树种的识别。孙鸿博等[22]采集输电线路下方的优势树种光谱数据，通过一系列谱线变换方法，探明不同树种在不同波段的光谱特征差异，最终建立优势树种光谱库，为输电线路通道下林区的树种精细分类提供了理论和技术支撑。

6.1.2 激光雷达树种分类

目前，激光雷达（LiDAR）数据广泛运用在林业方面，其主要研究内容为点云类型判别、单木点云分割、森林参数反演、林区三维建模。随着 LiDAR 成像技术的不断成熟，LiDAR 成像同样被用于输电走廊树种分类，如图 6.4 所示。

图 6.4 输电走廊树种分类 LiDAR 成像

点云类型判别主要是从原始点云中分割出不同类型的地物，例如对建筑物和非建筑物、植被冠层和非植被冠层，以及其他类型地物的识别。单木分割主要是在获取林木点云数据后，把区域内的树木点云数据分割成单棵树木，以便获取单木的生长参数。森林参数反演和林区三维建模是在单木参数的基础上，进一步丰富森林信息。地物分类属于点云类型判别的一种，正受到研究人员的关注。文献[23]开展了基于 LiDAR 的树种结构参数测量，利用澳大利亚联邦科学与工业研究组织（CSIRO）生产的测距 LiDAR 系统获取森林点云，并构建森林结构参数，包括胸径的均值、竖直高度、树的距离、系统计数密度、叶面积指数（leaf area index，LAI）等，随后从澳大利亚新南威尔士州唐巴兰姆巴（Tumbarumba）附近的两个地点收集了地面真实数据验证了检索结果。这些早期试验证明了激光雷达快速准确地反演森林结构参数的潜力。文献[24]利用 FAROPhoton120 型地面激光雷达在研究区内获取 4 个树种共 92 棵树木的点云数据，建立 6 个测树因子和 6 个组合树形特征参数，分别采用支持向量机、分类回归决策树和随机森林的方法，对树进行了分类识别；测树因子识别平均准确率为 76.5%，分类效果较好的算法依次为分类回归决策树、随机森林、支持向量机；而组合树形特征参数的识别平均准确率为 89.1%，分类效果较好的方法是随机森林和支持向量机，其次是分类回归决策树；研究结果表明，结合地面激光雷达获取的点云和不同机器学习分类方法进行树种识别分类可以达到满意的效果。文献[25]利用 LiDAR 扫描获取树木的光探测和测距数据，并将其作为遥感数据源，将 5 种树木作为研究对象，分别提取树木相对聚类特征、点云分布特征和树木表观特征 3 个特征类共计 68 个特征参量，采用支持向量机提取最优的特征参量进行建模分析；三种特征下最优特征参量识别准确率分别为 45%、58.8%、66.8%，而基于三种特征组合下识别准确率达到了 87.5%；研究表明，利用树木的组合特征参数进行树种分类，可行性较高。

6.1.3　基于高光谱与激光雷达融合树种分类

基于高光谱或者 LiDAR 的树种识别取得了不错的效果，但在实际工程应用中两种技术各自存在诸多缺陷，使得树种识别精度下降，为了相互弥补缺陷，有学者将两种数据融合在一起尝试解决树种分类问题。文献[26]提出了一种将高光谱和 LiDAR 数据相结合的方法用于单木的分类；研究人员获取日本东京多摩森林科学园的高光谱数据和 LiDAR 数据，对高光谱数据进行主成分分析而获得光谱特征，对单个树冠的 LiDAR 数据进行分析后得出单个树冠特征；将光谱特征和树冠特征相组合，逐像素输入到支持向量机分类器中，并分类为 16 种树种；结果表明，加入树冠的 LiDAR 特征进一步提高了分类性能，这也证实了 LiDAR 和高光谱共同用于树种分类的优势，但是文献中基于像素点对象的分类和基于单木对象的分类还存在技术差异。文献[27]研究了"单波段"或"多波段"（即全波形）高光谱数据与 LiDAR 的融合，进行树种制图；对真实的 APEX 高光谱和 LiDAR 数据进行融合的试验结果证实了所提出的深度融合框架的有效性，与单个数据源和之前的深度融合体系结构相比，该文献提出的方法在总体分类精度和平均分类精度上分别提高了 82.21%、87.10% 和 76.71%、86.45%。Dutta 等[28]基于特征的数据融合方法，结合机载 LiDAR 和高光谱数据，开发了一种最小绝对偏差（least absolute deviations，LAD）轮廓估计方法，即使用高光谱数据识别植被物种，再使用点云 LiDAR 数据描述树木的"树形"体素，以表征河岸森林环境中树木的 LAD；文献中指出重叠单木之间的简单几何形状关系，可用于构建树状轮廓；结果表明，在树冠重叠的森林环境下，结合高光谱和 LiDAR 数据能更好地提取树种信息。

6.2　输电走廊树障测量

树障测量是通过测量树木与线路带电部分的距离（即树木净空）来判断树障的危急程度。树木净空越小，其隐患等级越高，对测量的精度要求也越高，如表 6.1 所示。

表 6.1　500kV 超高压输电线路树障隐患等级表

隐患等级	树木与线路距离(树木净空)/m	危急程度描述
A	<5	树障已危及线路安全运行，随时可能导致线路发生事故
B	5～7	树障对线路安全运行已构成严重威胁，短期内线路尚可维持安全运行
C	>7	树障对线路安全运行威胁较小，在一定期间内不影响安全运行

树障测量结果受人员技能、工器具、外界环境、测量方法等因素影响。测量方法受线路地理环境、树木与线路位置、树障的规模数量等因素制约，同时，还必须保证测量过程符合电力生产的安全规范，因而，树障测量工作有其专业性和特殊性。为减小测量误差，须正确选择测量方法，准确判断树障隐患等级。

6.2.1　输电走廊树障识别检测

常见的输电线路树障检测方法有：目测法、经纬仪测量、激光测距法、无人机巡检法[29]。

1. 目测法

目测法是依靠巡检人员的直觉和经验，利用目测直接判断树木的树高和树木净空信息。现场应用时，目测法有一些小技巧，例如通过选取合理的参照物，以提高目测数据准确性。参照物应选择线路上常见的、有固定尺度的物体，由此常用绝缘子串和次档距作为参考，以提升估值的准确度。目测法优点是不需要借助仪器，应用灵活，缺点是数据精确度不高。目测法作为树障隐患筛查的第一步，一般用来估计离线较远的树木净空。如果目测判断树木净空小于 10m，可列入复测计划，采取其他仪器进行测量。

2. 光学经纬仪

光学经纬仪是测绘专业常用专业仪器，其精度在常规方法中是最高的，试验误差在厘米级别。对 7m 以内的树障检测都优先使用经纬仪跟踪测量，以确保对危急树障情况的及时掌握。但是，经纬仪需要有经验的专业测量人员使用，才能确保其精准度，并且每次用经纬仪设备进行测量时，需要安排专门的人员和车辆，测量过程中同样需要两人配合。另外，经纬仪在使用过程中对地形有一定的要求，必须在视野开阔的地带，测量人员能顺利看到远处塔尺才能测量。因此，对于某些大面积树障，若最小的树木净空在树林内部，无法从外部直接观测时，经纬仪一般难以发挥其优势。在此特殊情况下，可以利用特殊支架，将经纬仪固定在铁塔上某个位置，观测档内树木净空及树高。典型的简单应用就是不断调整经纬仪在铁塔上的高度，当经纬仪与线下树障顶部成水平零度角时，经纬仪所在的高度即为树障的高度，然后通过其他方式测量导线对地的距离，从而得出树木净空。

3. 无人机巡检

无人机巡检主要是依靠无人机灵活机动的特点，携带可见光、红外测温、激光雷达等多种传感器，到达人类不易到达的区域采集架空输电线路的现场数据，如图 6.5 所示。可见光和红外测温传感器分别用于检查如铁塔线夹、绝缘子等电网设备的外在缺陷和内部隐患，而激光雷达针对线路周围的树障隐患进行测量。如图 6.5 所示，无人机沿线飞行通过机载激光雷达扫描线路和周围的环境点云数据，并将数据传回后台系统做三维模型计算，依据滤波算法将导线、树障隐患、建筑群等不同特征的点云分离，建立高精度模型地图，从而更准确地进行线路运维管理。

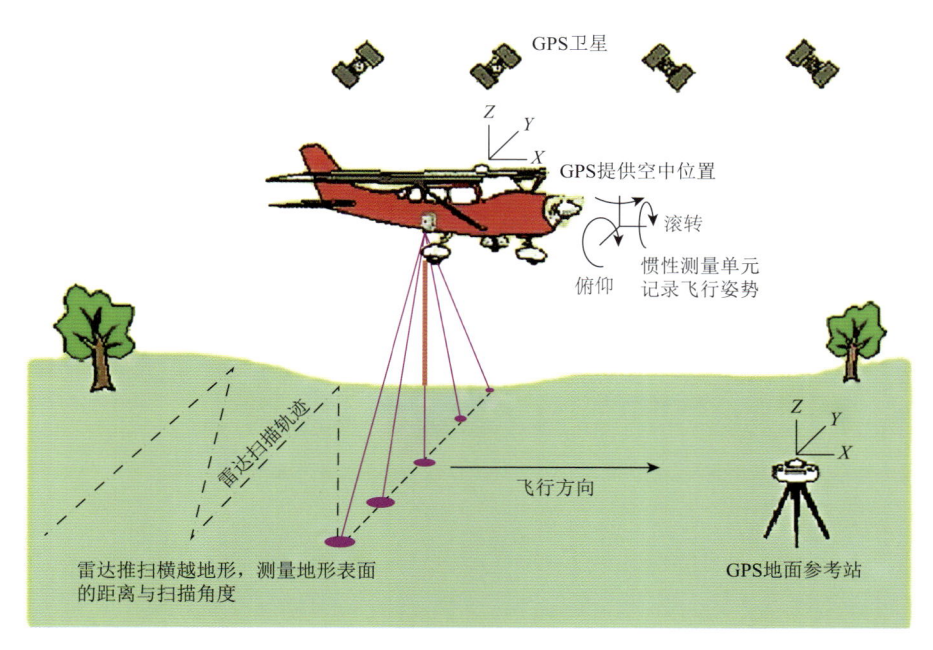

图 6.5 机载激光雷达成像

随着遥感科学的持续发展研究和应用推广，目前无人机巡线技术在部分地区已经逐渐取代了人工巡线，形成"机巡为主，人巡为辅"的运维模式，在线路运维工作中发挥了突出作用。但无人机巡检受制于电源的续航能力和民用航空空间管制，无人机飞行距离和范围有限，因此只适用于部分重点区域或重点线路深入巡检。

6.2.2 高光谱树障检测优势

传统的植被高度测量方法仅能有限地对植物高度进行测量，无人机巡检虽在一定程度上能够对树木种类进行识别，但效果并不理想，为制定有效的输电线路树障预防策略，需要针对性地判断出速生类树木。目前，大范围树障防护常用的手段是使用雷达装置对树障遥测，然而由于显像机制的限制，雷达类遥测装置无法进行确定性的种类识别，往往需要工作人员依靠经验判断像素点汇集的树木形状，这可能存在一定误差。高光谱成像仪作为近年新兴的光学成像仪器，是光谱成像技术日益成熟的结果。其工作原理是利用成像光谱仪，在多光谱成像的基础上，对目标物体光谱覆盖范围内数十乃至数百条波段连续成像。其谱段包括从紫外区到近红外区乃至远红外区，跨越整个电磁波波谱，能够为地物识别提供丰富的光谱信息。相较于传统多光谱，高光谱成像仪不仅光谱响应范围更广，分辨率也更高，能够在较小的范围内对地物实现更精细的分类。

高光谱分类已经在植被及树种识别方面取得了一定成果。宋仁飞[30]通过对杉木、马褂木、马尾松和樟树四类树木叶片光谱的采集分析，研究出区分四类树木的最佳波段窗口。王皓飞等[31]通过对大叶黄杨、国槐、毛白杨、山桃四种叶片光谱的波段数据进行分析，提取出特征谱段，将地面光谱数据与卫星光谱数据结合，实现地面数据模型到卫星数据模型的转化。陈丹[32]和李延峰[33]使用 HJ-1A 卫星数据，在广域领域对植被类型进行区分，验证了高光谱分类大类植被的可行性；其中，陈丹使用 HJ-1A 卫星 HIS 高光谱数据，通过判断 DN 最值与红边位置区分出亚热带落叶林、常绿阔叶林、灌丛、草丛、稀疏植被覆盖区五类植被区域；李延峰使用多季 HJ-1A/BCCD 卫星数据，对四个典型芦苇湿地分布区进行分类，利用四季不同植被的差异性光谱反应，区分出芦苇、水体和其他草本植物

6.3 高光谱树障种类识别

6.3.1 高光谱-LiDAR 单木分割

单木准确分割能够对后续的树障单木种类识别起到良好的支撑作用，因此提高分割精度十分必要。单木种类识别属于基于对象的模式识别，需要构建能够表征单木自身属性的特征参量。单木点云空间特征从三维结构范畴对单木属性进行了表征，如单木等效高度、树冠面积、树冠体积等，而不同种类的单木其光谱信

息也存在一定差异信息，因此光谱特征参数集和单木特征参数集的构建十分必要。本章首先采用不同单木分割算法对区域点云数据进行单木分割，并对分割结果进行高光谱数据的决策融合来提高分割准确率，然后逐一建立单木的特征参数集，包括单木光谱的特征波段、点云强度、密度及形貌指数等[34, 36]。

1. 基于单一数据源的冠层单木分割

常用的分割算法一般为基于冠层高度模型（canopy height model，CHM）的单木提取方法和基于点云分割的单木提取方法

通过数字表面模型（digital surface model，DSM）和数字高程模型（digital elevation model，DEM）作差值计算的方式获取研究区域的 CHM，计算中 DSM 和 DEM 的地面栅格大小必须一致，为 1m×1m，最终生成同样栅格大小的 CHM。CHM 通过像素亮度的方式在一定的地表面积上反映了地表冠层距离地面的垂直高度，在 CHM 上单棵树冠中央具有极大亮度值，认为是树冠顶点，周围树冠高度依次降低，整个地表冠层呈现山峰一样的高低起伏，树冠和树冠间存在明显灰度低值区域，发生像素亮度的跃变。由于这一特征，基于得到的 CHM 数据，人们能够使用数学形态学的分水岭分割算法识别和分割单棵树木。其基本思想是把测量得到的冠层高程图像翻转看作地形的一种拓扑结构，将 CHM 高点看作山谷，CHM 低点看作山峰；从山谷开始往山峰处搜寻，海拔会不断升高，当翻过分水岭后到达下一个山谷的时候，海拔又会开始降低；此时认为高度开始下降的点是分水岭的最高点，最后得到两个山谷的分水岭，并以此为界将各个区域分隔开，完成对区域点云的分割，获取单木空间位置。通常把 CHM 的梯度图像作为输入图像，如式（6.1）：

$$g(x, y) = \text{grad}(f(x, y))^2 \qquad (6.1)$$

式中，$f(x, y)$为原始图像；grad()为梯度运算，表示和相邻高度的差值。

随后，选取梯度变化最慢即梯度值接近 0 和具有高程信息局部极大值的点为山谷，该点满足式（6.2）和式（6.3）。

$$g(x, y) = 0 \qquad (6.2)$$

$$h(x, y) = \max(z) \qquad (6.3)$$

式中，z 为 CHM 的局部点云高程值集合，满足两个公式的(x, y)即山谷所在位置，得到山谷位置后，采取迭代计算最终确定分水岭的位置，并连接分水岭，将单木的位置分割开来。

采用分水岭算法对生成的 CHM 进行分割，如图 6.6（a）所示是研究区域 43#、44#杆塔段的 CHM，不连续的白色圆点表示存在较高的地形，而暗色区域为低点；利用图 6.6（b）分水岭算法对该区域进行处理，最终得到如图 6.6（c）所示的分割结果，以封闭环形表示该区域单木位置。

(a) 杆塔段CHM　　(b) 分水岭算法　　(c) CHM分割结果

图 6.6　分水岭算法对 CHM 分割过程

无论是用哪种方法进行单木分割，都存在过分割和欠分割现象。过分割是指原本单一树木被分割为多棵树木的过程，而欠分割是指分割出来单木少于真实单木数量的过程。CHM 单木分割是在二维尺度上的分割方法，分割效果受分割对象地面分布的影响，可能会出现欠分割和过分割的情况。当树和树之间存在高度重叠时，容易将两棵树分割为一棵树，出现欠分割现象；当空间中含有非植被高程或者受冠层局部最小值影响，则会出现过分割现象。

点云分割算法通过分析空间点云的高程值以及与其他点间的距离，以确定待分割的单木，获取单木位置、树高、冠幅直径、冠幅面积、冠幅体积等属性信息，是在三维尺度上的分割方法。相较于 CHM 单木分割方法，点云分割能有效地避免出现大量欠分割现象。该算法由 Lisein 等[37]开发，以归一化后的 43#、44#杆塔段的归一化空间点云为原始数据，将单棵树木从点云中一棵一棵地分割，算法原理如图 6.7 所示。

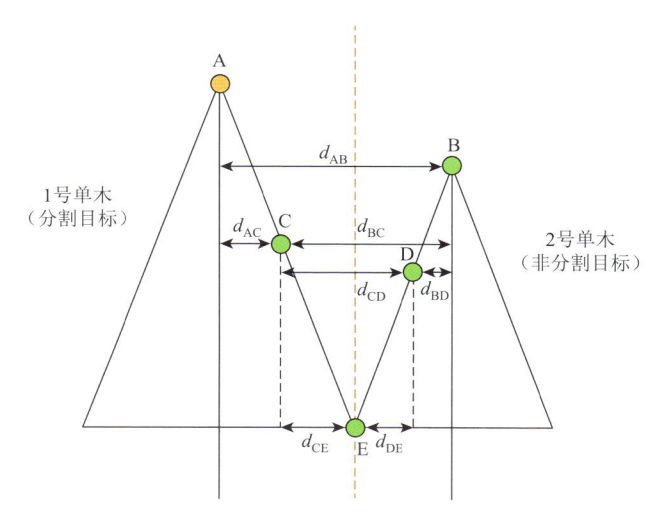

图 6.7　点云分割方法

如图 6.7 所示，从点 A 开始，根据间距临界值和最小间距规则，对低于点 A 的点进行聚类判别。首先将点 A 的类别定义为 1 号树木，是单木最高点，将其视作 1 号树木的树顶；此时对低于 A 的点相继进行分类，点 B 被分类成 2 号树木，因为间距 d_{AB} 大于一个预设的临界值 k；然后判断下一个点，点 C 到点 A 水平间距 d_{AC} 小于到点 B 的水平间距 d_{BC}，点 C 的类别被设定为 1 号树木；同理，因为 d_{BD} 小于 d_{CD}，点 D 被分类成 2 号树木；d_{CE} 大于 d_{DE}，点 E 被分类成 2 号树木。在最初对点 B 进行判断时，预设的临界值是一个经验值，一般取值为树冠半径。由于区域冠层半径不一致，会存在设置的临界值 k 过大或过小的情况，最终分割结果会像 CHM 单木分割法一样出现欠分割和过分割的情况。

基于 CHM 和归一化后点云数据进行单木分割，两种数据均来源于 43#、44# 杆塔段，前面章节已通过原始数据处理得到。试验区域面积大小为 100m×70m，单木总数经过前期调研为 231 棵，该区域植被生长集中，冠层半径较小，点云分割算法的起始临界值 k 根据实际情况设置为 1.5m。统计两种分割方法下的单木分割数量，对两种单木分割方法进行对比，评价指标主要是单木数量，包括欠分割数、过分割数、漏分割数及匹配总数。漏分割数指分割结果相对于实际单木位置未正确分割出的数量，匹配总数指分割结果相对于实际单木位置分割正确的数量。

如图 6.8 所示，基于 CHM 和点云分割的结果中，过分割现象严重，而欠分割和漏分现象较轻，最终能够与实际单木匹配的数量远远低于分割总数。结果表明两种方法均未在单木分割中取得良好的效果。

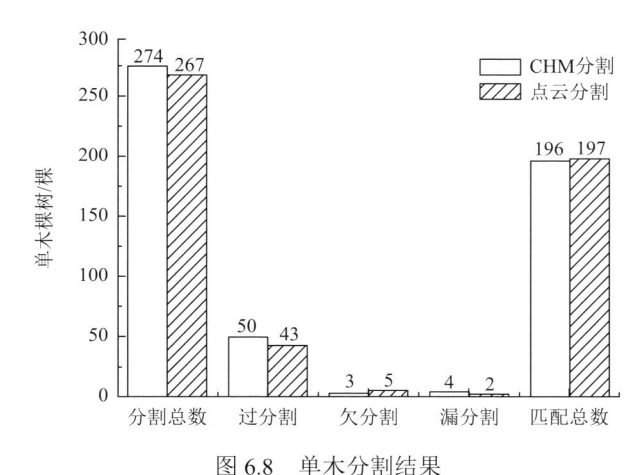

图 6.8 单木分割结果

注：分割单木总数 = 单木总数−漏分总数−欠分割总数 + 过分割总数

表 6.2 给出了各部分指标所占的比例，CHM 分割方法的过分割率高达 18.2%，

而匹配率最低仅为 71.5%，其他指标良好。数据表明，过分割率太高，严重影响了分割匹配率，即过分割现象是匹配率过低的主要原因。因此降低过分割率是提高单木分割精度的重要方法。

表 6.2　单木分割结果一览表（%）

分割方法	过分割率 （过分割/分割总数）	欠分割率 （欠分割/分割总数）	漏分割率 （漏分割/分割总数）	匹配率 （匹配数/分割总数）
CHM 分割	18.2	1.1	1.5	71.5
点云分割	16.1	1.9	0.7	73.8

两种数据单木分割结果如图 6.9 所示。CHM 分割结果用连续封闭区域进行表示，点云分割结果用相同颜色的点云集表示。分割结果具有相同的单木 ID，对单木进行编号，能够快速获取分割单木的数量和单木的基础三维参数，如高度等，便于验证分割的准确性。

(a) CHM分割　　　(b) 点云分割

○ 非植被高程　　□ 冠层局部最小值

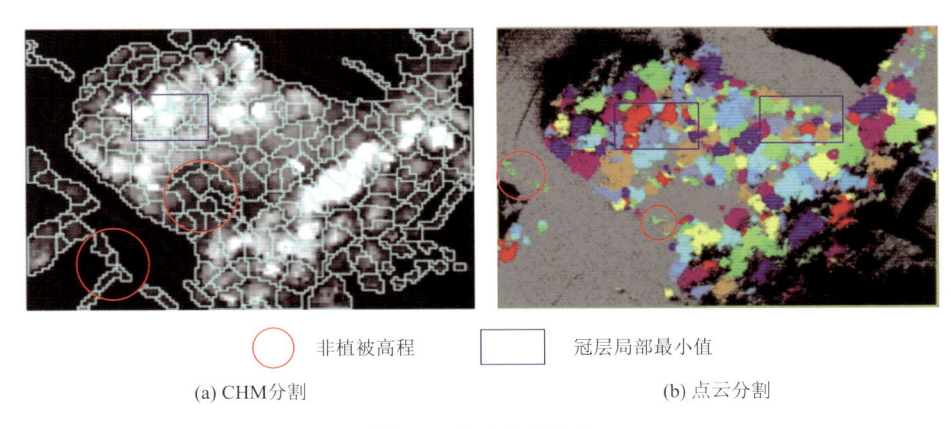

图 6.9　单木分割结果

与实际调研结果进行对比，两种分割结果总体上均出现过分割现象，主要原因是非植被高程的干扰和多冠单木出现局部最小值，但分割结果中还包含欠分割的部分，总体上过分割现象大于欠分割现象。由图 6.9 可知，在林区外围出现了大量地面高程和非植被点云被误分割为单木，用红圈进行了标记；在林区内，主要是单棵树木冠层具有局部最小值区域，因此被分割为多棵单木，用蓝方框进行了标记。

2. 融合高光谱图像的 CHM 单木分割

无论是基于 CHM 还是基于点云空间对单木进行分割，均存在明显的过分割现象，分割结果与实际情况差异较大。目前国内外学者均是利用 LiDAR 数据进行单木分割，通过优化分割算法的方式来解决其他算法存在的缺陷，但是不能解决单一数据类型本身的限制。高光谱图像和 CHM 分割均用二维空间上的栅格亮度表示，数据类型相似，具备融合数据的条件，因此尝试一种融合高光谱图像和 CHM 分割的单木分割方法，用于减轻由于非植被高度带来的过分割问题。CHM 分割出现过分割现象有两个原因，一个是单木多树冠在冠层高度上出现了多个局部最大值和局部最小值，根据分水岭分割原理，单木的冠层被分割为两部分，而在光谱上单木多树冠相互重叠并无差异，具有相近的光谱灰度值且空间连续，如图 6.10 所示。

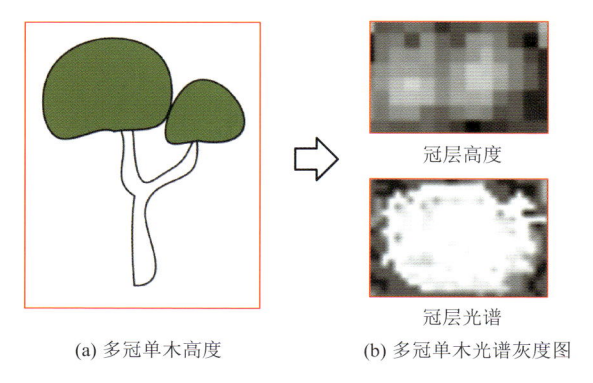

(a) 多冠单木高度　　(b) 多冠单木光谱灰度图

图 6.10　CHM 分割下多冠单木高度和光谱灰度图

CHM 过分割的另外一个原因是在进行植被点云分离的时候，没有完全分离非植被点云，遗留在点云空间的非植被高程点被误分为单木，其在高度上与树冠高度表现相似，出现局部最大值高度，因此被误认为是单木的树冠，但是非植被点云在植被灰度图上表现出较低的亮度值，与植被光谱区别明显，如图 6.11 所示。

(a) 非植被高度　　(b) 非植被光谱灰度图

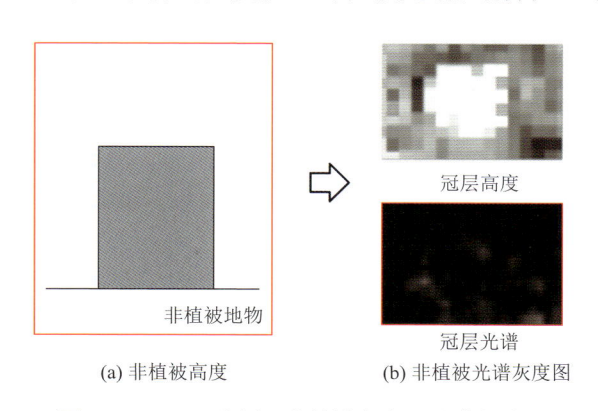

图 6.11　CHM 分割下非植被高度和光谱灰度图

针对两种过分割现象在高光谱灰度图的表现形式不同，提出原始 CHM 分割结果和对应高光谱植被灰度图进行决策融合的单木分割方法，根据高光谱的表现形式对分割出的所有单木进行逐一修正。

首先，针对非植被地物被误分为单木的情况，当对应高光谱灰度值低于设定的阈值时，认为此高程信息属于非植被信息，剔除此单木，否则保留此单木，见式(6.4)：

$$\text{Label} = \begin{cases} 1, & R > \sigma \\ 0, & R < \sigma \end{cases} \quad (6.4)$$

式中，Label 为决策判定结果；1 为保留分割结果；0 为不保留分割结果；R 为单木分割结果同区域高光谱均值；σ 为光谱阈值。

其次，针对多冠单木被误分为多棵单木的情况，当单木与相邻单木之间的高光谱灰度值大于某阈值且连续无间断的时候，认为相邻两棵单木为同一单木，修正分割结果见式（6.5）：

$$\text{Label} = \begin{cases} 1, & R > \sigma \text{且} F > \lambda \\ 0, & \text{其他} \end{cases} \quad (6.5)$$

式中，Label 为决策判定结果；1 为相邻分割结果融合；0 为保留原分割结果；R 为单木分割结果同区域高光谱均值；σ 为光谱阈值；F 为同区域光谱梯度；λ 为梯度阈值。

在进行决策融合之前，要完成同区域高光谱图像与 LiDAR 数据的地面配准，确保两种数据的区域能够一一对应，可以从两种图像的图像尺寸和地面位置进行配准。首先对图像进行裁剪和缩放，保证研究区域具有相同的图像尺寸，随后从两幅图像中选取一一对应的地面控制点和边界作为配准的依据。

图 6.12 所示为高光谱-CHM 图像配准的过程，选取地面 43#杆塔为控制点，并绘制出图像的垂直方向边界和水平方向边界，对图像进行缩放、拉伸和旋转，使得两幅图像的边界和控制点重合，完成图像的配准。

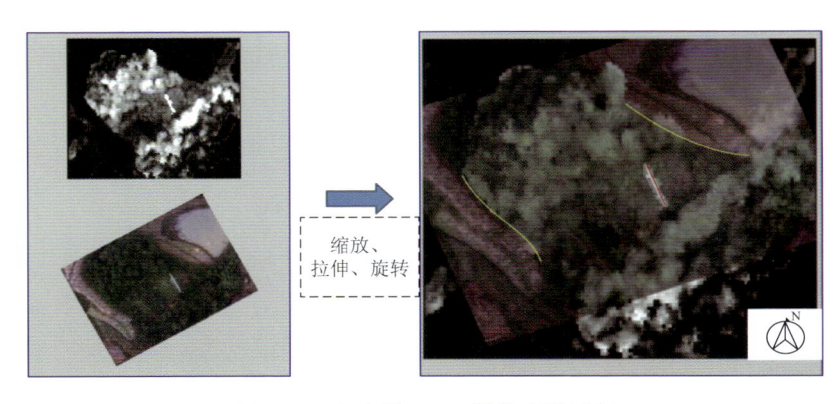

图 6.12　高光谱-CHM 图像配准过程

CHM 是空间点云处理得到的图形文件，因此地物无拉伸和变形，而高光谱图像成像过程中存在倾斜拍摄，与 CHM 图像进行配准存在一定的误差。本章研究区域较小，倾斜拍摄带来的高光谱图像拉伸、变形效果不明显，因此可以采用此简单方法进行配准。影像的方向配准如式（6.6）：

$$A = \arctan S_1 - \arctan S_2 \tag{6.6}$$

式中，A 为光谱图像需要旋转的角度；S_1 为光谱影像 43#杆塔控制点在图像中的斜率；S_2 为 CHM 中 43#杆塔斜率。

完成 43#杆塔的方向和地面位置配准后，进行边界的匹配，计算两者边界的像素差值占垂直方向和水平方向像素点数的比例，按照比例对图像两个方向进行水平拉伸和垂直拉伸。

采用对植被识别敏感的绿光 580nm 波段、具有"红边"现象的 650~750nm 波段，以及近红外的 800~900nm 波段完成高光谱图像的灰度变换。灰度图像的栅格数值计算如式（6.7）：

$$g = a_1 R_{550} + a_2 \frac{R_{750} - R_{650}}{100} + a_3 R_{800\sim 900} \tag{6.7}$$

$$a_1 + a_2 + a_3 = 1 \tag{6.8}$$

式中，g 为灰度值；R_{550} 为波段 550nm 处的反射率；$R_{800\sim 900}$ 为 800~900nm 处的反射率之和；a_1、a_2、a_3 分别为各波段在灰度变换中的占比。

图 6.13（b）为完成图像灰度变换处理过程的 LiDAR 同区域对应的高光谱灰度图像。对比图 6.13（a）可以看出，高光谱的灰度图像同样具有单木的地面位置信息，植被区域的灰度图像亮度值很高，而单木与单木之间的空隙处其他非植被区域亮度值低。与 CHM 相比，处理完后的高光谱灰度图像具有较好的一致性，保留了植被的位置信息，与高程影像的位置对应。

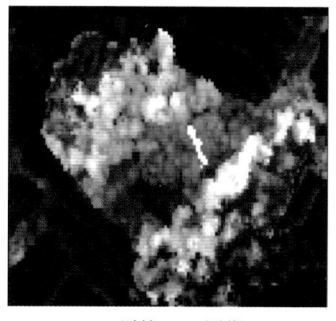

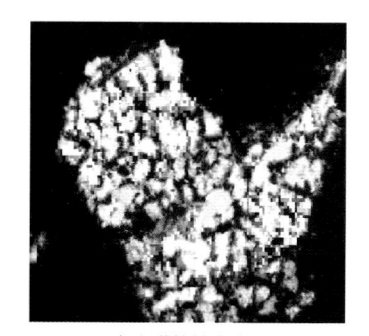

(a) 原始CHM图像　　　　(b) 高光谱植被灰度图像

图 6.13　不同数据类型的植被区灰度图

采用植被敏感的波段进行灰度变换使高光谱灰度图像中少了非植被信息，保留的仅仅是植被的信息,因此利用高光谱灰度图像与 LiDAR 高程图像决策融合,在保留植被区域高程信息的情况下,过滤掉原始 LiDAR 高程中非植被高程信息,减轻了多冠单木被分割为 2 棵及以上数量的现象。

对原始 CHM 和高光谱植被灰图进行决策融合后新的单木分割结果如图 6.14,由于非植被高程的剔除和多冠单木的修正,使得过分割数和分割总数分别下降 36 和 34,与实际植被覆盖匹配数增加 19,欠分割数有少量增加是因为在减少过分割现象时错误将之前分割正确的单木进行了剔除或修改。结果表明,融合高光谱数据的 CHM 单木分割能够有效地解决 CHM 过分割的问题,提高空间中单木分割在数量上的准确度。其详细分类结果如表 6.3 所示,相较于 CHM 分割方法,融合高光谱数据后的决策分割结果过分割率下降了 12.4%,匹配率上升了 18.8%。

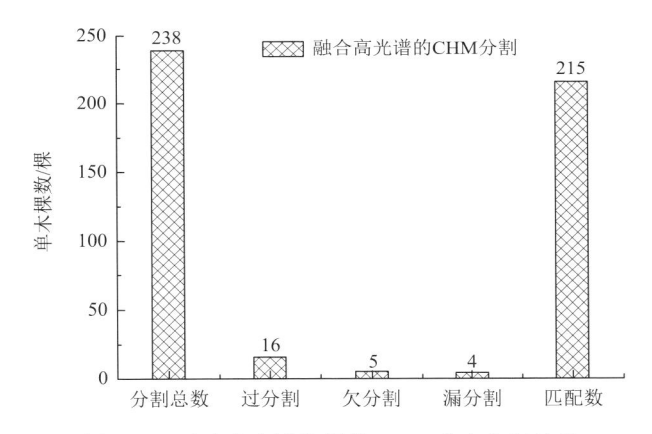

图 6.14 融合高光谱数据的 CHM 单木分割结果

表 6.3 单木分割结果一览表（%）

分割方法	过分割率	欠分割率	漏分割率	匹配率
融合高光谱的 CHM	6.7	2.1	1.7	90.3

6.3.2 高光谱-LiDAR 单木特征提取

1. 冠层点云特征提取方法

1）等效高度与冠幅面积

单木的高度随着生长年限的增加而增加,不同种类的树木最大生长最大高度不同,本书涉及 4 种单木:白皮松最大生长高度可以达到 30m,柏木最大生长高度可达 35m,千头椿最大生长高度可以达到 25m,栎树最高可以生长到 20m。因此，在相当生长年限下，单木的高度可以作为单木种类的分类依据。但是同一地区的单木生长年限不同，4 种单木的生长高度可能存在相同，单凭高度信息难以分辨。即使具有相同的生长高度，不同单木的冠幅面积也不一定相同，因此须考虑同时采集单木的等效高度和冠幅面积，避免生长年限带来的问题，图 6.15 为树高和冠幅面积示意图。

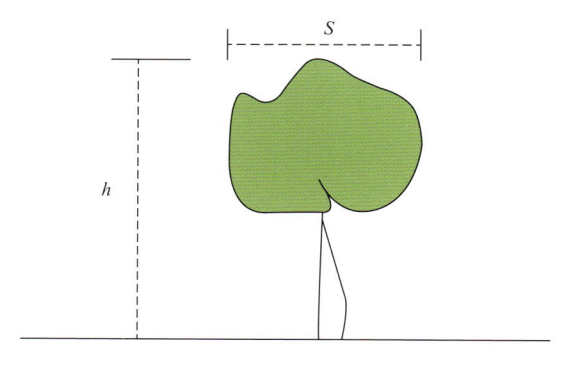

图 6.15 单木树高和冠幅面积

（1）单木高度：

$$h = \max(Z_n) \quad (6.9)$$

式中，h 为高度；Z_n 为第 n 个点的高度 Z 值。

（2）树冠面积：由于冠幅是不均匀的，因此采用微元法对原式进行变化，即

$$S = (y_2 - y_1) \cdot x_1 + (y_3 - y_2) \cdot x_2 + \cdots + (y_n - y_{n-1}) \cdot x_n \quad (6.10)$$

式中，S 为面积；x_n 为第 n 层的冠幅宽度，y_n 为第 n 层的长度。

2）树冠体积

森林树木一般生长密集，单木和单木之间树冠紧密相叠。在生长过程中，单木的某一面不能接收到阳光，那么冠层的生长就会较慢，整个树冠呈现出单向生长的趋势，因此用树冠面积作为分类依据仍然存在缺陷。前人在利用 LiDAR 数据分割单木后，获取单木的高度和冠幅面积，以此作为单木种类的识别特征，但效果有限，可分类出的树种较少。树冠体积在树冠面积的基础上，引入了树冠的高度参数，以树冠体积作为单木识别特征，避免了单木过度横向生长和受到阳光照射带来的单向生长对树冠面积参数的影响。其计算公式（6.11）如下：

$$v = \int_{h_1}^{h_n} S_G \cdot \mathrm{d}h \quad (6.11)$$

式中，v 为冠层体积；h_1 为冠层的最低点高度；h_n 为冠层的最高点高度；S_G 为冠层的截面积。

由于冠层不是由下至上规则的柱体,因此 S 是不断变化的,为了这一问题,采用微元法将原式变化为式(6.12):

$$v = (h_2 - h_1) \cdot S_1 + (h_3 - h_2) \cdot S_2 + \cdots + (h_n - h_{n-1}) \cdot S_n \quad (6.12)$$

式中,n 为将原冠层微元为 n 层;S_n 为第 n 层的冠幅面积;h_n 为第 n 层的高度。

3)冠层点云密度(冠层稀疏程度)

高光谱数据的叶面积指数反映了叶片面积和地面面积的占比,即冠层稀疏程度。类似地,本书基于点云数据,提出了以冠层点云密度来反映冠层稀疏程度的方法。

LiDAR 在获取地面反射波的时候具有高密度的特性,如果树冠层具有较大的稀疏性,那么点云数量会锐减,而较密集的树冠层则存在大量的点云。不同类型的单木,其点云量级不同,如公式(6.13):

$$\rho = \frac{a}{v} \quad (6.13)$$

式中,ρ 为冠层密度;a 为冠层的点云总数;v 为冠层体积。

4)点云反射强度

LiDAR 点云数据在返回物体三维坐标的同时,也会返回物体的激光强度,该值在一定程度上基于被激光雷达脉冲扫到的对象的反射率,并且具有高精度的特点。不同于高光谱成像系统,激光的波长为微米级别,而相同的激光脉冲发射出后,根据不同的地物反射具有不同的强度值,其值由物体类别决定。

图 6.16 是根据激光点云的脉冲强度绘制的地物黑白图像,能够大体区分地物。

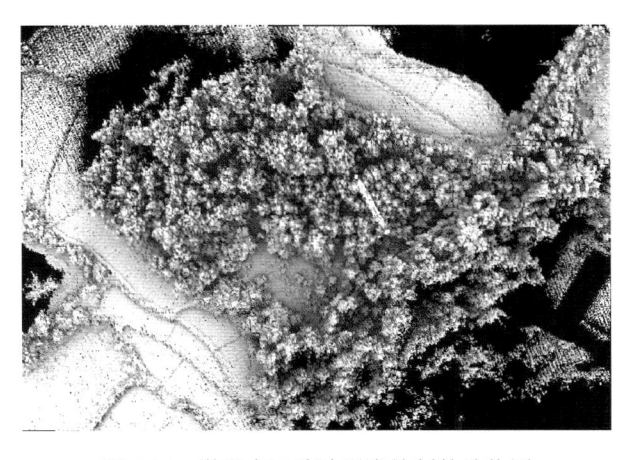

图 6.16 激光点云脉冲强度绘制的地物图

对于更细致的单木分类,单木树冠的反射强度差异往往较小,因此为了消除误差,将求取树冠所有点云的平均反射强度作为特征参量,如式(6.14):

$$\lambda = \frac{\sum_{g=1}^{n} I_g}{n} \qquad (6.14)$$

式中，λ 为平均反射强度；n 为点云个数；I_g 为第 g 个点云的单体反射强度。

5）形态学形貌特征

树冠的三维图形貌特征也在单木种类识别上具有重要作用，可根据树冠形貌特征进行单木类型识别，其原理是采用形态学识别方式将人眼直接能够感知到的树冠形貌特征通过数学方式进行表示，并加入特征参数集进行计算。本书涉及的 4 种单木形态特征各异，其中白皮松和柏木的树冠有类似于三角形的形态特征，千头椿树冠有类似于圆形的形态特征；栎树的树冠生长不规则，无明显形态学特征；因此本书对不同单木的树冠进行 xOz 平面的正射投影，并设计圆相似度、三角形相似度拟合公式，再对单木投影进行形态分类，统计单木的形态学形貌特征。

图 6.17 为树冠在 xOz 平面的投影过程示意图，由公式（6.11）给出了过程的数学方法。

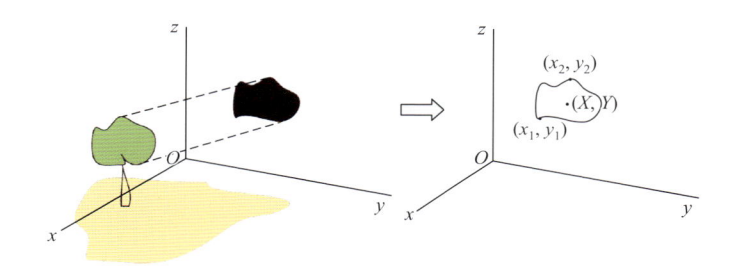

图 6.17　树冠平面投影过程

首先，将原始点云由三维空间降至二维平面，二维平面点的坐标见式（6.15）：

$$\begin{cases} x_2 = X_3 \\ z_2 = Z_3 \\ y_2 = 0 \end{cases} \qquad (6.15)$$

到二维平面后，采用一阶微分的方法找出边界点云，见式（6.16）：

$$\nabla f = \left(\frac{\partial f}{\partial x}, \frac{\partial f}{\partial y} \right) \qquad (6.16)$$

$$\|\nabla f\| = \sqrt{\left(\frac{\partial f}{\partial x} \right)^2 + \left(\frac{\partial f}{\partial y} \right)^2} \qquad (6.17)$$

$$\theta = \left(\frac{\partial f / \partial y}{\partial f / \partial x} \right) \qquad (6.18)$$

式中，∇f 为多元函数的梯度（Gradient）；θ 为梯度的范数。

保留求得的边沿点，剔除其余点后得到边界点云集 E：

$$E = (e_1, e_2, \cdots, e_{n-1}, e_n) \tag{6.19}$$

对于点云集 E，其构成了平面的封闭图形，该封闭图形的等效几何中心 (X, Y) 为

$$\begin{cases} X = (x_1 + x_2 + \cdots + x_n)/n \\ Y = (y_1 + y_2 + \cdots + y_n)/n \end{cases} \tag{6.20}$$

得到几何中心后，求出几何中心到边界各点距离的平均值：

$$\text{mean} = \frac{r_1 + r_2 + \cdots + r_n}{n} \tag{6.21}$$

$$r_n = \sqrt{(X - x_n)^2 + (Y - y_n)^2} \tag{6.22}$$

形貌指数计算公式为

$$\text{rod} = \frac{\sqrt{(x_1 - \text{mean})^2 + (x_2 - \text{mean})^2 + \cdots + (x_n - \text{mean})^2 / n}}{\text{mean}} \tag{6.23}$$

式中，mean 为边界到中心的距离均值；rod 为形貌指数，值大于 0。式（6.23）表明，边界越接近于圆形，rod 的趋近于 0，即 rod 值能够反映不同单木的形貌特征。

2. 冠层高光谱特征提取方法

由于高光谱测量得到的光谱数据存在一定的共线性，使用全波谱数据建立的识别模型必然包含很多冗余信息，这些冗余信息会对分类模型的判别能力产生负面影响，干扰分类模型准确性。在试验上已经证明，通过使用所选择的波谱特征信息而不是使用全光谱，可以实现分类模型性能的改善。目前，波谱特征信息的获取有两种方式，一种是特征信息提取，另一种是特征波段选择组合。特征信息提取是指通过算法，评估全光谱各波段之间的相关程度，对相关程度较弱的波长给予弱化，并强化相关性强的波段信息。其优点是可以快速准确去除大量冗长信息，缺点是会丧失原始光谱反射率，且经提取后的参量没有实际含义。特征波段选择组合不会改变原始波谱反射率，仅提取原始全光谱中的部分波段，将这些波段进行组合并赋予实际含义。高光谱植被分类中有各种特征指数，如含水量指数、叶面积指数、叶绿素指数等。

1）特征信息提取

高光谱植被指数是指通过多光谱或高光谱遥感数据波段的线性或非线性组合，反映了植物在可见光波段、近红外波段反射与土壤背景之间差异，在一定条件下该指数可以定量反映植物状态。由于高光谱数据在获取过程中存在由设备、环境和对象带来的噪声，植被的本征光谱曲线可能近似，仅仅依靠高光谱波段数

据进行单木的精确种类识别,结果往往不准确。植被对于光谱的反射曲线在走势上相似,主要特征波段也相同,但由于不同植物的叶面积、叶绿素含量、细胞结构、叶片含水量等参数存在差异,因而其光谱反射曲线必然明显不同。叶面积指数是指单位面积上植物叶片总面积占土地总面积的比例,其关系如式(6.24):

$$叶面积指数 = \frac{叶片总面积}{土地总面积} \tag{6.24}$$

不同的植物种类其冠层叶片具有不同的稀疏程度,相同考察面积下,叶片所占的比例高,其叶面积指数越大。该特征在近红外波段和绿光波段具有表现特征。叶绿素指数在物理化学层面反映了叶片组成,研究表明不同的叶绿素指数计算方式对于植物的识别具有差异。叶片含水量在不同树种间也有差异,高光谱能够对不同森林树种叶片的含水量进行检测,利用不同含水量在高光谱红边的差异对叶片进行识别。

对于多种树种的分类识别,单一植被指数评价方式不能取得较好的识别效果,因此本书提取白皮松、柏木、千叶椿及栎树4种单木的高光谱谱线,计算不同类型植被指数并进行评价,最后选取具有较好识别效果的植被指数作为单木识别特征。本书采集高光谱波谱范围为400~1000nm,未获取1000nm以上光谱反射率,因此拟构建如表6.4所示植被指数,完成4种单木的高光谱植被指数计算。

表6.4 高光谱植被指数计算方法

植被指数	定义	所属类型
PSND	$(R_{800} - R_{470})/(R_{800} + R_{470})$	叶面积指数
MCARI1	$1.2[2.5(R_{800} - R_{670}) - 1.3(R_{800} - R_{550})]$	
Ch1$_{green}$	$(R_{760\sim800})/(R_{450\sim560}) - 1$	
Ch1$_{green\text{-}edge}$	$(R_{760\sim800})/(R_{690\sim720}) - 1$	
DD	$(R_{750} - R_{720}) - (R_{700} - R_{670})$	叶绿素
LCI	$(R_{850} - R_{710})/(R_{850} + R_{680})$	
MCARI	$[(R_{701} - R_{671}) - 0.2(R_{701} - R_{579})]/(R_{701}/R_{671})$	
RVSI	$[(R_{712} + R_{752})/2] - R_{732}$	
PRI	$(R_{531} - R_{570})/(R_{531} + R_{570})$	含水量
WI	R_{900}/R_{970}	

注:R 表示波长范围内的平均光谱反射率或波长处的光谱反射率,下标表示波长。PSND(plant senescence reflectance index,植物衰老反射指数);MCARI1(modified chlorophyll absorption ratio index,修正叶绿素吸收比值指数1);Ch1$_{green}$(channel 1 green,绿光波段的反射值);Ch1$_{green\text{-}edge}$(green edge index,绿光边缘指数);DD(difference vegetation index,差异植被指数);LCI(leaf chlorophyll index,叶绿素指数);MCARI(modified chlorophyll absorption ratio index,修正叶绿素吸收比值指数);RVSI(red vegetation stress index,红色植被胁迫指数);PRI(photochemical reflectance index,光化学反射指数);WI(water index,水分指数)。

2) 特征波段选择组合

采用特征信息提取法对原始光谱中的光谱进行组合提取,但是未完全利用反射光谱的信息,剩余光谱中存在还未被定义的波段,而通过简单分析难以找出具有良好特征的波段,大量的波段只能通过算法进行筛选,因此发展出了一系列特征波段选择组合法。

竞争性自适应重加权采样(competitive adaptive reweighted sampling,CARS)算法在特征波段筛选领域被广泛采用,它能够从大量含有冗余信息的波段中,剔除无效信息和低效信息,保留具有低维度、高相关性的特征波段。该算法对非接触式检测方法如光谱在农业上的应用有良好的促进作用。CARS 算法基于蒙特卡罗采样和偏最小二乘回归(partial least squares regression,PLSR)的特征波段选择方法:首先通过蒙特卡罗采样选择的校正集样本建立对应的 PLSR 模型;其次,计算该次采样中波长回归系数的绝对值权重,去除绝对值较小的波长变量,去除的波长变量个数由衰减指数法(exponentially decreasing function,EDF)确定;最后,基于剩余的波长变量采用自适应重加权采样(adaptive reweighted sampling,ARS)选择波长建立 PLSR 模型,其中交叉验证均方根(RMSECV)最小的 PLSR 模型对应的波长即为选择的特征波长。

3. 结果分析

从高光谱和 CHM 融合分割单木结果中,选取一批单木作为研究对象并标记这批单木实际调研的种类,为保证后续特征提取和分类模型的训练,每种单木的数量保持一致,具体的单木种类及数量如表 6.5 所示。

表 6.5 匹配单木数量一览表

树木种类	数量/棵	树木种类	数量/棵
白皮松	50	栎树	50
柏木	50	千头椿	50

1) 点云特征提取分析

对区域内提取到的 200 棵单木进行空间点云计算,分别统计单木不同特征的参数,并记录各特征平均值如表 6.6 所示。

表 6.6 单木 LiDAR 特征参数均值

点云特征	白皮松	柏木	栎树	千头椿
单木高度/m	6.85	6.51	7.74	7.87
树冠面积/m²	23.94	11.64	25.36	49.81

续表

点云特征	白皮松	柏木	栎树	千头椿
树冠体积/m³	11.85	38.02	88.86	68.19
点云密度/(n/m³)	82.57	63.85	54.17	63.34
点云强度/(kg/m³)	163	84	141	69
形貌指数	0.28	0.21	0.13	0.09

表6.6中可以看出，4种单木的树高差距较小，并且受到树木生长年限的影响，单木高度不能单独作为单木分割的依据；单木的树冠面积和体积均能够反映单木的生长状态，是区分单木种类的良好特征参量，表中栎树和千头椿具有更大的树冠；点云密度反映了区域内点云的数量，体现的是树冠浓密程度，表中白皮松具有更浓密的树冠，而栎树冠层稀疏程度最低；点云强度指树冠对于激光雷达的反射，反映了树叶的物理化学特性，四种单木的雷达反射具有较强的区分度；从形貌特征来看，千头椿的树冠圆度更高，因为其形貌指数最低且接近于0，而白皮松和柏木的树冠形貌指数较高，冠层生长较不规则。树木特征参数均值如图6.18所示。

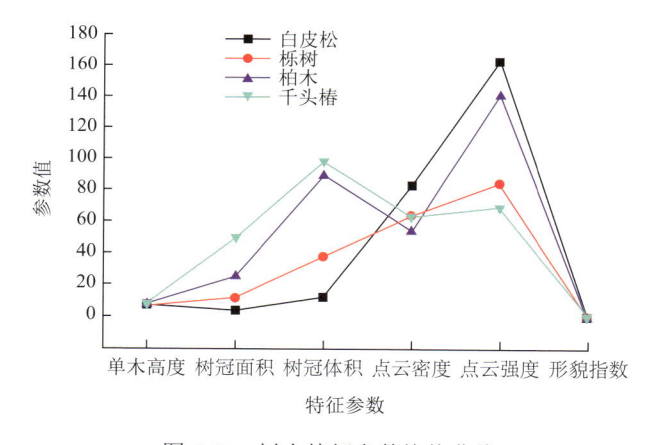

图6.18 树木特征参数均值曲线

2）单木植被指数提取分析

取单木树冠所有像素点的谱线平均值作为单木的响应光谱，再从4种单木分别随机选择10棵绘制光谱曲线，图6.19为经滤波处理后的4种单木的反射谱线，每种单木的10条谱线具有相似的谱线响应，不同单木的谱线响应则明显不同。在500~600nm绿光波段内，白皮松和柏木具有较弱的反射，栎树和千头椿的反射较强，原因是单木叶片的叶绿素含量存在差异，建立四种单木的叶绿素指数可以很好地区分白皮松、柏木、栎树和千头椿。470nm 和 800nm 波长的反射率通常可以定义为叶面积指数 LAI，该指数的计算公式表明植物在 800nm 处反射率高于 470nm，且差值越大，该单木的叶面积指数越高。结合 4 种单木的反射谱线，白皮松在 800nm 处的反射率高达 0.6，与 470nm 处反射率差值为 0.35，LAI 约为 0.43。柏木和栎树具有相似的叶面积指数，栎树叶面积指数最低。叶面积指数在一定程度上反映了单木的叶片稀疏程度，但应注意的是，高光谱成像的像元一般在厘米级别，受冠层叠挡的影响，光谱信息复杂，因此要建立多种波段的叶面积指数。另外，500~570nm、700~750nm、900~970nm 的线性组合为含水量的特征指数。

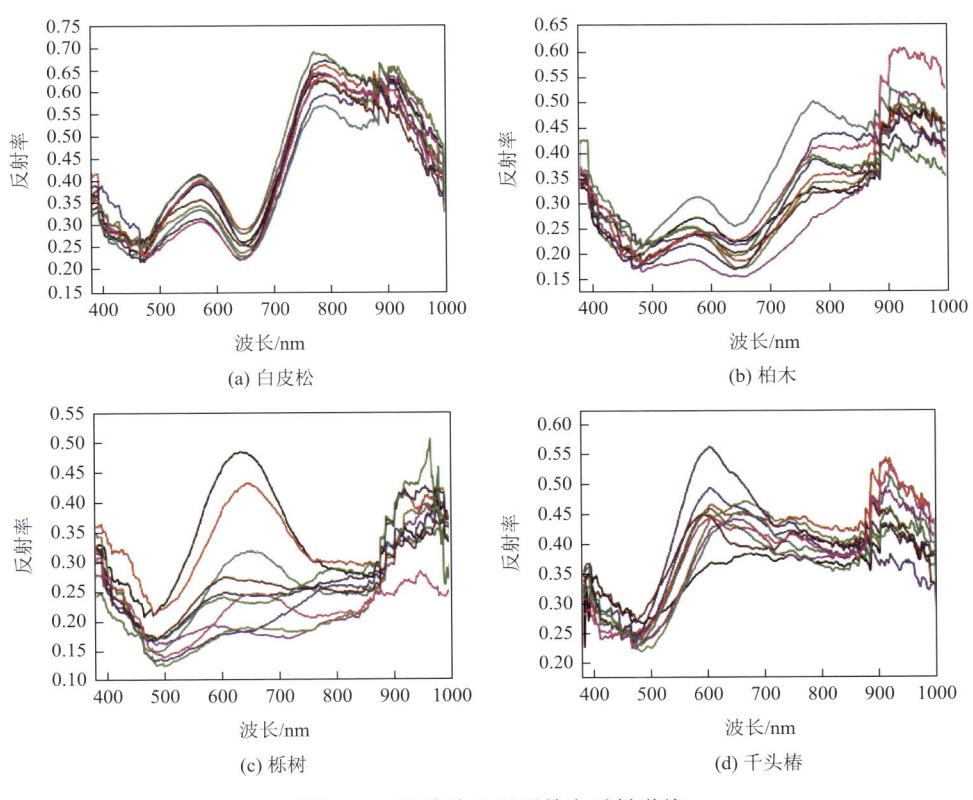

图 6.19 经滤波处理后单木反射谱线

表 6.7 中给出了 4 种单木的植被指数计算结果，如前分析，叶绿素指数对于区分白皮松、柏木、栎树和千头椿有不错的效果，叶面积指数对于栎树和千头椿的分类识别效果不佳，含水量指数对于单木分类识别效果较弱，植被指数曲线如图 6.20 所示。

表 6.7 单木植被指数

植被指数	白皮松	柏木	栎树	千头椿	指数类型
PSND	0.43	0.264	0.140	0.430	叶面积指数
MCARI1	0.654	0.272	−0.143	−0.210	
Chl$_{green}$	1.138	0.692	0.334	0.426	叶绿素指数
Chl$_{green-edge}$	0.675	0.407	−0.050	−0.041	
DD	0.040	0.011	0.004	0.021	
LCI	0.244	0.177	−0.017	−0.039	
MCARI	0.072	0.061	0.019	−0.020	
RVSI	0	0	0.004	0.008	含水量指数
PRI	−0.062	−0.048	−0.1	−0.124	
WI	1.214	0.973	0.851	−0.210	

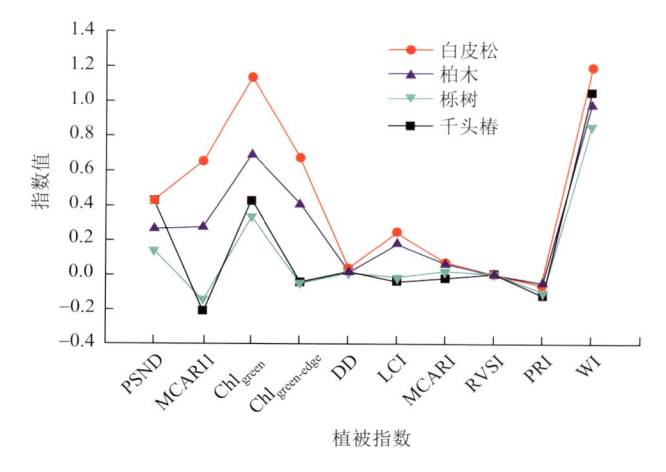

图 6.20 植被指数曲线

3）特征波段选择提取分析

对样本进行自适应的加权特征提取，其中 3 个特征波段对于原始数据共 40 样本的分类效果较好，分别是 670.8nm、673nm、801.8nm 波段。如图 6.21 所示，随着参与特征波段选择的样本的增加，样本特征个数减小，采用留一法交叉验证的均方根误差在 0.5 以下。

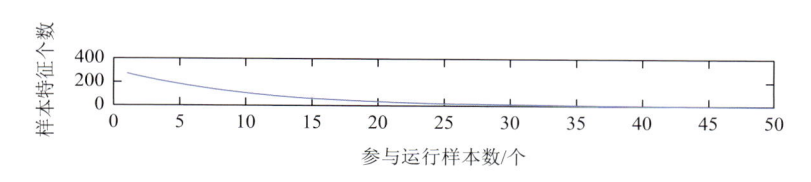

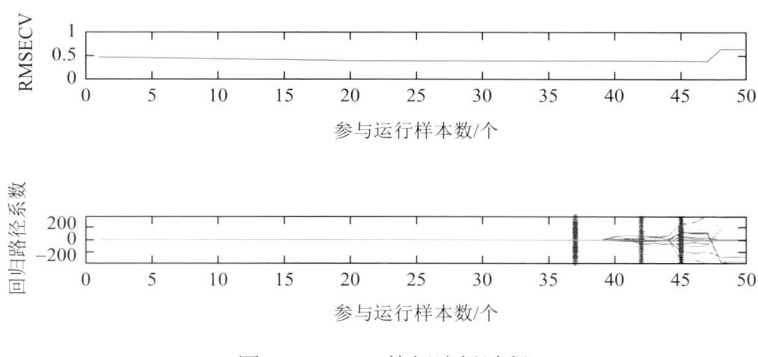

图 6.21　ARS 特征选择过程

6.3.3　融合数据的单木种类识别方法

利用单木的光谱特征和点云特征分别建立分类模型，能够实现单木的初步分类，但是分类准确率低，单一特征对于单木的识别灵敏度低。为了解决单一特征识别效果不佳的问题，考虑将光谱特征和点云特征融合，对多源信息，即高光谱信息和 LiDAR 信息进行分类。

有三个层次的融合方式：融合数据、融合特征和融合分类器。①融合数据是指将不同来源的样本原始数据进行组合，统一提取特征参量。②融合特征是指对来源不同的原始数据分别提取特征向量，然后再将各自特征向量进行简单的组合或特征信息提取。③融合分类器是指利用相同或不同的分类器，对不同来源数据的分类结果进行决策融合，按照一定决策策略决定最终分类的归属。本章分别提取了高光谱特征和 LiDAR 特征，而后进行融合分类，属于融合特征方式。

特征融合是指将两种来源的特征量进行联合，一般会有两种形式：一种是将两种特征并列构成融合特征，然后提取降维后的特征向量；另一种是先各自提取降维后的特征量，再将其进行并列组合。本章采取第一种形式进行单木的特征融合。首先，联合高光谱的植被指数、特征波段、LiDAR 点云特征组成新的单木融合全特征；然后，采用主成分分析法（PCA）对全特征进行降维处理；最后，提取两种不同特征中的有效信息，再建立分类模型完成单木的分类识别。

PCA 被广泛应用于数据分析领域的数据降维，其目的是消除变量之间的相关性，并提取各个变量的主要信息。PCA 的核心思想是将原始数据的 N 维变量通过线性变换为 K 维向量，新的 K 维特征向量相互正交，而且完全基于原始 N 维变量的线性变化而得。如图 6.22 所示，在低维数据空间中找出数据的 PC1 和 PC2 的方向，二者是数据区分最明显的方向，以 PC1 和 PC2 建立坐标轴能够将数据聚类为 4 类。

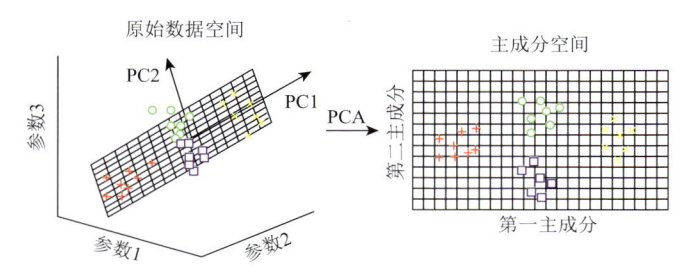

图 6.22 PCA 聚类过程

但是对于高维数据，难以确定其数据在高维空间的分布，要确定能够将数据分开的主成分轴十分困难，所以要经过一系列的计算才能得到特征数据的主成分。假设有特征数据集 $X=\{x_1,x_2,x_3,\cdots,x_n\}$ 需要降维处理，首先对原始数据去中心值，每一特征减去各自特征的均值，然后求取特征集的协方差矩阵。

$$C=\frac{1}{n}XX^{\mathrm{T}} \quad (6.25)$$

式中，C 为协方差矩阵，协方差矩阵是一个 n 阶方阵。

计算协方差矩阵 C 的特征值和对应特征向量：

$$\mathbf{eig}=\{\lambda_1,\lambda_2,\cdots,\lambda_n\} \quad (6.26)$$

$$V=\{v_1,v_2,\cdots,v_n\} \quad (6.27)$$

式中，**eig** 为特征值矩阵，其中的特征值经过了从大到小的重新排序；V 中的特征向量也和特征值一一对应，并归一化成为单位向量。

主成分矩阵为

$$Y=VX \quad (6.28)$$

式中，Y 为主成分矩阵，有 $Y=\{\text{PC1},\text{PC2},\cdots\}$。

求取主成分矩阵后，计算各主成分的贡献率：

$$贡献率=\frac{\lambda_n}{\text{sum}(\mathbf{eig})}\times 100\% \quad (6.29)$$

主成分贡献率的大小表示主成分携带的原始矩阵的信息比例，取贡献率占比较大的前几个主成分建立新的特征矩阵，进行建模分类，实现特征集的融合。

利用单木高光谱 LiDAR 融合特征进行降维前后的单木分类模型建模，首先求得样本单木的各特征参量，随后对特征参量集归一化处理，并进行 PCA 变换。测试样本经 PCA 变换后各个主成分的贡献率之和如表 6.8 所示。

表 6.8　前 5 个主成分的贡献率之和

主成分	PC1	PC2	PC3	PC4	PC5
贡献率/%	89.79	95.13	97.65	98.28	99.51

注：PC2 表示前两个主成分贡献率之和，其他类推。

根据表中数据，前几个主成分的贡献率占比较大，其中前 2 项的贡献已经超过了 95%，前 5 个主成分贡献率达到 99%以上。选取前 5 个主成分作为新的特征变量，替代原有的 22 个特征量，并进行 4 折交叉验证，统计不同特征处理方式下三种分类器的结果，如表 6.9 所示。

表 6.9　基于融合数据的分类结果

模型	特征分类	OA（正确样本数/总数）	Kappa
随机森林	全特征	82.12%（141/160）	0.842
	主成分	92.5%（148/160）	0.894
SVM	全特征	95%（152/160）	0.933
	主成分	95.6%（153/160）	0.942

注：Kappa 为衡量模型性能的指数。

融合特征后，模型分类精度大大提高，基于全特征分类的随机森林模型识别率达到了 82.12%，基于 PCA 特征分类的模型识别率也有较大的提升；SVM 模型无论是在哪种建模条件下都取得了不错的分类效果，分类精度均在 95%以上。因此得出结论，融合特征在不进行特征提取的情况下，采用 SVM 模型具有较好的单木分类效果；融合特征在进行 PCA 特征提取后，随机森林模型和 SVM 模型均具有较好的单木分类效果；无论是在单一数据类型下的分类还是在融合数据下的分类，SVM 模型都具有更好的性能，后续采用剩下的测试样本进一步对 SVM 模型进行验证。

对未参与模型建立过程的 40 组测试集样本进行特征提取，依次构建单木的植被指数、特征波段、点云特征参数，并进行联合降维，取前 5 个主成分进行融合-PCA-SVM 分类模型的性能测试，得到如图 6.23 和表 6.10 所示的分类结果。从表 6.10 可知，模型总体识别精度有下降，分析可能存在两方面的原因：一是单木的特征提取不准确，二是建立模型时的训练样本过少。分类结果为 36 个单木样本的类别识别正确，具有较高的测试准确率，该方法可以实现单木的准确识别，对于人们快速获取区域树种种类，预知输电线路的植被威胁具有重要指导作用。

本小节对特征集进行融合，验证融合特征在两种分类模型上的表现。将特征进行融合后，两种分类模型对单木类别分类精度大幅度提升；相比于全特征分类，PCA 提取主成分后的特征集表现效果稍优；SVM 模型仍然是单木种类识别效果最好的分类模型；随机森林模型在融合特征下具有了较好的识别能力，证实了特征融合对于分类的重要性。对测试集的样本进行特征融合，选用分类效果最优的 SVM 分类模型进行验证，并对测试集数据进行种类识别，结果表明：融合数据-PCA-SVM 分类模型具有较高的泛化能力，对未知单木的种类识别率高达 89.9%，Kappa 为 0.9，此方法能够用于输电线路植被种类信息的提取。

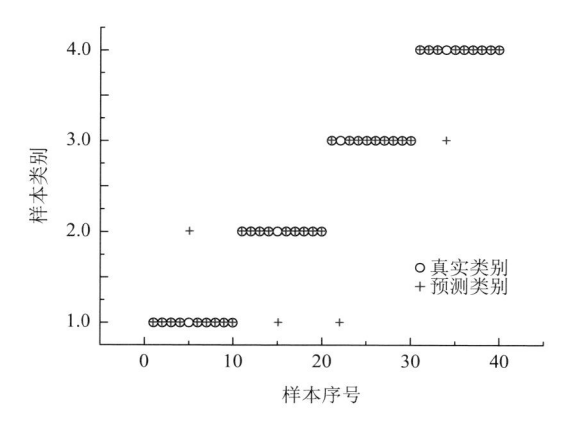

图 6.23 融合-PCA-SVM 分类模型测试集样本类别识别结果图

表 6.10 融合-PCA-SVM 分类模型的测试集测试结果

模型	变量数	OA（正确样本数/总数）	Kappa
融合-PCA-SVM	5	89.9%（36/40）	0.9

注：Kappa 为衡量模型性能的指数。

6.4　SAR 树障高度检测

利用高光谱图像识别的输电线路树木类型并不能完全表征输电线路树障情况，为了更加详细确定植被的具体生长情况，提高对输电线路树障检测的能力[38]，人们研究了基于雷达卫星的输电线路植被高度检测。

6.4.1　植被高度模型

雷达卫星成像原理是卫星天线发射高能微波脉冲信号、接收回波信号，根据地物目标后向散射的差异在合成孔径雷达（synthetic aperture radar，SAR）图像上显示不同散射特征。自然界主要有奇次散射、漫散射、体散射和偶次散射。植被信息可由地面漫散射、地面与树干间偶次散射、树冠体散射 3 部分组成。卫星发射微波并接收回波的作用过程在后向散射坐标系中表示为

$$\begin{cases} \boldsymbol{E}^{\mathrm{r}} = \dfrac{\mathrm{e}^{-jkb}}{b} \boldsymbol{S}(\boldsymbol{E}^{\mathrm{t}})^{\mathrm{T}} \\ \begin{bmatrix} E_{\mathrm{H}}^{\mathrm{r}} \\ E_{\mathrm{V}}^{\mathrm{r}} \end{bmatrix} = \dfrac{\mathrm{e}^{-jkb}}{b} \cdot \begin{bmatrix} S_{\mathrm{HH}} & S_{\mathrm{HV}} \\ S_{\mathrm{VH}} & S_{\mathrm{VV}} \end{bmatrix} \begin{bmatrix} E_{\mathrm{H}}^{\mathrm{t}} \\ E_{\mathrm{V}}^{\mathrm{t}} \end{bmatrix} \end{cases} \quad (6.30)$$

式中，$\boldsymbol{E}^{\mathrm{r}}$ 为发射波矢量；$\boldsymbol{E}^{\mathrm{t}}$ 为接收波矢量；$\boldsymbol{S}$ 为极化散射矩阵；上标 T 为对矩

阵取转置；S_{xy} 为 y 极化发射、x 极化接收的后向散射信号，下标 H、V 分别表示雷达天线的水平极化波、垂直极化波分量信号；k 为波数；b 为天线与地物之间的距离。

极化干涉 SAR 测量是利用前后时间获取的不同入射角、满足干涉条件的两幅 SAR 复数图像，根据主、辅影像的极化散射矩阵 $\boldsymbol{S}_1$、$\boldsymbol{S}_2$ 所形成的干涉相位信息来提取植被不同散射特性，以反演植被高度。

1. 带有地面回波的随机方位体积层（RVoG）模型

通过极化干涉 SAR 提取植被分层结构中不同散射特性，基于植被高度模型，可反演相应地物高度信息。目前，常用植被高度模型为带有地面回波的随机方位体积层（randomly oriented volume with an underlying ground surface，RVoG）模型，该模型将植被整体描述为地表层和高度为 h 的植被层的两层模型，图 6.24 为 RVoG 模型示意图。图中，h_0 为地表层，h 为植被高度，θ 为雷达入射角。

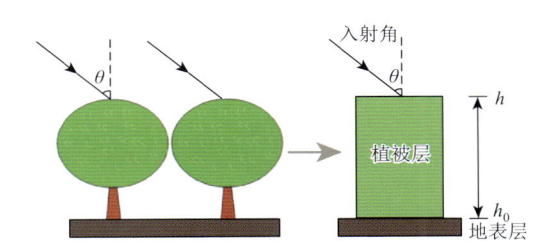

图 6.24 RVoG 模型示意图

忽略噪声和时间去相干影响，RVoG 模型的复相干系数可表示为

$$\gamma(\boldsymbol{\omega}) = e^{j\varphi_0} \frac{\gamma_v + m(\boldsymbol{\omega})}{1 + m(\boldsymbol{\omega})} \tag{6.31}$$

式中，$\boldsymbol{\omega}$ 为单位复矢量；φ_0 为地表层相位；γ_v 为植被体相干系数；$m(\boldsymbol{\omega})$ 为植被地体幅度比。由式（6.31）可知，该模型为复数平面内的一个线性模型，复相干系数在复平面内呈线性分布。γ_v 可表示为

$$\gamma_v = \frac{2\sigma(e^{jk_z h + 2\sigma h/\cos\theta} - 1)}{(2\sigma + jk_z \cos\theta)(e^{2\sigma h/\cos\theta} - 1)} \tag{6.32}$$

$$k_z = \frac{4\pi\Delta\theta}{\lambda \sin\theta} \approx \frac{4\pi B_\perp}{\lambda R \sin\theta} \tag{6.33}$$

式中，k_z 为有效垂直波数；σ 为植被消光系数；$\Delta\theta$ 为主、辅影像入射角差；λ 为雷达波长；$B_\perp$ 为垂直基线；R 为斜距。

由式（6.32）可知，体相干系数 γ_v 为植被高度 h 和消光系数 σ 的函数，利用植被高度反演算法可完成植被高度 h 的估计。

2. 三层 DS-RVoG 模型

虽然 RVoG 模型在森林植被高度反演中得到了广泛应用，但该模型假设地面为平地，并未考虑实际微波传播过程中地形坡度、植被垂直结构变化、植被密度变化对微波的衰减作用。而对于实际输电走廊中生长的植被高度反演，以上因素均不能忽略。已有研究表明，地形坡度、植被垂直结构均会影响 RVoG 模型的精度。对于输电线路沿线植被而言，不同杆塔区段植被生长密度相对较低，且差异较大。因此，考虑植被密度因素影响对于准确描述输电线路植被模型而言十分重要。为研究植被密度变化对 RVoG 模型精度的影响，研究人员前期利用 PolSARpro 软件建立了 C 频段不同植被密度模拟极化干涉 SAR 数据，选取植被体散射占主导的水平垂直（horizontal vertical，HV）极化通道，研究了植被密度变化对 HV 极化通道相干系数 γ_{HV} 的影响，结果如图 6.25 所示。

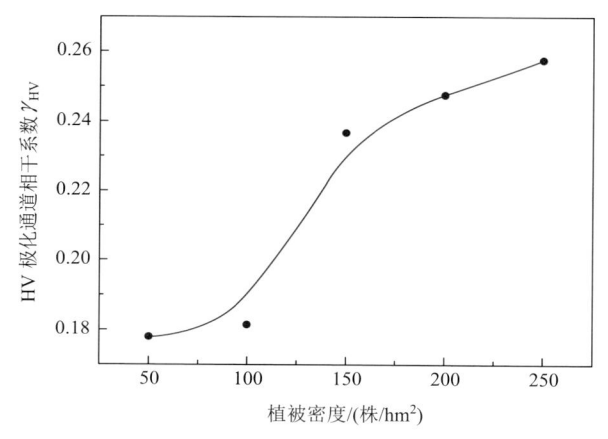

图 6.25　植被密度变化对 HV 极化通道相干系数 γ_{HV} 的影响

由图 6.25 可知，随着植被密度的减小，γ_{HV} 数值明显降低。说明低密度下，HV 极化通道中的植被体散射成分较低，这将影响植被体散射相位中心，进而降低 RVoG 模型精度。此外，低密度植被会影响植被地面散射、体散射的后向散射强度，进而影响植被散射相位中心。由此说明，RVoG 模型不适用于低密度植被区域高度反演。为使模型适用于实际输电走廊植被生长情况，本书对经典 RVoG 模型进行改进，考虑植被密度、地形因素对模型精度的影响，提出了一种三层 DS-RVoG 模型。图 6.26 为模型示意图，其中 θ 与 θ' 分别为天线 A1 与地面垂线、坡面垂线的入射角。

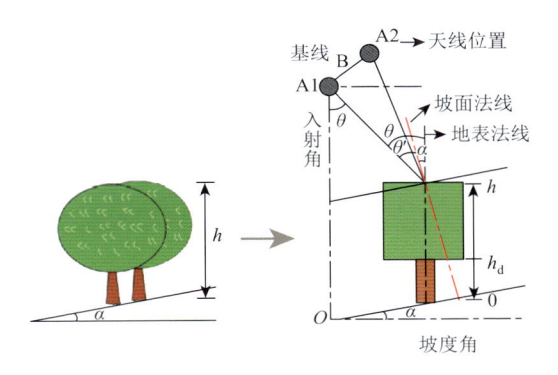

图 6.26 三层 DS-RVoG 模型示意图

三层 DS-RVoG 模型在考虑地形存在一定坡度角 α 的情况下，为 RVoG 模型添加了一个表征地面到树冠层底部高度 h_d 的树干相位参数 φ_d，使植被层从地表移开，模型变为树冠层、树干层、地表层的三层结构。C 频段下表示植被树干层的偶次散射成分很小，因此本模型忽略偶次散射的影响。树干相位参数 φ_d 与偶次散射无关，即植被散射成分仅为体散射和地面漫散射两种。同时考虑植被密度变化对树冠层、地表层散射相位中心的影响，利用树干相位参数 φ_d 表征植被密度变化。不同植被密度下，通过求解该密度下的最优化树干相位参数 φ_{best}，以提升植被散射相位中心估计精度，从而提升模型精度。该模型同时考虑了地形坡度、植被垂直结构、植被密度对模型精度的影响，相对于经典 RVoG 模型，三层 DS-RVoG 模型将发生如下变化。

1）复相干系数 $\gamma'(\omega)$

考虑植被密度变化，引入最优化树干相位参数 φ_{best} 后，复相干系数随之改变，如式（6.34）所示：

$$\gamma'(\omega) = e^{j\varphi_0} \frac{\gamma_v e^{j\varphi_{best}} + m(\omega)}{1 + m(\omega)} \quad (6.34)$$

由式（6.34）可知，三层 DS-RVoG 模型依旧为线性模型，由于存在最优化树干相位参数 φ_{best}，在复平面上，复相干直线将围绕原点旋转。

2）有效垂直波数 k_z'

当地面坡度存在时，局部入射角 θ 将随坡度角 α 的改变而变化，有效垂直波数也随之变化，如式（6.35）所示：

$$k_z' = \frac{4\pi \Delta\theta}{\lambda \sin(\theta - \alpha)} \approx \frac{4\pi B_\perp}{\lambda R \sin(\theta - \alpha)} \quad (6.35)$$

3）植被体相干系数 γ_v'

考虑不同密度下最优化树干相位参数 φ_{best}、地形坡度角 α 时，对应的植被体相干系数表达式为

$$\gamma_v' = \frac{e^{j\varphi_{best}} \cdot 2\sigma(e^{jk_z'h + 2\sigma h\cos\alpha/\cos(\theta-\alpha)} - 1)}{(2\sigma + jk_z'\cos(\theta-\alpha))(e^{2\sigma h\cos\alpha/\cos(\theta-\alpha)} - 1)} \quad (6.36)$$

为更明确表征植被密度变化对微波衰减作用的影响,以及输电走廊植被生长、砍伐对 SAR 图像成像的影响,将植被密度转化为植被面积指数 V_r,利用式(6.37)计算:

$$V_r = \frac{V_a}{A_L} \quad (6.37)$$

式中,V_a 为植被总面积;A_L 为土地面积。

6.4.2 植被高度反演

基于三层 DS-RVoG 模型的反演算法,利用混合蛙跳算法对经典三阶段算法进行改进,以反演不同植被密度区域植被高度,可分为最优化树干相位、植被高度的算法三阶段反演[39]。

1. 最优化树干相位

三层 DS-RVoG 模型引入了表征植被密度变化的树干相位参数 φ_d,其取值范围为[$-\pi, \pi$],本书利用混合蛙跳算法求解不同植被密度下的最优化树干相位参数 φ_{best}。混合蛙跳算法作为一种新型目标优化算法,结合了模因算法和粒子群算法的特点,具有寻优能力强、鲁棒性高等优势。最优化树干相位参数算法流程如图 6.27 所示。

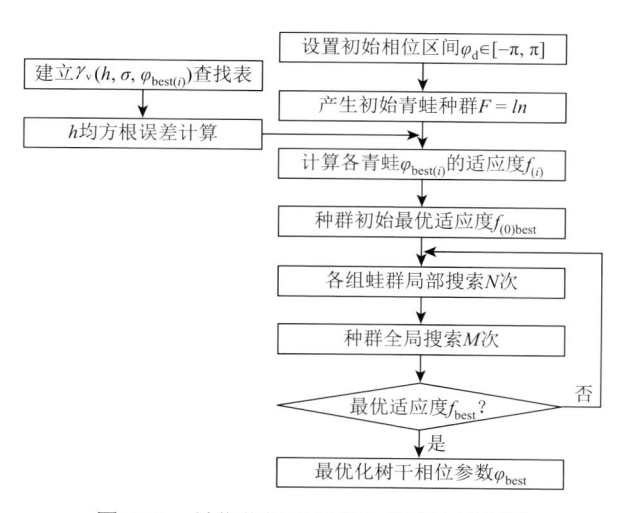

图 6.27 最优化树干相位参数算法流程图

第 6 章 高光谱输电线路走廊树障检测

首先，设置树干相位参数 φ_d 求解范围为$[-\pi, \pi]$；然后，产生数目为 $F = ln$ 的青蛙种群，其中 l 为青蛙组数，n 为每组青蛙个数；各青蛙表示最优化树干相位参数初始候选点 $\varphi_{best(i)}$，i 表示种群 F 中第 i 只青蛙，计算每只青蛙的适应度 $f_{(i)}$。$f_{(i)}$ 为利用每个候选点计算的植被高度均方根误差，其计算式为

$$f_{(i)} = \sqrt{\frac{1}{c}\sum_{j=1}^{c}(h_r(j) - h_t(j))^2} \tag{6.38}$$

式中，c 为计算像元点数目；h_r 为像元点真实树高；h_t 为像元点计算树高。由此，找出种群初始最优适应度 $f_{(0)best}$；各组蛙群再进行组内交流寻找各组最优适应度，完成 N 次局部搜索更新；最后，进行种群信息交流，完成 M 次种群全局搜索更新，得到该密度下最优适应度 f_{best}，对应相位即为最优化树干相位参数 φ_{best}。

2. 植被高度三阶段反演

根据前述求解得到的最优化树干相位参数 φ_{best}，进行植被高度反演，包括最小二乘相干直线拟合、地表相位确定、植被高度估计 3 个步骤，对应的算法流程如图 6.28 所示，其中 φ_1、φ_2 为直线与复单位圆的两个交点，是地表相位候选点；D 为最小距离；γ_{vest} 为植被纯体相干系数。

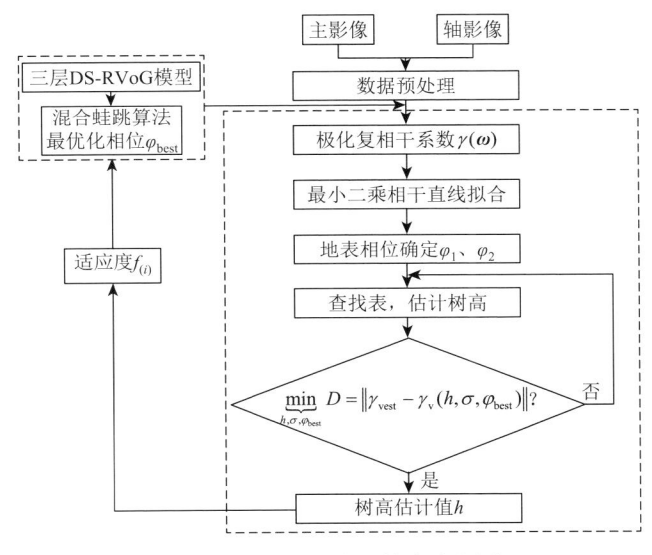

图 6.28 改进三阶段算法流程图

（1）最小二乘相干直线拟合。利用最小二乘法求解复单位圆内所有复相干系数的最佳拟合相干直线。直线与复单位圆相交于 φ_1、φ_2 两点，对应相干系数为 γ_1、γ_2。根据式（6.34），相干直线可写为

$$\gamma(\boldsymbol{\omega}) = \mathrm{e}^{\mathrm{j}\varphi_0}\left(\mathrm{e}^{\mathrm{j}\varphi_{\mathrm{best}}}\gamma_{\mathrm{v}} + \frac{m(\boldsymbol{\omega})}{1+m(\boldsymbol{\omega})}(1-\mathrm{e}^{\mathrm{j}\varphi_{\mathrm{best}}}\gamma_{\mathrm{v}})\right) \tag{6.39}$$

（2）地表相位确定。从两个交点中确定每个像元对应的地表相位 φ_0，如式（6.40）。地表相位与复平面上 HV 极化通道相干系数 γ_{HV} 的相对距离有关，与 HV 极化通道相干系数之间距离最远的点即地表相位。

$$\varphi_0 = \arg(\gamma_1), \quad |\gamma_{\mathrm{HV}} - \gamma_1| > |\gamma_{\mathrm{HV}} - \gamma_2| \tag{6.40}$$

式中，$\arg(\gamma_1)$ 为求 γ_1 的复数幅角。

（3）植被高度估计。根据地表相位点 φ_0，确定距离地表相位最远的植被纯体相干系数 γ_{vest}。假设 HV 极化通道的植被地体幅度比 $m_{\mathrm{HV}}(\boldsymbol{\omega}) = 0$，则植被纯体相干系数 γ_{vest} 可由式（6.41）计算。利用式（6.36）建立植被体相干系数 γ_{v} 关于植被高度 h、消光系数 σ、最优化树干相位参数 φ_{best} 的 2 维查找表 $\gamma_{\mathrm{v}}(h, \sigma, \varphi_{\mathrm{best}})$。将 γ_{vest} 与查找表对比计算最小距离 D，由式（6.42）估计植被高度 h。通过改变不同植被密度下的最优化树干相位参数 φ_{best}，完成不同密度植被高度反演。

$$\gamma_{\mathrm{HV}}(\boldsymbol{\omega}) = \mathrm{e}^{\mathrm{j}\varphi_0}(\mathrm{e}^{\mathrm{j}\varphi_{\mathrm{best}}}\gamma_{\mathrm{vest}}, m_{\mathrm{HV}}(\boldsymbol{\omega}) = 0 \tag{6.41}$$

$$\min_{h,\sigma,\varphi_{\mathrm{best}}} D = \|\gamma_{\mathrm{vest}} - \gamma_{\mathrm{v}}(h, \sigma, \varphi_{\mathrm{best}})\| \tag{6.42}$$

6.4.3 模型验证与结果分析

为验证三层 DS-RVoG 模型的有效性与准确性，本节利用欧洲航天局发布的 PolSARpro 软件，建立不同植被密度模拟植被数据，模拟输电走廊不同密度植被生长情况，利用所述改进算法反演植被高度，对比分析基于 RVoG 模型的三阶段算法反演结果[40]。

1. 模拟极化干涉 SAR 数据

根据实际输电线路沿线植被密度的差异性，将植被密度为 0~250 株/hm² 的范围划分为 5 个区间，从 5 个区间中各选取一个植被密度，利用 PolSARpro 建立植被密度分别为 50 株/hm²、100 株/hm²、150 株/hm²、200 株/hm²、250 株/hm² 的模拟植被，生成 5 组模拟极化干涉 SAR 数据，相应密度及植被面积指数如表 6.11 所示。

表 6.11 5 组模拟极化干涉 SAR 数据的植被密度及植被面积指数范围

序号	植被密度区间/(株/hm²)	植被密度/(株/hm²)	植被面积指数 V_{r}
1	(0, 50]	50	0.0414
2	(50, 100]	100	0.2388
3	(100, 150]	150	0.3987
4	(150, 200]	200	0.5437
5	(200, 250]	250	0.7297

模拟数据参数如下：平台高度为 3000m，雷达频段 C 频段，入射角为 45°，垂直基线为 1m，水平基线为 10m，方位向分辨率为 1.5m，距离向分辨率为 1.5m，距离向坡度为 15%，植被类型为松树，植被高度为 18m。图 6.29 为建立的植被密度分别为 100 株/hm²、200 株/hm² 的模拟植被。

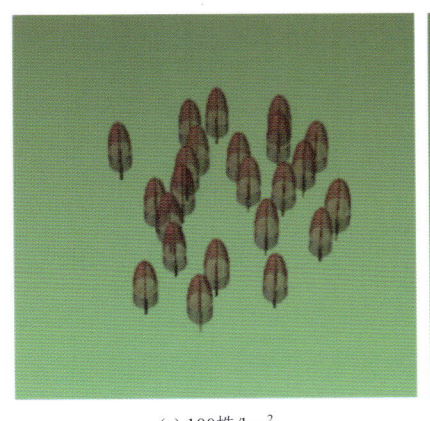

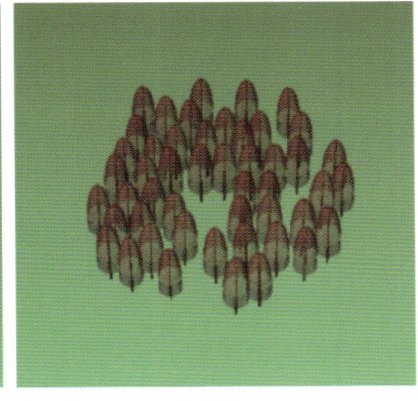

(a) 100株/hm²

(b) 200株/hm²

图 6.29　不同植被密度下植被模拟

2. 结果分析

图 6.30 和图 6.31 分别为利用前面所述的不同植被密度模拟极化干涉 SAR 数据，应用基于三层 DS-RVoG 模型的改进算法及基于 RVoG 模型的三阶段算法反演植被平均高度和植被高度均方根误差（RMSE）的对比图。

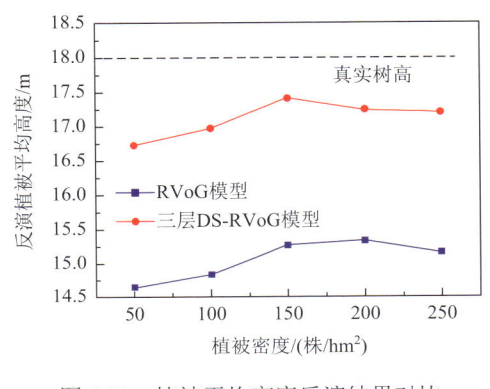

图 6.30　植被平均高度反演结果对比 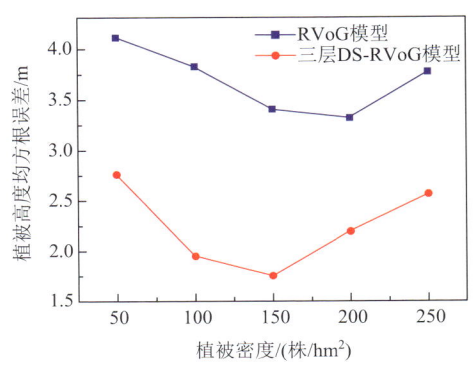　　图 6.31　植被高度均方根误差对比

由图 6.30 和图 6.31 可知，当植被密度从 50 株/hm² 增大到 250 株/hm² 时，基于 RVoG 模型反演的植被平均高度值与真实树高值（18m）的误差较大，均方根误差最低为 3.32m。而基于三层 DS-RVoG 模型反演的植被平均高度精度依次为 92.9%、94.27%、96.78%、95.83%、95.63%，不同密度下均方根误差最高为 2.75m。在植被密度为 150 株/hm² 时，三层 DS-RVoG 模型反演植被平均高度为 17.42m，植被高度均方根误差为 1.743m，同 RVoG 模型下 15.26m 及 3.4m 对比，前者反演精度提升了 2.16m，误差降低了 1.657m。植被密度继续增加，反演植被高度均方根误差呈上升趋势。由此可知，本节所述基于三层 DS-RVoG 模型的改进算法能够有效提升植被高度反演精度，植被密度为 100~200 株/hm² 时反演效果相对更好。这是因为不同密度下，基于 RVoG 模型的反演算法假设地面为平地，忽略了地形坡度对 SAR 后向散射的影响，直接求解地表层相位与植被层相位反演植被高度。而基于三层 DS-RVoG 模型的改进算法，考虑植被结构、植被密度变化的影响，引入最优化树干相位参数 φ_{best}，使模型变为包含树冠层、树干层、地表层的三层植被结构，更符合实际植被结构情况；并且模型减少了植被密度变化对复相干系数的影响。同时，考虑地形坡度变化而引入的坡度角 α 也使所描述的植被体相干系数更加准确。不同植被密度下，改进算法针对性地减少了因植被结构、植被密度变化、地形坡度变化引起的 SAR 后向散射误差，从而提升了植被高度反演精度。此外，当植被密度大于 150 株/hm² 时，植被反演误差呈上升趋势，可能是因为 C 频段下植被对电磁波的消光系数比 L 频段下的大，随着植被密度的增大，电磁波穿透性逐渐减小，无法很好地穿透植被冠层到达地面，使得植被的地体幅度比减小。在反演植被高度时，提取的地表层和树冠层的相位会存在一定的偏移，进而影响植被高度反演精度。表 6.12 为利用混合蛙跳算法求解不同植被密度下的最优化树干相位参数 φ_{best}。可以看出，当植被密度大于 150 株/hm² 时，随着植被密度的增大，最优化树干相位参数呈增大趋势。这也从侧面说明，植被密度变化会影响植被地表层和树冠层的相位中心。因此，在实际输电走廊植被高度反演中，应根据植被密度差异选取适当的最优化树干相位参数 φ_{best}，提升植被高度反演精度。

表 6.12 不同植被密度下最优化相位参数

序号	植被密度/(株/hm²)	植被面积指数 V_r	φ_{best}/rad
1	50	0.0414	−1.9610
2	100	0.2388	1.2192
3	150	0.3987	0.5885
4	200	0.5437	1.1521
5	250	0.7297	2.2100

6.5 本章小结

建立高效可靠的输电线路树障检测模型对维护输电线路正常运行必不可少，对保证电网安全运营也有十分重要的意义。传统输电线路树障灾害防治采用的是人工巡线，存在费时长、人工消耗大、可靠性低等缺点。为克服这一弊端，本章围绕高光谱与 LiDAR、SAR 等遥感手段相结合开展研究。通过光谱识别判断不同种类的树木类别，结合对应树种的生长模型，建立树种分类、树高检测模型，验证机载高光谱用于输电线路树障种类细化识别的可行性。针对现阶段输电线路巡线人员对输电走廊整体速生树木分布情况获取困难的问题，研究人员将高光谱技术与 LiDAR 点云技术相结合，从而实现对树种有效分类，对高威胁树种及其他地物实现有效识别。试验证明，高光谱与 LiDAR 结合运用，能够有效识别输电线路高威胁树木类型，解决树障灾害防治中因地形、专业知识缺乏而导致的对速生高威胁树木分布情况不明确的问题。

本章将高光谱技术与 SAR 影像技术相结合，研究传统森林植被模型及植被高度反演算法；考虑双极化数据及地形坡度区域植被特点，对三阶段算法进行改进，完成输电走廊植被检测方法的基本研究；再根据输电线路植被生长特点，改进传统植被模型，实现输电走廊不同密度植被高度检测。基于三层 DS-RVoG 模型的改进算法能较好地反演输电走廊不同密度区段样方植被高度，即本书所提方法具有高效、广域检测输电走廊植被高度的优势，但反演结果决定系数较低，距实际工程应用还有一定的距离。可同时考虑更多植被类型以完善各地区输电走廊植被检测模型，并结合使用更高分辨率的卫星影像数据，从而最大程度减少误差，以满足实际工程应用的需求。

参 考 文 献

[1] 蓝健肯. 影响超高压输电线路通道保护区相关因素探析[J]. 中国高新技术企业, 2017(7): 202-203.
[2] 樊莹, 黄应年, 高举, 等. 输电线路走廊树障存在问题及对策[J]. 科技创新与应用, 2020(2): 129-130.
[3] 董明. 输电线路走廊树障清理相关技术分析[J]. 科技与创新, 2020(2): 139-140.
[4] 郑晓光, 左志权, 彭向阳, 等. 机载激光点云与影像联合测图的技术进展和趋势[J]. 地理信息世界, 2017, 24(5): 56-61.
[5] 林力辉, 闫航瑞, 岳鑫桂, 等. 输电线路树闪故障的行波信号分析[J]. 南方电网技术, 2014, 8(3): 47-51, 99.
[6] 周义罡, 王瑞辉, 谢裕宏, 等. 架空线下速生超高树木树高生长规律研究[J]. 中南林业科技大学学报, 2016, 36(2): 75-78.
[7] 刘怀东, 陈伟, 高晓辉, 等. 从大停电观点分析一类输电线路树闪故障[J]. 电网技术, 2007, 31(S1): 67-69.
[8] 祝贺, 于卓鑫, 严俊韬. 特高压输电线路树障隐患预判及仿真分析[J]. 东北电力大学学报, 2018, 38(2): 21-27.

[9] 柳钦火, 曹彪, 曾也鲁, 等. 植被遥感辐射传输建模中的异质性研究进展[J]. 遥感学报, 2016, 20(5): 933-945.

[10] van Laar A, Akça A. Forest Mensuration[M].Dordrecht: Springer Netherlands, 2007.

[11] 潘锁艳, 管海燕. 机载多光谱 LiDAR 数据的地物分类方法[J]. 测绘学报, 2018, 47(2): 198-207.

[12] Ghamisi P, Hofle B. LiDAR data classification using extinction profiles and a composite kernel support vector machine[J]. IEEE Geoscience and Remote Sensing Letters, 2017, 14(5): 659-663.

[13] Luo R, Liao W, Zhang H, et al. Fusion of hyperspectral and LiDAR data for classification of cloud-shadow mixed remote sensed scene[J]. IEEE Journal of Selected Topics in Applied Earth Observations and Remote Sensing, 2017:1-14.

[14] Wang A, He X, Ghamisi P, et al. LiDAR data classification using morphological profiles and convolutional neural networks[J]. IEEE Geoscience and Remote Sensing Letters, 2018(99): 1-5.

[15] 江春梅, 陈文惠, 黄传印. 基于实测冠层光谱数据的三明市 13 种树种识别研究[J]. 亚热带资源与环境学报, 2016, 11(2): 57-66.

[16] 李丹, 黄钰辉, 孙中宇, 等. 基于机器学习的深圳市坝光湿地园树种高光谱分类[J]. 红外, 2019, 40(7): 47-52.

[17] Clark M L, Roberts D A, Clark D B. Hyperspectral discrimination of tropical rain forest tree species at leaf to crown scales[J]. Remote Sensing of Environment, 2005, 96(3-4): 375-398.

[18] Cho M A, Sobhan I, Skidmore A K, et al. Discriminating species using hyperspectral indices at leaf and canopy scales[J]. The International Archives of the Spatial Information Sciences, 2008: 369-376.

[19] Goodenough D G, Dyk A, Niemann K O, et al. Processing hyperion and ALI for forest classification[J]. IEEE Transactions on Geoscience and Remote Sensing, 2003, 41(6): 1321-1331.

[20] 黄锦, 孙永华. 适用于洪河湿地 5 种植物分类的高光谱植被指数筛选[J]. 湿地科学, 2016, 14(6): 888-894.

[21] 徐念旭, 田庆久, 申怀飞, 等. 基于微分变换的高光谱马尾松和杉木识别[J]. 国土资源遥感, 2018, 30(04): 28-32.

[22] 孙鸿博, 杨扬, 郭可贵, 等. 输电线路下行林区优势树种的冠层光谱特征分析[J]. 安徽农业大学学报, 2019, 46(1): 31-36.

[23] Strahler A H, Jupp D L B, Woodcock C E, et al. Retrieval of for est stmctural parameters using agmund-based LiDAR instrument(Echidna)[J]. Canadian Journal of Remote Sensing, 2008, 34(2): 426-440.

[24] 王佳, 张隆裕, 吕春东, 等. 基于地面激光雷达点云数据的树种识别方法[J]. 农业机械学报, 2018, 49(11): 180-188.

[25] 卢晓艺, 云挺, 薛联凤, 等. 基于树木激光点云的有效特征抽取与识别方法[J]. 中国激光, 2019, 46(5): 411-422.

[26] Matsuki T, Yokoya N, Iwasaki A. Hyperspectral tree species classification of Japanese complex mixed forest with the aid of LiDAR data[J]. IEEE Journal of Selected Topics in Applied Earth Observations and Remote Sensing, 2015, 8(5): 2177-2187.

[27] Liao W, Van Coillie F, Gao L, et al. Deep learning for fusion of APEX hyperspectral and full-wave form LiDAR remote sensing data for tree species mapping[J]. IEEE Access, 2018(99): 1-1.

[28] Dutta D, Wang K, Lee E, et al. Characterizing vegetation canopy structure using airborne remote sensing data[J]. IEEE Transactions on Geoscience and Remote Sensing, 55(2): 1160-1178.

[29] 彭向阳, 陈驰, 徐晓刚, 等. 基于无人机激光扫描的输电通道安全距离诊断技术[J]. 电网技术, 2014, 38(11): 3254-3259.

[30] 宋仁飞. 乔木树种遥感监测波段窗口研究[D]. 长沙: 中南林业科技大学, 2017.

[31] 王皓飞, 房娜, 晏星, 等. 基于光谱特征的北京城区植被滞尘分布反演[J]. 光谱学与光谱分析, 2016, 36(9):

2911-2918.
- [32] 陈丹. 基于 HJ-1A 星 HSI 高光谱数据的植被分类研究[D]. 南京: 南京农业大学, 2012.
- [33] 李延峰. 东北典型区芦苇分布提取与地上生物量遥感估算[D]. 哈尔滨: 中国科学院研究生院(东北地理与农业生态研究所), 2014.
- [34] 陈驰, 彭向阳, 宋爽, 等. 大型无人机电力巡检 LiDAR 点云安全距离诊断方法[J]. 电网技术, 2017, 41(8): 2723-2730.
- [35] 刘洋. 机载点云电力走廊要素提取及风险计算[D]. 武汉: 武汉大学, 2018.
- [36] 尚亚男. 输变电技术措施在我国智能电网构建工作中的应用[J]. 城市建设理论研究(电子版), 2017(17): 137.
- [37] Lisein J, Pierrot-Deseilligny M, Bonnet S, et al. A photogrammetric workflow for the creation of a forest canopy height model from small unmanned aerial system imagery[J]. Forests, 2013, 4(4): 922-944.
- [38] 胡毅, 刘凯, 吴田, 等. 输电线路运行安全影响因素分析及防治措施[J]. 高电压技术, 2014, 40(11): 3491-3499.
- [39] 韩毅, 蔡建湖, 周根贵, 等. 随机蛙跳算法的研究进展[J].计算机科学, 2010, 37(7): 16-19.
- [40] 李宇, 郭裕钧, 刘凯, 等. 基于三层 DS-RVoG 模型的输电走廊植被高度检测方法[J]. 高电压技术, 2021, 47(2): 714-724.